일 본 어 능 력 시 험

딱! 한 권

JLPT N2 청해

저자 JLPT연구모임

일 본 어 능 력 시 험

JLPT
N2 청해

초판인쇄	2021년 6월 2일
초판발행	2021년 6월 12일
저자	JLPT연구모임
책임 편집	조은형, 무라야마 토시오, 박현숙, 손영은, 김성은
펴낸이	엄태상
해설진	우선희, 김숙경, 송상훈
디자인	권진희
조판	이서영
콘텐츠 제작	김선웅, 김현이
마케팅	이승욱, 전한나, 왕성석, 노원준, 조인선, 조성민
경영기획	마정인, 조성근, 최성훈, 정다운, 김다미, 오희연
물류	정종진, 윤덕현, 양희은, 신승진
펴낸곳	시사일본어사(시사북스)
주소	서울시 종로구 자하문로 300 시사빌딩
주문 및 교재 문의	1588-1582
팩스	0502-989-9592
홈페이지	www.sisabooks.com
이메일	book_japanese@sisadream.com
등록일자	1977년 12월 24일
등록번호	제 300-1977-31호

ISBN 978-89-402-9320-1 (13730)

일본어능력시험은 N4와 N5에서는 주로 교실 내에서 배우는 기본적인 일본어를 어느 정도 이해할 수 있는 레벨인가를 측정하며, N1과 N2에서는 폭넓은 분야에서 일본어를 어느 정도 이해할 수 있는지, N3는 N1, N2와 N4, N5의 가교 역할을 하며 일상적인 장면에서 사용되는 일본어의 이해를 측정합니다. 일본어능력시험 레벨 인정의 목표는 '읽기', '듣기'와 같은 언어행동의 표현입니다. 언어행동을 표현하기 위해서는 문자·어휘·문법 등의 언어지식도 필요합니다. 즉, 어휘나 한자, 문법 항목의 무조건적인 암기가 아니라, 어휘나 한자, 문법 항목을 커뮤니케이션 수단으로서 실제로 활용할 수 있는가를 측정하는 것이 목표입니다.

본 교재는 新일본어능력시험 개정안에 따라 2010년부터 최근까지 새롭게 출제된 기출문제를 철저히 분석하여, 일본어 능력시험 초심자를 위한 상세한 설명과 다량의 확인문제를 수록하고, 중·고급 학습자들을 위해 난이도 있는 실전문제를 다루었습니다. 또한 혼자서도 충분히 합격할 수 있도록, 상세한 해설을 첨부하였습니다. 시중에 일본어능력시험 수험서는 많이 있지만, 학습자들이 원하는 부분을 콕 집어 효율적인 학습을 할 수 있는 교재는 그다지 많지 않습니다.

이러한 점을 고려하여 본 JLPT연구모임에서는 수년간의 분석을 통해 적중률과 난이도를 연구하여, 일본어능력시험을 준비하는 학습자가 이 책 한 권이면 충분하다고 느낄 정도의 내용과 문제를 실었습니다. 한 문제 한 문제 꼼꼼하게 풀어 보시고, 일본어능력시험에 꼭 합격하시기를 진심으로 기원합니다.

JLPT연구모임

① 교시 언어지식(문자·어휘·문법)/독해

문자·어휘

출제 빈도순 어휘 ➡ 기출어휘 ➡ 확인문제 ➡ 실전문제

1교시 문자·어휘 파트에서는 문제 유형별 출제 빈도순으로 1순위부터 3순위까지 정리하여 어휘를 제시한다. 가장 많이 출제되고 있는 する동사부터 닮은꼴 한자, 명사, 동사, 형용사, 부사순으로 어휘를 학습한 후, 확인 문제를 풀어보면서 확인하고, 확인문제를 학습 후에는 실전문제를 풀면서 총정리를 한다. 각 유형별로 제시한 어휘에는 최근 출제 되었던 단어를 표기해 놓았다.

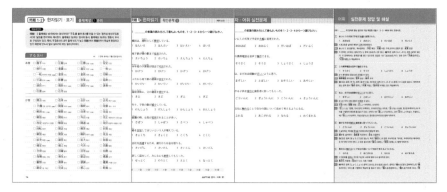

문법

기초문법 ➡ 필수문법 ➡ 필수경어 ➡ 확인문제 ➡ 실전문제

N2 필수문법과 경어를 학습하고 확인문제를 차근차근 풀며 체크할 수 있도록 다량의 문제를 실어 놓았으며, 처음 시작하는 초보자를 위해 시험에 자주 등장하는 N2 문법을 수록해 놓았다. 확인문제까지 학습한 뒤에는 난이도 있는 실전문제를 풀며 실전에 대비할 수 있도록 했다.

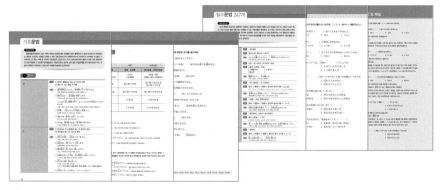

독해

독해의 비결 ➡ 영역별 확인문제 ➡ 실전문제

이제 더 이상 문자·어휘·문법에만 집중해서는 안 된다. 과목별 과락이라는 제도가 생기면서, 독해와 청해의 비중이 높아졌기 때문에 모든 영역을 균형있게 학습해야 한다. 본 교재에서는 독해의 비결을 통해, 글을 분석할 수 있는 노하우를 담았다. 문제만 많이 푼다고 해서 점수가 잘 나오는 것이 아니므로, 원리를 잘 파악해 보자.

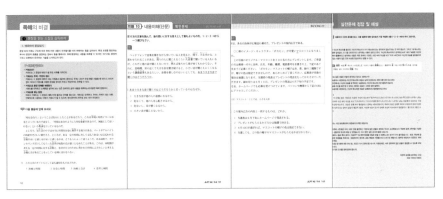

② 교시 　청해

청해의 비결 ➡ 영역별 확인문제 ➡ 실전문제

독해와 함께 청해의 비중이 높아졌으며, 커뮤니케이션이 중시되었기 때문에 단어 하나하나의 의미를 꼼꼼히 듣는 방법보다는 상담·준비·설명·소개·코멘트·의뢰·허가 등 어떤 주제로 회화가 이루어지는지, 또한 칭찬·격려·질책·변명·걱정 등 어떤 장면인지 잘 파악해야 한다.

실전모의테스트 3회분 (영역별 2회분 + 온라인 종합 1회분)

질로 승부한다!

JLPT연구모임에서는 몇 년 동안 완벽한 분석을 통해 적중률과 난이도를 조정하여, 실전모의테스트를 제작하였다. 혼자서도 공부할 수 있도록 자세한 해설을 수록해 놓았다.

무료 동영상 해설 강의

1타 강사들의 명쾌한 실전모의테스트 해설 특강!!

언제 어디서나 꼼꼼하게 능력시험을 대비할 수 있도록 동영상 강의를 제작하였다. 질 좋은 문제와 명쾌한 해설로 실전에 대비하길 바란다.

차례

청해

실전모의테스트

① 시험과목과 시험시간

레벨	시험과목 (시험시간)		
N1	언어지식 (문자 · 어휘 · 문법) · 독해 (110분)		청해 (60분)
N2	언어지식 (문자 · 어휘 · 문법) · 독해 (105분)		청해 (50분)
N3	언어지식 (문자 · 어휘) (30분)	언어지식 (문법) · 독해 (70분)	청해 (45분)
N4	언어지식 (문자 · 어휘) (25분)	언어지식 (문법) · 독해 (55분)	청해 (40분)
N5	언어지식 (문자 · 어휘) (20분)	언어지식 (문법) · 독해 (40분)	청해 (35분)

② 시험점수

레벨	배점구분	득점범위
N1	언어지식(문자 · 어휘 · 문법)	0~60
	독해	0~60
	청해	0~60
	종합배점	0~180
N2	언어지식(문자 · 어휘 · 문법)	0~60
	독해	0~60
	청해	0~60
	종합배점	0~180
N3	언어지식(문자 · 어휘 · 문법)	0~60
	독해	0~60
	청해	0~60
	종합배점	0~180
N4	언어지식(문자 · 어휘 · 문법) · 독해	0~120
	청해	0~60
	종합배점	0~180
N5	언어지식(문자 · 어휘 · 문법) · 독해	0~120
	청해	0~60
	종합배점	0~180

③ 합격점과 합격 기준점

레벨별 합격점은 N1 100점, N2 90점, N3 95점이며, 과목별 합격 기준점은 각 19점입니다.

❹ 문제유형

Ⅰ. 언어지식(문자 · 어휘 · 문법) Ⅱ. 독해 Ⅲ. 청해

시험과목		큰 문제	예상 문항 수	문제 내용	적정 예상 풀이 시간	파트별 소요 예상 시간	대책
언어 지식 · 독해 (105분)	문 자 · 어 휘	문제 1	5	한자 읽기 문제	1분	문자 · 어휘 14분	총 105분 중에서 문제 푸는 시간은 87분 정도, 마킹에 8분 정도, 나머지 10분 동안 최종 점검하면 된다. 기존 시험보다 문제 수가대폭 축소된 문자/어휘 문제를 빨리 끝내고, 새로워진 문법 문제에 당황하지 말고 여유를 가지고 예제문제를 확실하게 이해하고 문제풀이를 하면 새로운 문제에 바로 적용할 수 있을 것이다. 독해문제도 마찬가지다. 종합이해, 정보 검색 등 새로워진 문제가 있지만, 시간에 쫓기지 말고 침착하게 문제를 풀어나간다면 좋은 결과를 얻을 수 있을 것이다.
		문제 2	5	한자 표기 문제	1분		
		문제 3	5	파생어와 복합어를 묻는 문제	2분		
		문제 4	7	문맥에 맞는 적절한 어휘 고르는 문제	3분		
		문제 5	5	주어진 어휘와 비슷한 의미의 어휘를 찾는 문제	2분		
		문제 6	5	제시된 어휘의 의미가 올바르게 쓰였는지를 묻는 문제	5분		
	문 법	문제 7	12	문장의 내용에 맞는 문형표현 즉 기능어를 찾아서 넣는 문제	6분	문법 18분	
		문제 8	5	나열된 단어를 의미에 맞게 조합하는 문제	6분		
		문제 9	5	글의 흐름에 맞는 문법 찾아 내기 문제	6분		
	독 해	문제 10	5	단문(200자 정도) 이해	10분	독해 55분	
		문제 11	9	중문(500자 정도) 이해	15분		
		문제 12	2	같은 주제의 두 가지 이상의 글을 읽고 비교통합 이해	10분		
		문제 13	3	장문(900자 정도) 이해	10분		
		문제 14	2	700자 정도의 글을 읽고 필요한 정보 찾기	10분		
청해 (50분)		문제 1	5	과제 해결에 필요한 정보를 듣고 나서 무엇을 해야 하는 지 찾아내기	약 7분 30초 (한 문항당 약 1분 30초)		총 50분 중에서 문제 푸는 시간은 대략 39분 10초 정도가 될 것으로 예상한다. 나머지 시간은 질문 읽는 시간과 문제 설명 시간이 될 것으로 예상한다. 새로운 시험에서 새로 도입된 질의응답은 난이도가 그다지 어렵지 않을 것으로 예상하지만 문제5는 긴 문장을 듣고 난 다음 그 내용을 비교하며 문제를 풀어야 하므로 꽤 까다로운 문제가 될 것이다. 평소에 뉴스 등을 들으면서 전체 내용파악을 하는 훈련을 해두면 그다지 어렵지 않게 풀어나갈 수 있을 것이다.
		문제 2	5 또는 6	대화나 혼자 말하는 내용을 듣고 포인트 파악하기	약 11분 30초 (한 문항당 약 1분 55초)		
		문제 3	5	내용 전체를 듣고 화자의 의 도나 주장을 이해	약 7분 30초 (한 문항당 약 1분 30초)		
		문제 4	11 또는 12	짧은 문장을 듣고 그에 맞는 적절한 응답 찾기	약 6분 (한 문항당 약 30초)		
		문제 5	4	다소 긴 내용을 듣고 복수의 정보를 비교 통합하면서 내용 이해 하기	약 6분 40초 (한 문항당 약 1분 40초)		

문법 접속 활용표

〈활용형과 품사의 기호〉

활용형과 품사의 기호	예
명사	雪
동사 사전형	持つ・見る・する・来る
동사 ます형	持ちます・見ます・します・来ます
동사 ない형	持たない・見ない・しない・来ない
동사 て형	持って・見て・して・来て
동사 た형	持った・見た・した・来た
동사 의지형	持とう・見よう・しよう・来よう
동사 가정형	持てば・見れば・すれば・来れば
동사 명령형	持て・見ろ・しろ・来い
イ형용사 사전형	暑い
イ형용사 어간	暑い
イ형용사 て형	暑くて
ナ형용사 사전형	丈夫だ
ナ형용사 어간	丈夫だ
ナ형용사 て형	丈夫で
する동사의 명사형	散歩・運動・料理 등 [する]를 뒤에 붙일 수 있는 명사

〈접속방법 표시 예〉

[보통형]

동사	聞く	聞かない	聞いた	聞かなかった
イ형용사	暑い	暑くない	暑かった	暑くなかった
ナ형용사	上手だ	上手ではない	上手だった	上手ではなかった
명사	学生だ	学生ではない	学生だった	学生ではなかった

[명사수식형]

동사	聞く	聞かない	聞いた	聞かなかった
イ형용사	暑い	暑くない	暑かった	暑くなかった
ナ형용사	上手な	上手ではない	上手だった	上手ではなかった
명사	学生の	学生ではない	学生だった	学生ではなかった

JLPT

N2

聴解

● 청해의 비결

청해의 비결

① 발음 ◎1

촉음

일본어에는 작은 「っ」로 표시하는 '촉음'이라는 것이 있습니다. 촉음이 있는지 없는지 구별해서 들을 수 있어야 합니다. 그러기 위해서는 먼저 자기가 소리를 내면서 발음해보는 것이 중요합니다.

> **포인트** 「っ」뒤에는 カ・サ・タ・バ・キャ・シャ・チャ행 (k, s, t, p, sh, ch)밖에 오지 않습니다.
>
> 예 かっこう(kakko), ぐっすり(gussuri)

> **연습**
>
> a,b 중 어느 쪽의 발음일까요?
>
> (1) ⓐ かこう　　　ⓑ かっこう
> (2) ⓐ ぶか　　　ⓑ ぶっか
> (3) ⓐ きって　　　ⓑ きて
> (4) ⓐ おっと　　　ⓑ おと
> (5) ⓐ いっさい　　　ⓑ いさい
>
> **정답** (1) ⓐ　(2) ⓑ　(3) ⓑ　(4) ⓐ　(5) ⓑ

음의변화 ◎2

구어체는 다음과 같이 음이 축약되는 경우가 많습니다.

「ん」으로 바뀌는 음	ナ행의 「に」「の」, ラ행의 「ら」「り」「る」「れ」는 「ん」으로 음이 바뀌는 경우가 많습니다. 예문 いち<u>に</u>ち → いち<u>ん</u>ち そんなも<u>の</u> → そんなも<u>ん</u>
「っ」으로 바뀌는 음	「～か」 앞의 글자는 「っ」로 음이 바뀌는 경우가 있습니다. 예문 ど<u>こ</u>か → ど<u>っ</u>か そ<u>う</u>か → そ<u>っ</u>か
요음(拗音)이 섞인 음으로 바뀌는 경우	「れは・れば」 → 「りゃ」 「ては・では」 → 「ちゃ・じゃ」 「～てしまう・～でしまう」 → 「～ちゃう・～じゃう」

예문	これはないよね。 → こりゃないよね。
	今日、かさ持ってくればよかった。
	→ 今日、かさ持ってくりゃよかった。
	入ってはだめ。 → 入っちゃだめ。

※ 위의 예 이외에도 やはり → やっぱり・やっぱ、〜じゃない → 〜じゃん 과 같이 바뀌는 것도 있습니다.

연습

1. a,b 중 어느 문장일까요?

   (1) ⓐ どこか行こうよ　　　　　ⓑ どっか行こうよ

   (2) ⓐ こんなもんいらないよ　　ⓑ こんなものいらないよ

2. 들리는 대로 써 보세요.

   (1) _____

   (2) _____

   (3) _____

정답	1. (1) ⓑ　(2) ⓐ
	2. (1) ほら、ちゃんと持たないからこぼれちゃったじゃん。
	(2) 誕生日_{たんじょうび}には、やっぱすしがいちばんだよなあ。
	(3) いくらなんでもそりゃ、ひどいよ。

모음(a,i,u,e,o)의 생략과 연음화 ◎ 3

발음하기 쉽게 바뀐 구어체입니다.

모음 생략	「〜ている」「〜ていく」의 「い」、「もう」의 「う」는 생략되는 경우가 있습니다.
	예문　今、持っていくから。 → 今、持ってくから。
	もう少し、待っていてくれる? → も少し、待っててくれる?
모음의 연음화	タ행 다음에 모음이 올 경우, T음과 다음 모음만 발음하고, 중간의 모음은 생략하는 경우가 있습니다.
	예문　うちに電話しておいてね。 → うちに電話しといてね。
	電話しておいてあげるよ。 → 電話しといたげるよ。

청해의 비결

연습

1. a,b 중 어느 문장일까요?

〔1〕 ⓐ あとでやっときます。　　　　　　　ⓑ あとでやっておきます。

〔2〕 ⓐ すぐ着くので、先に始めていてください。

　　 ⓑ すぐ着くので、先に始めててください。

〔3〕 ⓐ も少しがんばってね。　　　　　　　ⓑ もう少しがんばってね。

2. 들리는 대로 써 보세요.

〔1〕 _____

〔2〕 _____

〔3〕 _____

정답	
	1. 〔1〕 ⓐ　〔2〕 ⓑ　〔3〕 ⓐ
	2. 〔1〕 とりあえず、そこに置いといて。
	〔2〕 卵は、お母さんが買ってくって。
	〔3〕 えっ、先に見とくって言ってたでしょ。

모음의 무성화　◎ 4

모음의 무성화는 「キ・ク・シ・ス・チ・ツ・ヒ・フ・ピ・プ・シュ」 등의 음이 カ행・サ행・タ행・ハ행・パ행・キャ행・シャ행・チャ행・ヒャ행・ピャ행 및 「ツ」 앞에 왔을 때 일어나는 경우가 많습니다(여기서는 무성음을 ◯로 표기합니다).

「キ・シ・チ・ヒ・ピ」 모음의 무성화	**예문** 支度(シタク) → 支度(シタク) 増築(ゾーチク) → 増築(ゾーチク)
「ク・ス・ツ・フ・プ」 모음의 무성화	**예문** 不都合(フツゴー) → 不都合 (フツゴー) 直接(チョクセツ) → 直接 (チョクセツ)
「シュ」 모음의 무성화	**예문** 出演(シュツエン) → 出演 (シュツエン) 合宿(ガッシュク) → 合宿 (ガッシュク)

※ 뒤의 음에 영향을 받아서 앞의 음(밑줄 친 부분)이 무성화됩니다.

포인트 이 외에도, 문장 속에서 뒤의 음에 영향을 받아서 모음이 없어지기도 합니다. 「手術した (シュジュ<u>ツ</u>シタ)」→「手術した (シュジュ<u>ツ</u>シタ)」와 같이 모음의 무성화가 일어납니다.

연습

1. a,b 중 어느 쪽일까요?

(1) ⓐ ケ<u>シ</u>トメル   ⓑ ケ<u>シ</u>トメル

(2) ⓐ <u>チ</u>ッソク   ⓑ <u>チ</u>ッソク

(3) ⓐ ド<u>ク</u>ショ   ⓑ ド<u>ク</u>ショ

(4) ⓐ ホー<u>シュ</u>ツ   ⓑ ホー<u>シュ</u>ツ

(5) ⓐ ミ<u>カ</u>エス   ⓑ ミ<u>カ</u>エス

(6) ⓐ <u>シ</u>アイ   ⓑ <u>シ</u>アイ

정답   1. (1) ⓑ   (2) ⓐ   (3) ⓑ   (4) ⓑ   (5) ⓐ   (6) ⓐ

비슷한 음 ◎5

일본어에는 발음이 비슷하기 때문에 듣고 구별하기가 힘든 음이 있습니다.

청음과 탁음	일본어에는 「 ゙」이 붙는 탁음과 아무것도 붙지 않는 청음이 있습니다. 반복해 들으면서 귀에 익숙해지도록 합시다. **예문** また・まだ 　　　天気(テンキ)・電気(デンキ) 　　　学校(ガッコー)・格好(カッコー) 　　　韓国(カンコク)・監獄(カンゴク)
ガ행음과 비탁음	조사 「が」 및 어두에 오지 않는 「ガ」음은 콧소리 비슷하게 나는 비탁음 (「ンア」에 가까운 음)으로 발음됩니다(여기서는 「カ゚」로 표기합니다). **예문** 私がやります。(ワタシカ゚ ヤリマス) 　　　中学校(チュウカ゚ッコー)
「ン」음	「ン」은 뒤에 오는 음에 따라서 여러 가지 음으로 변화합니다만, 특히 뒤에 모음이 왔을 때의 음에 주의합시다. **예문** 単位(タンイ) 　　　負担を(フタンオ)

청해의 비결

「ザ・ズ・ゾ」와 「ジャ・ジュ・ジョ」의 음	한국인 학습자가 구별하기 힘든 발음이므로 잘 듣고 큰 소리로 반복해 서 따라 해 봅시다. 예문 情勢(ジョーセー)・造成(ゾーセー) ジャージャー(물이 나오는 소리)・ザーザー(비가 내리는 소리)

연습

1. **a,b 중 어느 쪽일까요?**

   (1) ⓐ ゲタ   ⓑ ケタ
   (2) ⓐ ゴーテー   ⓑ コーテー
   (3) ⓐ トーキ   ⓑ ドーキ
   (4) ⓐ カレキ   ⓑ ガレキ

2. **음성을 듣고 (   )안에 들어 갈 말을 써 보세요.**

   (1) 彼は、（   ）時代を大阪で過ごした。
   (2) （   ）の参考資料として、（   ）を用意した。
   (3) 就職するのに、（   ）は必要でしょうか。

3. **음성을 듣고 (   ) 안에 들어갈 말을 써 보세요.**

   (1) （   ）開けたら、雪が降っていた。
   (2) 家から（   ）近いので、送り迎えはそれほど苦ではない。
   (3) 僕達は、夏休みに（   ）しようと約束をした。

4. **들리는 대로 써 보세요.**

   (1) _____
   (2) _____
   (3) _____

정답	1. ⑴ ⓐ ⑵ ⓑ ⑶ ⓐ ⑷ ⓑ 2. ⑴ 小学校(しょうがっこう) ⑵ 会議(かいぎ)／グラフ ⑶ 学歴(がくれき) 3. ⑴ 玄関(げんかん)を ⑵ 幼稚園(ようちえん)は ⑶ 検索(けんさく)を 4. ⑴ 増収(ぞうしゅう) ⑵ 乗(じょう)じる ⑶ 民族(みんぞく)

다음에 정리한 표현은 들으면 들을수록 청해 문제가 쉬워지는 표현입니다. 청해 문제 뿐만 아니라 독해에도 자주 사용되는 표현이므로 외워두면 유용하게 쓸 수 있습니다. 확실하게 기억해 둡시다.

회사① 취직 · 이직 ◎ 6

就職 しゅうしょく	취직	面接 めんせつ	면접
転職 てんしょく	이직	経験/専門をいかす けいけん せんもん	경험/전공을 살리다
紹介してもらう しょうかい	소개 받다	残業代がつく ざんぎょうだい	야근수당을 주다
紹介してくれる しょうかい	소개해주다	ボーナスが出る で	보너스가 나오다
～の紹介で しょうかい	～의 소개로	仕事がハードだ しごと	일이 힘들다
就職活動 しゅうしょくかつどう	취업활동	責任が重い せきにん おも	책임이 무겁다
募集 ぼしゅう	모집	責任がある せきにん	책임이 있다

〈회화문〉

A : 転職することになったんだって？
てんしょく

B : うん、先輩の紹介で。経験もいかせそうだし、責任のある仕事も任せてもらえそうな
せんぱい しょうかい けいけん せきにん しごと まか
んだ。

A : へえ。お給料なんかも上がるの？
きゅうりょう あ

B : うん、ボーナスも出るし、残業代もつくんだって。でもなにより家から近いのがうれ
で ざんぎょうだい いえ ちか
しいよ。

A : ああ、前の会社はずいぶん遠かったもんね。
まえ かいしゃ とお

회사② 　전화 ◎ 7

あいにく	공교롭게	伝えます	전해드리겠습니다
外出中	외출중	～次第	～하는 대로
席をはずす	자리를 비우다	折り返し	즉시
戻る予定です	돌아올 예정입니다	お電話をいたします/お電話を差し上げます	전화하겠습니다/전화드리겠습니다

〈회화문〉

A : さくら貿易の花田と申しますが、山口さんはいらっしゃいますか。

B : あいにく席をはずしておりますが。戻り次第、折り返しお電話差し上げるよう伝えましょうか。

A : じゃ、お願いします。

B : かしこまりました。

회사③ 　연수·세미나 ◎ 8

研修	연수	載せる	게재하다
セミナー	세미나	直す	고치다
参加	참가	付け加える	덧붙이다
不参加	불참	取り消す	취소하다
書類	서류	打ち直す	다시 입력하다
資料	자료	プライバシー	프라이버시
リスト	리스트	個人情報	개인정보
配る	나누어주다		

〈회화문〉

A : 来週のセミナーの準備、進んでる？

B : はい。今、参加・不参加の返事をまとめて出席者リストを作っています。

A : そうか。個人のプライバシーに関わるから、連絡先は載せないように。それから、当日配る資料は？

B : 資料のほうは、まだ内容を付け加えたり削除したりしていて、もう少し時間がかかります。

A : そうか。一人で大変なら、打ち直しは誰かに頼んで早く終わらせるように。

論文、レポート、卒業論文(卒論)	논문, 레포트, 졸업논문	提出する	제출하다
参考文献、参考資料、参考データ	참고문헌, 참고자료, 참고 데이터	締め切り	마감
内容、テーマ、書き方	내용, 테마, 쓰는 형식	部数	부수
参考にする、参考になる	참고로 하다, 참고가 되다	研究室	연구실
書き直す	다시 쓰다		

〈회화문〉

(1)

A : 卒論、どう？

B : まだテーマも決まってないよ。

A : そうなの？そろそろ決めたほうがいいよ。私は今、資料を集めているところなの。でもなかなか参考になる資料とかデータがなくて。

B : 一度研究室に行って相談してみるのもいいかもしれないね。あ、授業中に先生が紹介してくれた本も参考になるんじゃない？

(2)

A : 栄養学のレポート、提出した？

B : え？締め切りまだだよね？

A : うん、締め切りは来週だけど、早めに終わったからもう出しちゃった。

B : そうなんだ。私はまだ書き直すところもあるし、参考文献と参考データをまだまとめ終わってないから、出すのはギリギリになりそうだよ。

청해의 비결

예약 10

自動予約システム じどうよやく	자동예약시스템	満席、席がいっぱいだ、 まんせき せき 空席がある、席に余裕がある くうせき せき よゆう	만석, 좌석이 다 차다, 공석이 있다, 좌석에 여유가 있다
チケットを取る と	티켓을 사다	あいにく	공교롭게
予約変更、予約番号 よやくへんこう よやくばんごう	예약변경, 예약번호	キャンセル、 キャンセル待ち ま	캔슬(취소), 예약대기
問い合わせ と あ	문의	ご予約を 承ります よやく うけたまわ	예약을 받습니다

〈회화문〉

(1)

A : 来週の月曜、羽田行きの一番早い便を予約したいんですが。
らいしゅう げつよう はね だ い いちばんはや びん よやく

B : あいにく満席でございます。キャンセル待ちなさいますか。
まんせき

A : いえ。月曜日中に着かないと困るので。同じ日のほかの時間はどうですか。
げつようびちゅう つ こま おな ひ じかん

B : 最終便でしたらまだお席に余裕がございますが、いかがいたしますか。
さいしゅうびん せき よゆう

A : じゃ、それでお願いします。
ねが

(2)

A : こないだ言ってたチケット、予約してくれた？
い よやく

B : それが、日曜日は席がいっぱいなんだって。
にちようび せき

A : えー。じゃ、チケット取れなかったの？
と

B : うん。でも平日の夜ならまだ空席があるって。平日に行く？
へいじつ よる くうせき へいじつ い

A : そうだね。

(3)

A : 予約の変更をしたいんですが。
よやく へんこう

B : では、ご予約番号をお願いいたします。
よやくばんごう ねが

A : 123-4567です。

B : 月曜の9時発を予約されていますね。いつに変更なさいますか。
げつよう じ はつ よやく へんこう

A : 火曜日の9時発はありますか。
か ようび じ はつ

B : 9時発はあいにく満席ですが、10時発でしたらご用意できます。
じ はつ まんせき じ はつ ようい

배달 ◎11

荷物、小包	짐, 소포	ご苦労様	수고하십니다
配達する、受け取る	배달하다, 받다(수취하다)	取りに行く	찾으러 가다
時間指定	시간 지정	注文する	주문하다
午前着、午後着	오전 도착, 오후 도착	代わりに	대신에
着払い	착불		

〈회화문〉

A : もしもしお母さん？明日、着払いで着ない洋服を送るから受け取ってね。

B : え？明日はお昼までいないわよ。時間指定にできないの？

A : そうなの？じゃ、明日の午後着で送るよ。

B : それから、何で着払いで送るのよ。ちゃんとお金を払って送ってちょうだい。

A : えー。細かいなあ。

청해의 비결

수리 ◎ 12

壊す、壊れる	고장내다, 고장나다	交換	교환
直す、直る	고치다, 고쳐지다	部品	부품
修理センター	수리센터	保証、保障期間	보증, 보장기간
修理する、修理に出す	수리하다, 수리를 맡기다	対象外	대상 외
預かる、預ける	맡다, 맡기다	どのくらいかかりますか (費用、時間)	어느 정도 됩니까 (비용, 시간)
取りに行く、取りに来る、 受け取る	찾으러 가다, 찾으 러 오다, 수취하다		

〈회화문〉

〔1〕

A：時計の修理、お願いしたいんですが。水にぬれてから動かなくなっちゃって。

B：そうですか。じゃ、こちらに記入して、一週間後に受け取りに来てください。

A：費用は、どれくらいかかりますか。

B：中を見てみないことには分かりませんねえ。部品を交換することになると部品代もかかりますし。中を見てみて、一度お電話しましょうか。

A：ええ。お願いします。

〔2〕

A：あら？もう腕時計直ったの？壊れたから修理に出すって言ってたよね。

B：うん。修理センターに持っていったら、その場ですぐ部品を交換してくれたんだ。

A：そう、よかったね。

B：それにね、保障期間内だったから無料で直してもらえたよ。

병원 ◎ 13

しんさつ 診察	진찰	にゅういん 入院	입원
けんさ 検査	검사	み ま お見舞い	병문안
しゅじゅつ 手術	수술	きゅうきゅうしゃ 救急車	구급차
け が 怪我	부상, 상처		

〈회화문〉

A：山田さん、入院したそうよ。

B：ええ！本当？どこが悪いの？

A：階段から落ちて救急車で運ばれたんですって。腕を怪我して手術したそうよ。それから頭を打っているかもしれないから、一応検査もするんですって。

B：それは大変だね。どこの病院？明日お見舞いに行ってくるよ。

여가 ◎ 14

休_{やす}みを取_とる、休_{やす}みをもらう、休_{やす}みを取_とらせてもらう	휴가를 받다	お土産_{みやげ}	선물
休_{やす}み明_あけ	휴가가 끝남	コース	코스
チケット、招待券_{しょうたいけん}、割引券_{わりびきけん}	티켓, 초대권, 할인권	プラン	플랜
混_こんでいる、空_あいている、並_{なら}んでいる	복잡하다, 비어있다, 줄 서 있다	ツアー	투어
見学_{けんがく}、体験_{たいけん}	견학, 체험	セット	세트
肌_{はだ}で感_{かん}じる、触_ふれ合_あう、味_{あじ}わう、試食_{ししょく}する	피부로 느끼다, 접촉하다, 시식하다	パンフレット	팸플릿
評判_{ひょうばん}がいい、人気_{にんき}がある、人気_{にんき}だ、最適_{さいてき}だ	평판이 좋다, 인기가 있다, 인기다, 최적이다		

〈회화문〉

(1)
A：旅行_{りょこう}行_いくの？パンフレットなんか見_みて。
B：うん。来月_{らいげつ}、休_{やす}みをもらって家族_{かぞく}サービスしようと思_{おも}って。
A：そう。最近_{さいきん}、工場見学_{こうじょうけんがく}とか体験_{たいけん}ツアーが人気_{にんき}らしいよ。
B：そうみたいだね。ビール工場_{こうじょう}の見学_{けんがく}コースだと「出来_{でき}立_たてのビールを味_{あじ}わえます」だって。
A：いいねえ。体験_{たいけん}ツアーもある？
B：牧場体験_{ぼくじょうたいけん}ツアー。「自然_{しぜん}を肌_{はだ}で感_{かん}じながら動物_{どうぶつ}と触_ふれ合_あえます。ファミリーに最適_{さいてき}」か。子_こどもを連_つれて行_いくから、これなんか良_よさそうだな。

(2)
A：明日_{あした}、休_{やす}みを取_とらせてもらうことになったからよろしく。
B：ん？どこか行_いくんですか。
A：招待券_{しょうたいけん}をもらったから、子_こどもを遊園地_{ゆうえんち}に連_つれて行_いこうと思_{おも}って。
B：平日_{へいじつ}なら空_すいてるでしょうから、並_{なら}ばないで色々_{いろいろ}乗_のれますね。
A：うん。あ、もし急_{いそ}ぎで何_{なに}かあったら電話_{でんわ}くれる？
B：ええ、そうします。休_{やす}み明_あけ、お土産_{みやげ}待_まってまーす。

광고・선전 15

キャンペーン	캠페인	りゅうこう 流行	유행
ポイント	포인트	も はこ 持ち運び	운반
こうこく せんでん 広告、宣伝	광고, 선전	さいしん き のう 最新機能がついている	최신 기능이 붙어 있다
か か 買い替える	새로 사서 바꾸다	こうにゅう か あ 購入、お買い上げ	구입, 사심
さいしんがた 最新型	최신형	もれなく	빠짐없이

〈회화문〉

A：シェーバーを買い替えようと思ってるんですが。

B：それでしたら、こちらなんていかがでしょうか。防水機能付きですので水にぬれても大丈夫ですし、軽くて持ち運びにも便利ですよ。それに今ちょうどキャンペーン中で、お買い上げの方にもれなく旅行用ポーチを差し上げています。

A：そうですか。じゃ、それ、ちょっと見せてもらえますか。

청해의 비결

그 외① 운동과 다이어트 16

ジョギング、ウォーキング、ダイエット	죠깅, 워킹, 다이어트	アドバイスを受^うける	조언을 듣다
体力^{たいりょく}がつく、体力^{たいりょく}をつける	체력이 강해지다, 체력을 강해지게 하다	長続^{ながつづ}きしない、続^{つづ}かない	오랫동안 못하다, 계속되지 못하다
疲^{つか}れにくい、疲^{つか}れやすい	그다지 피로해지지 않는다, 쉽게 피로해지다		

〈회화문〉

〔1〕

A : ダイエットは順調^{じゅんちょう}？

B : うーん。体重^{たいじゅう}はあんまり減^へらないんだけど、毎日^{まいにち}ジョギングしてたら疲^{つか}れにくくなったよ。

A : そう。じゃ、体力^{たいりょく}がついたんだね。このまま続^{つづ}けていれば、きっと体重^{たいじゅう}も減^へるよ。

〔2〕

A : 先週^{せんしゅう}からジムで水泳^{すいえいなら}習い始^{はじ}めたんだ。

B : そう。私^{わたし}も何^{なに}か運動始^{うんどうはじ}めたいな。最近疲^{さいきんつか}れやすいから。

A : 私^{わたし}もそうなの。だから水泳^{すいえい}で体力^{たいりょく}をつけようと思^{おも}って。ジムで先生^{せんせい}のアドバイスも受^うけられるし、今回^{こんかい}は長続^{ながつづ}きしそうだよ。

그 외② 병간호 17

施設 (しせつ)	시설	お年寄り (としよ)	노인
ボランティア	자원봉사	手すりにつかまる (て)	손잡이를 잡다
手伝う、世話する、 助ける (てつだ)(せわ)(たす)	돕다, 돌보다	車椅子 (くるまいす)	휠체어
～が不自由だ (ふじゆう)	～가 부자유스럽다	スロープ	비탈
杖をつく (つえ)	지팡이를 짚다	シルバーシート	경로석
寝たきり (ね)	노쇠나 질병 등으로 자리에 누운 채 일어 나지 못하는 상태	席をゆずる (せき)	자리를 양보하다

〈회화문〉

A：お年寄りの介護施設でボランティアしてるって本当？
（としよ）（かいごしせつ）　　　　　　　　　　（ほんとう）

B：うん。先生に紹介してもらったんだ。
　　（せんせい）（しょうかい）

A：どんなことするの？

B：車椅子を押したり、一緒に散歩したり、話し相手になったり…。色々勉強になるよ。
　（くるまいす）（お）　（いっしょ）（さんぽ）　（はな）（あいて）　　　　（いろいろべんきょう）

그 외③ 부동산 18

不動産屋 (ふどうさんや)	부동산 중개인	水回り (みずまわ)	목욕탕, 화장실 등 물 을 사용하는 곳
アパート、マンション	아파트, 맨션	最寄り駅 (もよえき)	가장 가까운 역
情報、条件、賃貸 (じょうほう)(じょうけん)(ちんたい)	정보, 조건, 임대	メモを取る、メモをする (と)	메모를 하다
駅から徒歩～分 (えき)(とほ)(ふん)	역에서 도보～분	チェックする、確認する (かくにん)	체크하다, 확인하다
日当たり (ひあ)	볕이 듦		

〈회화문〉

A：山田さん、こないだ引っ越したばかりだよね。部屋、どうやって探したの？
　（やまだ）　　　　　　（ひ）（こ）　　　　　　　（へや）　　　　　　（さが）

B：最寄り駅とか家賃とか条件をメモしておいて、不動産屋で紹介してもらったよ。で
　（もよえき）　　（やちん）　（じょうけん）　　　　　　　　（ふどうさんや）（しょうかい）

　も、なんで？

A：私も部屋を借りようと思ってるの。実際に部屋を見せてもらう時は何をチェックした
　（わたし）（へや）（か）　　（おも）　　　　（じっさい）（へや）（み）　　　　（とき）（なに）

　の？

B：水回りとか、日当たりとか、あとは駅から何分かかるかとか…かな。
　（みずまわ）　　（ひあ）　　　　　　　（えき）（なんぷん）

A：なるほどね。

그 외④ 자연재해, 화재 등 19

地震、火事、台風	지진, 화재, 태풍	避難する	피난하다
揺れる、倒れる	흔들리다, 넘어지다	避難用セット	피난용 세트
怖い	무섭다	避難場所	피난 장소
家具、本棚	가구, 책장	備える	준비하다
固定する	고정하다	逃げ遅れる	미처 도망치지 못하다

〈회화문〉

A : 昨日の地震、大丈夫だった？けっこう揺れたよね。

B : ああ、怖かったね。本棚が倒れてきてびっくりしたよ。

A : ええ！それは危ないね。家具は固定しておいたほうがいいよ。

B : そうだね、家の中で怪我しないように気をつけないと。

A : うん。それから、いざという時に備えて、袋に食べ物とか水とかを入れて避難用セットを準備しておくといいよ。

다음에 정리한 표현은 들으면 들을수록 청해 문제가 쉬워지는 표현입니다. 청해 문제 뿐만 아니라 독해에도 자주 사용되는 표현이므로 외워두면 유용하게 쓸 수 있습니다. 확실하게 기억해 둡시다.

소개

1 자기소개

A：林と申します。

B：どうぞよろしくお願いします。

〈사내에서〉

• 今日からこちらの課に配属されました高橋と申します。
ご迷惑をおかけすることもあるかと思いますが、どうぞよろしくお願いいたします。

〈다른 회사 사람에게〉

A：今回の企画を担当させていただきますH商会の田中と申します。どうぞよろしくお願いいたします。

B：K商事の木村です。こちらこそ、よろしくお願いいたします。

2 다른 회사 사람에게 자기 회사 사람을 소개할 때

A：こちらは弊社営業部の加藤でございます。加藤さん、こちらはK商事の木村さんでいらっしゃいます。

B：はじめまして。加藤と申します。いつもお世話になっております。

C：こちらこそ、お世話になっております。木村と申します。

청해의 비결

인사 ◎21

1 입실할 때

    A：失礼いたします。

    B：はい、どうぞ。

2 큰 소리를 냈을 때

    失礼いたしました。

3 밥을 얻어 먹었을 때

    A：課長、今日はごちそうさまでした。

    B：いえいえ。

4 기다리게 했을 때

    お待たせしました。

5 말을 걸 때

    (ちょっとよろしいですか・今、お時間よろしいですか・お話中すみません・お仕事中恐れ入りますが)

    A：お話中すみません。部長、K商会の鈴木様からお電話です。

    B：はい、ありがとう。

6 사죄할 때

    (申し訳ございません・申し訳ございませんでした)

    A：このたびは、大変申し訳ございませんでした。

    B：ほんとに、気をつけてくださいよ。

7 재회했을 때

    (ごぶさたしております・お久しぶりです)

    A：ごぶさたしております。お元気でいらっしゃいましたか。

    B：まぁ、佐藤さんしばらくです。おかげさまで元気にしていますよ。

8 집에 돌아갈 때

    (お先に失礼いたします／お疲れさまでした)

    A：お先に失礼いたします。

    B：お疲れさまでした。

⑨ 결혼 · 출산을 축하할 때

　　A：山田さん、今度結婚されるんですってね。おめでとうございます。

　　B：ありがとう。

⑩ 퇴직 · 전근할 때

　　A：色々お世話になりました。

　　B：大阪支店でも頑張ってくださいね。

전화 　　◎ 22

❶ 전언이 있을 때

　　A：K商事のキムと申しますが、山田様はいらっしゃいますか。

　　B：あいにく外出中でございますが。

　　A：では、山田様が戻られましたら、ご連絡いただけるようお伝えいただけますか。

　　B：はい。では、ご連絡先をいただけますか。

　　A：03-1234-5678、K商事のキムです。

　　B：03-1234-5678、K商事のキム様でございますね。では、山田が戻りましたら申し
　　　　伝えます。

❷ 전언이 없을 때

　　A：K商事のキムと申しますが、山田様をお願いできますか。

　　B：山田はただいま席を外しておりますが。

　　A：そうですか。ではまたかけなおします。

〈전화를 걸 때〉

• 「회사명」の「이름」と申しますが、「이름」さん／様はいらっしゃいますか。

• 「회사명」の「이름」と申しますが、「이름」さん／様をお願いしたいのですが。

〈전화를 바꾸어 줄 때〉

• はい、少々お待ちください。

〈(전화를 걸어온 사람이) 찾는 사람이 없을 때〉

• 席を外しておりますが。

• 外出中でございますが。

• 本日はお休みをいただいておりますが。

청해의 비결

〈전언을 부탁할 때〉
- 〜とお伝えいただけますか。
- ご伝言をお願いいたします。

〈전언을 전달 받을 때〉
- よろしければ、ご用件をお伝えいたしますが。
- 〜でございますね。
- 〜でよろしいでしょうか。
- では、〜が戻りましたら、申し伝えます。

〈전언을 부탁하지 않을 때〉
- では、またかけなおします。
- では、電話があったことをお伝えいただけますか。

〈연락처를 물을 때〉
- 折り返しご連絡差し上げるよう申し伝えますが。
- お名前とご連絡先をいただけますか。

〈전화를 끊을 때〉
- 失礼いたします。

주의 ◎ 23

1 사내

A：山田さん、今ちょっといいですか。

B：はい。何でしょう。

A：先日出してもらった報告書、計算が違っていましたよ。

B：申し訳ございません。今後気をつけます。

2 다른 회사

A：先日注文した商品が、まだ届いていないようなんですが。

B：大変申し訳ございません。確認して、すぐにお届けいたします。

부탁/거절　◎ 24

① 사내-1

A：課長、今ちょっとよろしいでしょうか。

B：ええ、何ですか。

A：こちらの書類にサインをいただけませんか。先日ご説明した企画案なんですが。

B：いいですよ。

② 사내-2

A：すみません、会議室に資料を運ぶの手伝っていただけませんか。

B：あ、すみません。これから来客があるもんですから、あとででもいいですか。

A：ええ、手が空いたときでいいのでお願いします。

③ 다른 회사-1

A：いただいた見積書なんですが、金額、もう少しなんとかなりませんか。

B：これ以上は、ちょっとうちも厳しいんですが。

④ 다른 회사-2

A：すみません、納品日を2週間後に変更していただけないでしょうか。

B：はい、かしこまりました。2週間後ですと、二十日の月曜でよろしいですね。

청해의 비결

허가를 받을 때 ◎ 25

1 사내-1

A：すみません。ちょっと体調が悪くて、早退させていただきたいんですが。

B：大丈夫ですか。じゃあ、今日は帰って休んでください。お大事に。

2 사내-2

A：これからH商会に打ち合わせに行くんですが、そのまま直帰してもよろしいでしょうか。

B：ええ、わかりました。いってらっしゃい。

3 다른 회사-1

A：詳細は御社でお決めいただいてもよろしいでしょうか。

B：わかりました。では、決まり次第、ご連絡いたします。

4 다른 회사-2

A：すみません。納品先を変更していただきたいんですが。

B：かしこまりました。では、変更先の住所をお知らせいただけますか。

약속을 정할 때 ◎ 26

1 사내

A：課長、ご相談があるんですが、ちょっとお時間いただけないでしょうか。

B：これからちょっと外出するので、4時ぐらいだったらいいですよ。

A：4時ですね。ありがとうございます。

2 다른 회사

A：先日お渡ししたご提案書、ご確認いただけましたでしょうか。

B：ええ、拝見しました。

A：よろしければ、ぜひお会いして直接ご説明させていただきたいと思っているんですが、明日のご都合はいかがですか。

B：ええ。大丈夫ですよ。何時にしましょうか。

방문할 때　◎ 27

1 접수처에서

A：H商会の田中と申しますが、営業部の山田様と３時にお約束をしているんですが。

B：H商会の田中様ですね、かしこまりました。

A：H商会の田中と申しますが、営業部の山田様にお取次ぎいただけますか。

B：はい、かしこまりました。

2 돌아올 때

A：今日はお忙しいところ、お時間をいただきましてありがとうございました。今後ともよろしくお願いいたします。

B：こちらこそ、よろしくお願いいたします。お気をつけてお帰りください。

A：今日はお忙しいところ、お時間を取っていただきましてありがとうございました。

B：いえ、こちらこそ、わざわざ来ていただいてありがとうございました。お気をつけてお帰りください。

問題1 ▶ 과제이해

문제유형　과제이해 (5문항)

과제 해결에 필요한 정보를 듣고, 무엇을 해야 하는지 찾는 문제

상황 설명과 문제를 듣는다 ➡ 본문의 대화를 듣는다 ➡

다시 한 번 문제를 듣는다 ➡ 문제지에 인쇄된 선택지를 보고 정답을 고른다.

포인트

문자로 된 선택지의 경우, 대부분 대화 내용에 나왔던 표현(예: 会議が長引きそう
だから) 그대로가 아닌 다른 표현(예: 会議室の使用時間を延長する)으로 바꿔서
나올 확률이 높다. 그러므로 아리송한 문제는 대화 내용에 나오지 않았던 표현이 정
답일 확률이 높다.

학습요령

질문이 음성으로 먼저 나오므로 본문을 듣기 전에 과제를 수행할 사람이 여자인지
남자인지를 먼저 확인해두어야 한다. 그런 다음 두 사람의 대화에서 과제를 수행할
사람이 어떤 일을 해야 하는지 메모하면서 본문을 들어야 한다. 미리 문제지에 인쇄
된 선택지를 보면 좋다.

問題1 問題１では、まず質問を聞いてください。それから話を聞いて、問題用紙の１から４の中から、最もよいものを一つ選んでください。

1　◎ 28

1　お弁当を買ってじむしょで食べる
2　お弁当を買ってこうえんで食べる
3　となりのビルに行ってカレーを食べる
4　社長といっしょにホテルで食事をする

2　◎ 29

1　友だちを駅まで送りにいく
2　友だちと昼ごはんを食べる
3　女の人の家に本を借りにいく
4　自分の家に本をとりにいく

3　◎ 30

1　4時
2　4時半
3　5時
4　5時半

問題1 問題1では、まず質問を聞いてください。それから話を聞いて、問題用紙の1から4
　　　 の中から、最もよいものを一つ選んでください。

1　◎ 31

1　出張に行く

2　男の人に返す

3　なかむらさんに渡す

4　友だちに貸す

2　◎ 32

1　教科書を持ってくる

2　教室でテレビを見る

3　試験を受ける

4　服を洗濯する

3　◎ 33

1　社長室に行く

2　名刺を注文する

3　部長に電話する

4　社長室に電話する

정답 및 해설 p.44~46

4 ◎ 34

1 800円

2 1,000円

3 1,500円

4 2,000円

5 ◎ 35

1 買い物をする

2 食事をする

3 喫茶店に行く

4 映画を見る

問題1 問題1では、まず質問を聞いてください。それから話を聞いて、問題用紙の1から4
の中から、最もよいものを一つ選んでください。

1　◎ 36

1　銀行
ぎんこう

2　クリーニング屋
や

3　スーパー

4　郵便局
ゆうびんきょく

2　◎ 37

1　タクシー

2　リムジンバス

3　地下鉄
ちかてつ

4　モノレール

3　◎ 38

1　5,000円
えん

2　4,200円
えん

3　4,000円
えん

4　3,800円
えん

4 ◎ **39**

1　1階の第1会場

2　1階の受付

3　2階の小ホール

4　3階の小ホール

5 ◎ **40**

1　レストランで食事をする

2　買い物につきあう

3　マッサージに行く

4　レストランでコーヒーを飲む

확인문제 1

문제1. 문제1에서는 먼저 질문을 들으세요. 그리고 이야기를 듣고 문제지의 1〜4중에서 가장 적당한 것을 하나 고르세요.

1 ◎ 28

会社で男の人と女の人が、話しています。二人は昼ごはんを
どうすることにしましたか。

男　川口さん、きょうのお昼、どうしますか。

女　まだ決めてないけど、どうして？

男　隣のビルのカレー屋に行きませんか。

女　うーん。あそこあんまりおいしくないし・・・。それなら、
　　事務所でコンビニ弁当のほうが私はいいけど。

男　そうですか。カレー屋はだめですか。

女　あー。久しぶりに公園行ってみようか。お弁当買って。

男　そうか。天気もいいし、あったかいし。それいいです
　　ね。山下さんも誘いましょうか。

女　山下さんは、さっき社長と出かけたよ。取引先の人
　　と、お昼は新宿のホテルで食事するみたい。二人で
　　きょうはデートしよ。

男　ええ、いいですね。

二人は昼ごはんをどうすることにしましたか。

1　お弁当を買ってじむしょで食べる

2　お弁当を買ってこうえんで食べる

3　となりのビルに行ってカレーを食べる

4　社長といっしょにホテルで食事をする

회사에서 남자와 여자가 이야기하고 있습니다. 두 사람은 점심
을 어떻게 하기로 했습니까?

남　가와구치 씨, 오늘 점심, 어떻게 할 거에요?

여　아직 정하지 않았는데, 왜?

남　옆 건물에 있는 카레 전문점에 가지 않을래요?

여　음…. 거기 별로 맛도 없고…. 그럴 거라면, 사무실에서 편
　　의점 도시락 먹는 게 난 좋은데.

남　그래요? 카레 전문점은 싫으세요?

여　아, 오랜만에 공원 가 볼까? 도시락 사서.

남　그럴까요?. 날씨도 좋고, 따뜻하고. 그거 좋겠는데요. 야마
　　시타 씨에게도 권해 볼까요?

여　야마시타 씨는 좀 전에 사장님하고 나갔어. 거래처 사람하
　　고 점심은 신주쿠 호텔에서 먹는 것 같던데. 오늘은 둘이서
　　데이트하자.

남　네, 좋습니다.

두 사람은 점심을 어떻게 하기로 했습니까?

1　도시락을 사서 사무실에서 먹는다

2　도시락을 사서 공원에서 먹는다

3　옆 건물에 가서 카레를 먹는다

4　사장님과 함께 호텔에서 식사를 한다

정답 2

어휘 お昼 점심 | 決める 정하다 | 隣 이웃, 옆 | 事務所 사무실 | コンビニ 편의점 | 弁当 도시락 | 久しぶり 오랜만 |
誘う 권유하다, 권하다 | 取引先 거래처

해설 카레를 먹으러 가자는 남자의 제안에 여자는 싫다고 거절하며 오랜만에 '도시락을 사서 공원에 가자'고 했다. 이에
남자가 동의하고 있으므로 정답은 2번이다.

2 ◎ 29

近くに住んでいる女の人と男の人が道で会って話していま
す。男の人は、このあとどうしますか。

女　ああ、ヤンさん。どっか出かけるの？

男　あ、友達が遊びに来るので、駅まで迎えに・・・。

女　そう。じゃ、駅の帰りにうちに寄って、本持って行って。
　　ほら、このあいだ貸してほしいって言ってたでしょう。
　　英語の本。

男　ああ、そうそう。ありがとう。あ、あの、2時間ぐらいあと
　　で行ってもいいですか。駅の近くで友達とお昼食べて来

이웃에 살고 있는 여자와 남자가 길에서 만나 이야기하고 있습
니다. 남자는 이후에 어떻게 합니까?

여 : 아, 양 씨. 어디 외출하는 거야?

남 : 아, 친구가 놀러 와서, 역까지 마중하려요….

여 : 그래? 그럼, 역에서 돌아오는 길에 우리 집에 들러서, 책 가
　　저가. 왜 있잖아, 얼마 전에 빌려줬으면 좋겠다고 말했었잖
　　아. 영어책.

남 : 아, 맞다. 고마워요. 아, 저기~ 2시간 정도 후에 가도 될까
　　요? 역 근처에서 친구랑 점심 먹고 올 지도 몰라서요.

るかもしれないので。

女 うーん。じゃあ、夕方取りに来て、5時ごろ。私もちょっと出かけるので。

男 じゃあ、今行ってもいいですか？

女 うん、いいわよ。でも、友達迎えに行くんでしょ？

男 大丈夫、大丈夫。まだ時間ありますから。

男の人は、このあとどうしますか。

1 友だちを駅まで送りにいく
2 友だちと昼ごはんを食べる
3 女の人の家に本を借りにいく
4 自分の家に本をとりにいく

여 : 음…. 그럼, 저녁에 가지러 와. 5시쯤. 나도 잠시 외출할 거라서.

남 : 그럼, 지금 가도 될까요?

여 : 응, 좋아. 하지만, 친구 마중하러 갈 거잖아?

남 : 괜찮아요. 괜찮아요. 아직 시간 있으니까.

남자는 이후에 어떻게 합니까?

1 역까지 친구를 데려다준다
2 친구와 점심을 먹는다
3 여자 집에 책을 빌리러 간다
4 자신의 집에 책을 가지러 간다

정답 3

어휘 出かける 외출하다 | 迎える 마중 가다 | 貸す 빌려주다 | ～てほしい ～해 주기를 바란다, ～해 주었으면 좋겠다 | お昼 점심식사 | 夕方 저녁 | 取りに行く 가지러 가다

해설 남자는 역으로 친구를 마중하러 가는 길에 우연히 여자를 만나 전에 빌리기로 한 책을 가져가라는 말을 듣는다. 남자는 두 시간쯤 후에 가지러 간다고 했지만 여자가 외출을 하기 때문에 저녁에 오라고 했고, 그래서 다시 여자에게 '지금 가도 되냐'고 물었더니 여자도 좋다고 했으므로 '여자의 집에 책을 빌리러 간다'는 3번이 정답이다.

---

3 ◎30

会社で女の人と男の人が話しています。男の人は、何時に会社を出ますか。

女 あれ？今日、お客さん来るんでしょ、中国から。空港に行かなくていいの？

男 5時半到着の飛行機ですから、まだ・・・。

女 何言ってるのよ。飛行機って、予定より早く着くこともあるし、空港が空いてたら、お客さんも早く出て来るし・・・。だめだめ、もう4時よ。半には出なさい、半には。

男 5時ごろ出ても大丈夫だと思いますけど。

女 だめよ、5時半には空港に着いて待ってないと。

男 はい。じゃあ、そうします。

男の人は、何時に会社を出ますか。

1 4時
2 4時半
3 5時
4 5時半

회사에서 여자와 남자가 이야기하고 있습니다. 남자는 몇 시에 회사를 나갑니까?

여 어? 오늘, 손님 오잖아, 중국에서. 공항에 안 가도 돼?

남 5시 반 도착 비행기여서, 아직….

여 무슨 소리 하는 거야. 비행기는 예정보다 일찍 도착하는 경우도 있고, 공항이 비었다면, 손님도 빨리 나올 테고…. 안 돼 안 돼, 벌써 4시야. 30분에는 나가. 30분에는.

남 5시쯤 나가도 괜찮다고 생각하는데요.

여 안 돼. 5시 반에는 공항에 도착해서 기다려야 해.

남 네. 그럼, 그렇게 하겠습니다.

남자는 몇 시에 회사를 나갑니까?

1 4시
2 4시 반
3 5시
4 5시 반

정답 2

어휘 お客さん 손님 | 空港 공항 | 飛行機 비행기 | 予定 예정 | 着く 도착하다 | 空く (공간이) 비다

해설 현재 시각은 4시. 여자가 30분에는 나가라고 지시를 하였고, 결국에는 남자도 그렇게 하겠다고 하였으므로 4시 반이 정답이 된다.

확인문제 2

문제1. 문제1에서는 먼저 질문을 들으세요. 그리고 이야기를 듣고 문제지의 1~4중에서 가장 적당한 것을 하나 고르세요.

1 ◎ 31

男の人と女の人が話しています。女の人はDVDを見たら、どうしなければなりませんか。

男 はい、これ。この前話した映画のDVD。

女 わあ、ありがとうございます。あのう、これ来週まで借りてもいいですか。明日から私、出張なので。

男 ええ、ゆっくり見てください。あ、それで。それ全部見たら、中村さんに渡してくれますか。中村さんも見たいと言ってるんですよ。

女 ええ、わかりました。それから、これ、私が出張に行ってる間、先に私の友達に貸してもかまいませんか。

男 ええ、どうぞどうぞ。でも、なくさないでくださいね。

女:ええ、大事に見ますので。

女の人はDVDを見たら、どうしなければなりませんか。

1 出張に行く
2 男の人に返す
3 なかむらさんにわたす
4 友だちに貸す

여자와 남자가 이야기하고 있습니다. 여자는 DVD를 다 보면 어떻게 해야 합니까?

남 자, 이거. 전에 말했던 영화 DVD.

여 와, 감사합니다. 저기, 이거 다음 주까지 빌려도 될까요? 내일부터 제가 출장이어서요.

남 네, 천천히 보세요. 아, 그러면 그거 다 보면 나카무라 씨에게 전해주시겠어요? 나카무라 씨도 보고 싶다고 했어요.

여 네, 알겠습니다. 그리고 이거, 제가 출장 가 있는 동안에 먼저 제 친구에게 빌려줘도 괜찮을까요?

남 네, 그러세요. 하지만, 잃어버리지 마세요.

여 네, 조심해서 볼게요.

여자는 DVD를 다 보면 어떻게 해야 합니까?

1 출장 간다
2 남자에게 돌려준다
3 나카무라 씨에게 전해준다
4 친구에게 빌려준다

정답 **3**

어휘 出張 출장 | 渡す 건네다 | 貸す 빌려주다 | かまわない 상관없다 | 大事に 소중하게

해설 남자는 여자에게 DVD를 다 본 후에는 나카무라 씨에게 건네 달라고 이야기를 하고 있다. 그러므로 정답은 3번이다.

---

2 ◎ 32

日本語学校の教室で、先生が話しています。学生たちが、明日しなければならないことは何ですか。

女 えー、きょうは皆さんにいいニュースがあります。明日、この教室にテレビカメラが入ります。NHBの「ホットジャパン」という番組が、皆さんが日本語を勉強しているのを撮りたいと言ってきました。それで、明日の試験は中止です。来週の月曜日にします。
　（ワーイ、ワーイ、バンザーイ）
　あしたは授業をしますから、教科書を持ってきてください。

男 先生、あしたもTシャツとジーンズでいいですか。

女 皆さんにインタビューもしたいと言ってましたから、洗濯したのを着てきた方がいいかもしれませんね。

일본어 학교 교실에서 선생님이 이야기하고 있습니다. 학생들이 내일 해야만 하는 것은 무엇입니까?

여 어… 오늘은 여러분에게 좋은 뉴스가 있습니다. 내일, 이 교실에 텔레비전 카메라가 들어옵니다. NHB의 「핫 재팬」이라는 프로그램이 여러분들이 일본어를 공부하고 있는 장면을 찍고 싶다고 하네요. 그래서 내일 시험은 중지입니다. 다음 주 월요일에 하겠습니다. (와~와~만세) 내일은 수업을 할 테니까, 교과서를 가지고 오세요.

남 선생님, 내일도 T셔츠에 청바지도 괜찮나요?

여 여러분에게 인터뷰도 하고 싶다고 했으니까, 세탁한 것을 입고 오는 것이 좋을지도 모르겠네요.

学生たちが、明日しなければならないことは何ですか。

1 教科書を持ってくる
2 教室でテレビを見る
3 試験を受ける
4 服を洗濯する

학생들이 내일 해야만 하는 것은 무엇입니까?

1 교과서를 가지고 온다
2 교실에서 텔레비전을 본다
3 시험을 본다
4 옷을 세탁한다

정답 1

어휘 教室 교실 | 番組 프로그램 | 撮る (사진이나 동영상을) 찍다 | 中止 중지 | 万才 만세 | 教科書 교과서 | 洗濯
세탁

해설 선생님은 내일 텔레비전 취재가 있기 때문에 시험을 중지하고 수업을 진행한다고 이야기하고 있다. 이어서 교과서
를 가져 오라고 했으므로 정답은 1번이다.

3 (◎) 33

会社の電話で、男の人と女の人が話しています。女の人は
このあと最初に何をしなければなりませんか。

女 はい、総務課の山本です。
男 社長室の鈴木ですが、部長は?
女 はい。部長はさっき外出されましたが‥‥。
男 そう、連絡はとれる?
女 はい。ケータイで連絡はとれると思います。
男 じゃ、部長にすぐ電話してください。社長室に連絡くれる
　 ようにと。
女 あ、はい。
男 あ、それから。社長の名刺を200枚注文してくれるよう
　 に言ってあるんだけど、出来ていたら社長室まで持って
　 きてください。
女 はい、わかりました。

女の人は、このあと最初に何をしなければなりませんか。

1 社長室に行く
2 名刺を注文する
3 部長に電話する
4 社長室に電話する

회사 전화로 남자와 여자가 이야기하고 있습니다. 여자는 이후
에 제일 먼저 무엇을 해야만 합니까?

여 네, 총무과의 야마모토입니다.
남 사장실의 스즈키인데요, 부장님은요?
여 네, 부장님은 좀 전에 외출하셨습니다만….
남 그래요? 연락은 되나요?
여 네, 휴대폰으로 연락될 것 같습니다.
남 그럼, 부장님께 바로 전화하세요. 사장실로 연락하도록 말
　 이에요.
여 아, 네.
남 아, 그리고 사장님 명함을 200장 주문해달라고 말해 뒀는
　 데, 다 되었으면 사장실로 가져 오세요.
여 네, 알겠습니다.

여자는 이후에 제일 먼저 무엇을 해야만 합니까?

1 사장실로 간다
2 명함을 주문한다
3 부장에게 전화한다
4 사장실로 전화한다

정답 3

어휘 総務課 총무과 | 社長室 사장실 | 部長 부장 | 外出 외출 | 連絡 연락 | 名刺 명함 | 注文 주문 | 出来る 완성되
다, 가능하다

해설 남자는 여자에게 '부장에게 바로 전화를 해서 사장실로 전화할 것'을 요구하였고, 여자는 알겠다고 하였으므로 이
전화 이후에 여자는 바로 부장에게 전화를 해야 한다. 정답은 3번이다.

4 ⊙ 34

博物館のチケット売り場の前で、先生と学生が話しています。学生は、先生にあといくらお金をもらわなければなりません。

女 はーい。それでは、これから博物館に入ります。自由に見学して、3時にまた、このチケット売り場の前に集まってください。あ、吉田君。ちょっとチケット買って来て。入場料は2万円あれば足りるよね。はい、じゃあ、これで。

男 先生、団体の入場料は800円ですけど、ここは団体が30人からって書いてありますよ。

女 え?20人からじゃないの、団体は？

男 はい。ここは30人からですね。

女 団体じゃないと、いくらになるの？

男 大人は1,500円、学生は1,000円です。

女 そうすると、大人が一人と学生が20人だから、2万円じゃ、足りないね

男 はい。えーっと、あと…。

学生は、先生にあといくらもらわなければなりませんか。

1 800円
2 1,000円
3 1,500円
4 2,000円

박물관 매표소 앞에서 선생님과 학생이 이야기하고 있습니다. 학생은 선생님에게 얼마를 더 받아야만 합니까?

여 자, 그럼 이제부터 박물관으로 들어가겠습니다. 자유롭게 견학하고, 3시에 다시 이 매표소 앞에 모여 주세요. 아, 요시다 군. 티켓을 좀 사와 줘. 입장료는 2만엔 있으면 충분할 거야. 자, 이걸로.

남 선생님, 단체 입장료는 800엔인데요, 여기는 단체가 30명부터라고 적혀 있어요.

여 어? 단체는 20명부터 아니야?

남 네, 여기는 30명부터네요.

여 단체가 아니면, 얼마가 되는데?

남 어른은 1500엔, 학생은 1000엔입니다.

여 그렇다면 어른이 한 명이고 학생이 20명이니까, 2만 엔으로는 부족하겠네.

남 네. 음ー, 나머지는….

학생은 선생님에게 얼마 더 받아야만 합니까?

1 800 엔
2 1000 엔
3 1500 엔
4 2000 엔

정답 **3**

어휘 博物館(はくぶつかん) 박물관 | 売り場(うりば) 판매소, 매장 | 集まる(あつまる) 모이다 | 入場料(にゅうじょうりょう) 입장료 | 足りる(たりる) 충분하다, 족하다 | 団体(だんたい) 단체 | 大人(おとな) 어른

해설 단체가 아닌 경우, 티켓의 가격은 어른 1500엔, 학생 1000엔이다. 학생수가 총 20명이므로 2만 엔, 어른은 한 사람이므로 1500엔이 되어 총 2만 1500엔의 돈이 필요하게 된다. 요시다 군은 선생님에게 이미 2만 엔을 받았으므로 정답은 3번이다.

---

5 ⊙ 35

駅の前の広場で男の人と女の人が話しています。二人はこれからどうしますか。

男 わー、ごめんごめん。メール見たよね、遅れるって。

女 でも、1時間も遅れるなんて書いてなかったよ。私30分も待ったんだからね。

男 なんだ、自分も遅れて来たんだ。

女 うん、実は私も30分遅刻。さて、映画はもう始まってるし、ご飯食べるのはまだ早いし…。

男 どうしようか？

역 앞 광장에서 남자와 여자가 이야기하고 있습니다. 두 사람은 이제부터 어떻게 합니까?

남 아, 미안 미안. 메일(문자) 봤지? 늦는다고 한 거.

여 하지만, 1시간씩이나 늦는다고는 써있지 않았어. 나 30분씩이나 기다렸다니까.

남 뭐야, 너도 늦게 온 거네.

여 응, 실은 나도 30분 지각. 근데, 영화는 이미 시작했고, 밥 먹기에는 아직 이르고….

남 어떻게 할까?

女 あのね、駅ビルの中のお店にかわいいバッグがあった
　のよ。ちょっとつきあってよ。

男 えー、のどかわいてるんだけどなあ、僕は。

女 つきあいなさいよ、すぐ終わるから。それから喫茶店行
　って何か飲んで、映画見ればいいじゃない。遅れて来
　たんでしょう。

男 うん、まあそうだけど。わかったよ。つきあうよ。

二人は、これからどうしますか。

1 買い物をする
2 食事をする
3 喫茶店に行く
4 映画を見る

여 있지, 역 건물 안 상점에 예쁜 가방이 있었거든. 잠깐 같이
　가보자.

남 에ー, 난 목 마른데.

여 같이 가, 금방 끝나니까. 그리고 나서 찻집에 가서 뭐 좀 마
　시고 영화 보면 되잖아. 늦게 왔잖아?

남 응, 뭐 그렇긴 한데. 알았어. 같이 가자.

두 사람은 이제부터 어떻게 합니까?

1 쇼핑을 한다
2 식사를 한다
3 찻집에 간다
4 영화를 본다

정답 1

어휘 広場(ひろば) 광장 | 遅(おく)れる 늦다 | 実(じつ)は 실은 | 遅刻(ちこく) 지각 | のど 목, 목구멍 | 渇(かわ)く 마르다, 건조하다 | 付(つ)き合(あ)う 함께 행
동을 하다

해설 여자는 남자에게 영화는 이미 시작되었고, 식사하기에는 아직 이르다고 이야기하고 있다. 그리고 남자에게 예쁜
가방을 보러 같이 가자고 했고, 남자도 마지막에는 그렇게 하겠다고 했으므로 정답은 1번이다.

확인문제 3

문제1. 문제1에서는 먼저 질문을 들으세요. 그리고 이야기를 듣고 문제지의 1~4중에서 가장 적당한 것을 하나 고르세요.

1 ◎ 36

女の人と男の人が話しています。男の人は、まずどこへ行か
なければなりませんか。

女 あなたー。ちょっと悪いけどスーパーに行ってきて。

男 うん、いいよ。

女 えーと。これが、買い物のリスト。それからスーパーの
　中のクリーニング屋にこのワイシャツ出してきて。

男 あ、このワイシャツ、明日、着たいんだけど、間に合うかな。

女 11時までに持っていけば、ちょっと料金は高くなるけど、
　夕方にはできるわよ。

男 今10時だから時間は十分間に合うね。じゃ、行ってくるよ。

女 あ、待って。今、財布にぜんぜんお金がないの。だから
　先に銀行に寄ってお金5万円おろしてからスーパーに
　行って。あと、帰りでいいから、ちょっと遠いんだけど、
　郵便局お寄って、この葉書お願いします。

男 えー、すごいいっぱい用事があるんだなぁ。

여자와 남자가 이야기하고 있습니다. 남자는 우선 어디에 가야
합니까?

여 여보, 좀 미안하지만, 슈퍼에 갔다 올래요?

남 어, 알았어.

여 음~ 이게 사야 할 목록. 그리고 슈퍼 안에 있는 세탁소에
　이 와이셔츠 맡기고 와요.

남 아, 이 와이셔츠 내일 입고 싶은데 시간에 맞출 수 있을까?

여 11시까지 갖고 가면 요금은 좀 비싸지만, 저녁 때까지는
　될 거에요.

남 지금 10시니까 시간은 충분하네. 그럼 갔다 올게.

여 아! 잠깐만, 지금 지갑에 돈이 전혀 없어요. 그러니까 먼저
　은행에 들러서 5만 엔 찾아서 슈퍼에 가요. 그리고 돌아올
　때 해도 되니까 좀 멀지만 우체국에 가서 이 엽서 좀 부탁
　할게요.

남 에~. 일이 엄청 많은걸.

男の人はまずどこへ行かなければなりませんか。

1 銀行
2 クリーニング屋
3 スーパー
4 郵便局

남자는 우선 어디에 가야 합니까?

1 은행
2 세탁소
3 슈퍼
4 우체국

정답 1

어휘 悪い 나쁘다, 미안하다 | 間に合う 시간에 맞다 | 十分 충분함 | 財布 지갑 | おろす 내리다, (계좌에서) 돈을 인출하다 | 葉書 엽서 | 用事 볼 일

해설 질문이 '남자는 우선 어디에 가는가'이므로 가야 할 곳의 순서를 생각해 보면 된다.
'슈퍼 좀 갔다 올래요?' 슈퍼를 가야 함 → 슈퍼 안에 있는 세탁소에 와이셔츠를 맡긴다. 슈퍼 안에 있으므로 여전히 슈퍼가 가장 처음 → '은행에 들러서 5만 엔을 찾아서 슈퍼에 가요?' 슈퍼보다 은행을 먼저 가야 함 → '돌아올 때 우체국에 가서 이 엽서 좀 부탁할게요' 여전히 은행을 가장 먼저 가야 함. 따라서, 순서는 은행 → 슈퍼 → 세탁소 → 우체국이므로 정답은 1번이다.

2 🔘 37

旅行会社のカウンターで男の人が女の人に説明しています。女の人は空港からホテルまで何に乗って行きますか。

男 空港からホテルまでの行き方なんですが、タクシーが、まあ一番早くて便利なんですが…。
女 空港からバスはないんですか。
男 リムジンバスがあるんですが、お泊りになるホテルの前には止まりませんので、近くのミルトンホテルで降りて、少し歩いていただくことになります。
女 どれくらい歩くんですか?
男 そうですね。5、6分くらいでしょうか。あと、地下鉄ですと、駅から2、3分の距離なんですが、地下鉄は乗り換えなくてはなりませんから、荷物が多いとちょっと大変ですね。
女 荷物は多いし、歩くのはいやだし、やっぱりしょうがないか。ああ、それから市内へはモノレールでも行けるって聞いたんですけど。
男 モノレールの駅はホテルからだいぶ離れてますので、結局そこからはバスかタクシーということになりますが。
女 あ、はい。モノレールはちょっと聞いてみただけですので。

女の人はホテルまで何に乗っていきますか。

1 タクシー
2 リムジンバス
3 地下鉄
4 モノレール

여행사의 카운터에서 남자가 여자에게 설명을 하고 있습니다. 여자는 공항에서 호텔까지 무엇을 타고 갑니까?

남 공항에서 호텔까지 가는 방법 말인데요. 택시가 가장 빠르고 편리합니다만….
여 공항에서 버스는 없나요?
남 리무진버스가 있습니다만, 숙박하실 호텔 앞에는 서지 않기 때문에 가까운 밀튼호텔에서 내려서, 조금 걸으셔야 합니다.
여 어느 정도 걸어야 하나요?
남 글쎄요. 5, 6분 정도 될까요. 그리고 지하철이면 역에서 2, 3분 거리입니다만, 지하철은 갈아타야 돼서요. 짐이 많으면 좀 힘듭니다.
여 짐은 많고, 걷는 것은 싫고, 역시 어쩔 수 없네. 아, 그리고 시내로는 모노레일도 간다고 들었는데요.
남 모노레일 역은 호텔에서 상당히 떨어져 있기 때문에 결국 거기서는 버스나, 택시를 타셔야 합니다.
여 아, 네. 모노레일은 그냥 물어본거예요.

여자는 호텔까지 무엇을 타고 갑니까?

1 택시
2 리무진 버스
3 지하철
4 모노레일

정답 1

어휘 空港 공항 | 便利 편리함 | 乗り換える 환승하다(갈아타다) | 荷物 짐 | 離れる 떨어지다

해설 각각의 교통수단에 대한 조건을 메모하면 택시(빠르다/편리), 리무진 버스(5, 6분 걷는다), 지하철(2, 3분 걷는다/갈아타야 함/짐이 많으면 힘듦)등으로 정리가 되며, 3번째 여자의 대화에서 '짐은 많고 걷는 것은 싫고 어쩔 수 없다'라는 말에서 택시를 선택했음을 알 수 있다.

---

3 ◎38

ある店のレジで女の人が店員と話しています。女の人は、いくら払えばいいですか。

男 次のお客様、どうぞ。お待たせしました。こちらのカーディガン一点のお買い上げですね。

女 ええ、これ2割引になるんですよね。

男 はい、この商品は定価が5,000円ですので、4,000円になります。お客様、メンバーズカードはお持ちですか。ここからさらに5パーセント引きになりますが…。

女 あ、こないだ作ってもらったから、あるはずだけど…ちょっと待って…あれ？どこいっちゃったのかなあ。

男 お名前をお調べして、ご登録があれば大丈夫ですので、お名前をいただけますか。

女 あ、ええ。田中です。田中よしこ。さらに5％割引っていうと、200円ね？

男 はい、さようです。あ、はい、田中さま、ご登録がございました。お支払いは…。

女 現金でお願いします。

女の人は、いくら払えばいいですか。

1 5,000円

2 4,200円

3 4,000円

4 3,800円

어느 가게 계산대에서 여자가 점원과 이야기하고 있습니다. 여자는 얼마를 지불하면 됩니까?

남 다음 손님, 어서 오세요. 오래 기다리셨습니다. 이 가디건 하나 구매하시는 거죠.

여 네, 이거 20%할인 되는 거죠?

남 네, 이 상품은 정가 5000엔이니까, 4000엔 되겠습니다. 손님, 회원카드는 가지고 계십니까? 여기서 더 5%할인이 됩니다만….

여 아, 얼마 전에 만들었으니까, 있을텐데…, 잠깐만요…, 어? 어디 갔지.

남 이름을 찾아서 등록되어 있으면 됩니다만, 성함을 알려주시겠습니까?

여 아, 네. 다나카입니다. 다나카 요시코. 5% 더 할인하면, 200엔이죠?

남 네, 그렇습니다. 아, 네, 다나카 님. 등록되어 있습니다. 계산은….

여 현금으로 할게요.

여자는 얼마를 지불하면 됩니까?

1 5,000엔

2 4,200엔

3 4,000엔

4 3,800엔

정답 4

어휘 払う 지불하다 | 割引 할인 | 定価 정가 | メンバーズカード 회원카드 | 登録 등록 | 支払う 지불하다 | 現金 현금

해설 '지불하는 돈이 얼마인가?'라는 질문에서 계산 문제라는 것을 알아야 한다. 정가 5000엔에 20%면 4000엔, 회원카드를 내면 5% 더 할인되므로 4000-200=3800엔이 된다.

4 ◎ 39

ある博物館の館内アナウンスです。着物のファッションショーを見たい人は、まずどこへ行かなければなりませんか。

女 本日は、江戸博物館にお越しいただき、誠にありがとうございます。当館では、ただ今開館50周年を記念した特別展「江戸の着物展」を、1階第1会場にて開催いたしております。また、本日は、さくら服装学院の学生による「着物のファッションショー」が、午後3時より2階小ホールにて行われます。入場は無料となっておりますが、入場整理券を1階受付にて配布いたしております。ご希望の方はお早めに整理券をお受け取りください。なお小ホールへのご入場は、先着順200名様とさせていただきますので、ご了承ください。

着物のファッションショーを見たい人はまず、どこへ行かなければなりませんか。
1 1階の第1会場
2 1階の受付
3 2階の小ホール
4 3階の小ホール

어느 박물관의 관내 안내 방송입니다. 기모노 패션쇼를 보고 싶은 사람은 우선 어디에 가야 합니까?

여 오늘, 에도박물관을 방문해주셔서 대단히 감사합니다. 본관에서는 지금, 개관 50주년을 기념한 특별전 '에도의 기모노전'을 1층 제 1회장에서 개최하고 있습니다. 또한, 오늘은 사쿠라 복장 학원 학생들의 '기모노 패션쇼'가 오후 3시부터 2층 소강당에서 열립니다. 입장은 무료지만, 입장 번호표를 1층 안내카운터에서 배포하고 있습니다. 희망하시는 분은 서둘러 번호표를 받아 주세요. 그리고 소강당 입장은 선착순 200분이니, 양해해주시기 바랍니다.

기모노 패션쇼를 보고 싶은 사람은 우선 어디에 가야합니까?
1 1층 제 1회장
2 1층 안내 카운터
3 2층 소강당
4 3층 소강당

정답 2

어휘 博物館 박물관 | 館内 관내 | 開館 개관 | 記念 기념 | 特別展 특별전 | 開催 개최 | 服装学院 복장 학원 | 整理券 (순서를 정한) 번호표 | 配布 배포 | 受け取る 수취하다, 받다 | 入場 입장 | 先着順 선착순

해설 질문의 이해가 포인트. '우선 어디에 가는가?'의 질문에서 패션쇼를 보기 위해서는 2개 이상의 장소에 가야 한다는 것을 알 수 있다. '입장 번호표를 1층 안내 카운터'에서 배부하고, 패션쇼 장소는 '2층 소강당'이다. 따라서 번호표를 먼저 받아야 하므로 2번이 정답이다.

5 ◎ 40

空港の国際線の搭乗エリアで男の人と女の人が話しています。男の人はこれから何をしますか。

男 えー！飛行機の搭乗時間、変更だって。まだ1時間以上待たなきゃなんないよ。
女 そうね。何して時間つぶそうか。
男 レストランに入って早めに食事でもしようか。
女 わたし、まだお腹すいてないんだけど。それより、ねえ、免税店のぞいてみない？
男 だめだめ。君は見たら買っちゃうんだから。それに今買ったら荷物になるよ。
女 まあ、それはそうだけど。じゃあ、何する？あ、これ見て。ここ、マッサージがあるんだね。

공항 국제선의 탑승 에리어에서 남자와 여자가 이야기하고 있습니다. 남자는 이제부터 무엇을 합니까?

남 어! 비행기 탑승시간 변경이래. 아직 1시간 이상 기다려야 돼.
여 그러네. 뭐하고 시간 보내지?
남 레스토랑에 가서 일찌감치 식사라도 할까?
여 나, 아직 배 안 고픈데. 그것 보다, 있잖아, 면세점 둘러보지 않을래?
남 안 돼. 너는 보면 사버리니까. 게다가 지금 사면 짐만 돼.
여 하긴, 그렇긴 하지만. 그럼 뭐 할까? 아, 이거 봐, 여기 마사지가 있네.

男 マッサージはいいけど、高そうだよ。そこのレストラン
　　でコーヒーでも飲みながら待ってようよ。
女 そうね。じゃあそうしてて。わたしスカーフだけちょっと
　　見てくるから。
男 もう。じゃ、僕も行くよ。

男の人はこれから何をしますか。
1 レストランで食事をする
2 買い物につきあう
3 マッサージに行く
4 レストランでコーヒーを飲む

남 마사지는 좋긴 한데. 비쌀 것 같아. 저기 레스토랑에서 커
　　피라도 마시면서 기다리자.
여 그래. 그럼 그렇게 해. 나 스카프만 좀 보고 올 테니까.
남 못 말려. 그럼 나도 갈래.

남자는 이제부터 무엇을 합니까?
1 레스토랑에서 식사를 한다
2 쇼핑에 동행한다
3 마사지를 받으러 간다
4 레스토랑에서 커피를 마신다

정답 2
어휘 国際線(こくさいせん) 국제선 | 搭乗(とうじょう) 탑승 | 変更(へんこう) 변경 | 免税店(めんぜいてん) 면세점
해설 마지막 대화에서 정답을 유추할 수 있다. '스카프를 보고 온다'는 여자의 말에 '그럼 나도 갈게'라고 말하고 있으므
로 여자와 함께 쇼핑을 한다는 것을 알 수 있다. 따라서 2번이 정답이다. 앞의 대화에서 혼동하지 않도록 주의하자.

問題2 ▶ 포인트이해

문제유형 ▸ 포인트이해 (5 또는 6문항)

대화나 혼자 말하는 내용을 듣고 포인트 파악하기

상황 설명과 문제를 듣는다 ➡

선택지를 읽는다(문제지에 인쇄된 선택지 읽을 시간이 주어짐) ➡

본문 대화를 듣는다 ➡ 다시 한 번 문제를 듣는다 ➡

문제지에 인쇄된 선택지를 보고 정답을 고른다

포인트

질문을 듣고 무엇을 묻는지 확실하게 체크해 두는 것이 중요하다.
〈問題2〉는 질문에서 지시하는 사항(どうして(왜), どんな(어떤), 何が(무엇이) 등)만
듣고 그 이외의 것은 들을 필요가 없다.

학습요령

〈問題2〉는 질문의 지시 사항에 모든 신경을 집중하여 들으면서 한글로 키포인트를
메모해 두는 것이 좋다. 메모한 내용을 토대로 선택지에서 정답을 고르도록 하자.
〈問題2〉를 푸는 핵심 포인트는 질문의 지시가 무엇인지를 정확히 파악하는 것이다.
지시가 「どうして(왜)」라면 「どんな(어떤)」, 「何が(무엇이)」라는 내용이 나오더라도
「どうして(왜)」에 대한 내용만 파고들면 된다.

問題2 問題2では、まず質問を聞いてください。そのあと、問題用紙のせんたくしを読んでください。読む時間があります。それから話を聞いて、問題用紙の1から4の中から、最もよいものを一つ選んでください。

① ⊚ 41

1 若い人には値段が高い
2 若い人が買いたくなる服がない
3 いい食料品がない
4 駅から遠い

② ⊚ 42

1 先生から聞いたから
2 田中さんから聞いたから
3 男の学生が書いたメールを見たから
4 男の学生がうれしそうにしていたから

③ ⊚ 43

1 店を手伝うため
2 妹の結婚式に出るため
3 お母さんを見舞うため
4 病院で働くため

4 ◎ 44

1 男_{おとこ}らしくなっていたこと

2 チケットをくれたこと

3 高校_{こうこう}をやめていたこと

4 ピアスをしていたこと

5 ◎ 45

1 風呂_{ふろ}に入_{はい}らない

2 栄養_{えいよう}のあるものを食_たべる

3 汗_{あせ}をたくさんかく

4 すぐ病院_{びょういん}へ行_いく

6 ◎ 46

1 暑_{あつ}いのに、部屋_{へや}の中_{なか}が明_{あか}るい

2 薄_{うす}いのに、部屋_{へや}の中_{なか}が暗_{くら}い

3 暑_{あつ}いのに、部屋_{へや}の中_{なか}が見_みえる

4 薄_{うす}いのに、部屋_{へや}の中_{なか}が見_みえない

問題2 問題2では、まず質問を聞いてください。そのあと、問題用紙のせんたくしを読んでください。読む時間があります。それから話を聞いて、問題用紙の1から4の中から、最もよいものを一つ選んでください。

1 ◎ 47

1 明日の朝6時

2 明日の朝7時

3 明日の朝9時

4 明日の朝10時

2 ◎ 48

1 値段が高いから

2 色が地味だから

3 生地が良くないから

4 サイズが合わないから

3 ◎ 49

1 大学のお祭りに有名人が来たこと

2 演劇サークルが上手だったこと

3 ゼミの先生が昔より老けたこと

4 ゼミの先生が自分を覚えていたこと

4 ◎ 50

1 交通事故があったから

2 一方通行の道だから

3 工事をしているから

4 駐車場がないから

5 ◎ 51

1 写真の印象がよかったから

2 会社員の経験もあるから

3 アルバイトの経験が豊富だから

4 大学院を出て、留学の経験もあるから

6 ◎ 52

1 子どもがいるような気持ちになれるから

2 人形が優しくて元気だから

3 言葉がわかり、会話ができるから

4 どこへでも連れて行けるから

問題2　問題２では、まず質問を聞いてください。そのあと、問題用紙のせんたくしを読んでください。読む時間があります。それから話を聞いて、問題用紙の１から４の中から、最もよいものを一つ選んでください。

1 ◎ 53

1　宝くじに当たったから

2　おこづかいをもらったから

3　お金を拾ったから

4　本を安く買えたから

2 ◎ 54

1　お菓子を食べたり話したりしていた

2　祭りの進行表や看板を作っていた

3　電池やペンを買いに行っていた

4　祭りの司会の練習をしていた

3 ◎ 55

1　肉

2　野菜

3　魚

4　肉と野菜

4 ◎ 56

1 出発ロビーの案内カウンター

2 出発ロビーのCカウンター

3 アシアナ航空のカウンター

4 マレーシア航空のカウンター

5 ◎ 57

1 書類を失くしてしまったから

2 書類を探さなかったから

3 書類を見つけることができなかったから

4 書類のことをすぐ会社に連絡しなかったから

6 ◎ 58

1 手を薬で消毒すること

2 マスクをすること

3 うがいをすること

4 手袋をすること

문제2. 문제 2에서는 먼저 질문을 들으세요. 그 후 문제지의 선택지를 읽으세요. 읽을 시간이 있습니다. 그리고 이야기를 듣고 문제지의 1~4 중에서 가장 적당한 것을 하나 고르세요.

1 （◎）41

男の人と女の人が新しくできたショッピングセンターについて話しています。女の人は、このショッピングセンターのどこがよくないと言っていますか。

男　新しくできたショッピングセンター行ってみた？

女　うん。きのう行ってみたんだけど、あんまりいいもの置いてなかったね。

男　そう。僕は今日、食料品買いに行ってみようと思うんだけど…。

女　ああ、食料品はまあまあよかったよ。私が言ってるのは服よ。

男　どうして？高かったの？

女　値段は安かったよ。駅からも近いし、便利でいいんだけど、センスが悪いものばっかりで…。あれじゃ、若い人は行かないね。

女の人は、このショッピングセンターのどこがよくないと言っていますか。

1 若い人には値段が高い
2 若い人が買いたくなる服がない
3 いい食料品がない
4 駅から遠い

남자와 여자가 새로 생긴 쇼핑센터에 관해서 이야기하고 있습니다. 여자는 이 쇼핑센터의 어디가 좋지 않다고 말하고 있습니까?

남　새로 생긴 쇼핑센터 가 봤어?

여　응. 어제 가 봤는데, 그다지 좋은 물건이 없었어.

남　그래? 나는 오늘 식료품 사러 가려고 하는데.

여　아, 식료품은 그럭저럭 좋았어. 내가 얘기하는 건 옷이야.

남　왜? 비쌌어?

여　가격은 저렴했지. 역에서도 가깝고, 편리하고 좋은데, 세련되지 못한 옷 뿐이어서…. 그래가지고는 젊은 사람들은 안 갈 거야.

여자는 이 쇼핑센터의 어디가 좋지 않다고 말하고 있습니까?

1 젊은 사람에게는 값이 비싸다
2 젊은 사람이 사고 싶어지는 옷이 없다
3 좋은 식료품이 없다
4 역에서 멀다

정답 2

어휘 出来る 생기다, 가능하다 | 置く 두다 | 食料品 식료품 | まあまあ 그럭저럭, 그런대로 | 服 옷 | 値段 가격 | 若い 젊다

해설 여자는 식료품은 그럭저럭 좋았지만, 세련된 옷이 없다며 젊은 사람들은 가지 않을 거라고 이야기하고 있으므로 2번이 정답이다.

2 （◎）42

大学で、男の学生と女の学生が話しています。女の学生は、男の学生が就職したことをどうして知ったのですか。

女　中山君、うれしそうね。私、知ってるわよ。就職決まったんでしょ？

男　ど、どうして知ってるの？まだ誰にも言ってないのに。

女　先生にも報告してないの？

男　うん、まだだけど…。

대학에서 남학생과 여학생이 이야기하고 있습니다. 여학생은 남학생이 취직한 것을 어떻게 알았습니까?

여　나카야마 군, 기쁜 일 있는 것 같네. 나, 알아. 취직된 거지?

남　어, 어떻게 알았어? 아직 아무한테도 말 안했는데.

여　선생님께도 보고하지 않았어?

남　응, 아직 안 했어.

女 ねえ、それでどこに決まったの？教えて。どこ？どこ？どこ？

男 え？じゃ、田中さんから聞いたんじゃないんだ。

女 なんだ、誰にも言ってないよなんていって、田中さんには話したんだ。

男 話したんじゃないよ。会社から来たメールを田中さんが横で見ちゃったんだ。君は、でも、どうしてわかったの？

女 あなた、ほんと単純なのよ。顔にかいてあるんだから、いつも。

女の学生は、男の学生が就職したことをどうして知ったのですか。

1 先生から聞いたから
2 田中さんから聞いたから
3 男の学生が書いたメールを見たから
4 男の学生がうれしそうにしていたから

여 있지, 그래서 어디로 정해졌어? 가르쳐줘. 어디? 어디?

남 어? 그럼 다나카 씨한테 들은 게 아니네.

여 뭐야, 아무한테도 말하지 않았다고 하더니, 다나카 씨에게는 얘기했네.

남 얘기한 게 아니야. 회사에서 온 메일을 다나카 씨가 옆에서 본 거야. 너는 근데 어떻게 알았어?

여 넌, 정말 단순해. 얼굴에 써 있다니까, 항상.

여학생은 남학생이 취직한 것을 어떻게 알았습니까?

1 선생님에게 들었기 때문에
2 다나카 씨에게 들었기 때문에
3 남학생이 쓴 메일을 보았기 때문에
4 남학생이 기쁜 일이 있는 것처럼 보였기 때문에

정답 4

어휘 就職 취직 | 嬉しそう 기쁜 것 같다, 기쁜 일이 있어 보인다 | 報告 보고 | 単純 단순 | 顔 얼굴

해설 여학생의 마지막 말에 '얼굴에 다 써 있다'는 표현으로 미루어 보아 정답은 4번이다.

---

3 ◎ 43

学校で、先生と留学生の男の人が話しています。男の人は、どうして国に帰らなければならないのですか。

男 先生。あした、僕、国に帰ります。

女 そう。お父さんが入院なさったんでしたね。

男 はい。母の話では、父はもう働くのは無理ようで、僕が店を手伝わなければならなくなりました。

女 え？お父さんのお見舞いに帰るんじゃないの？

男 はい。うちは食堂をやってるんですが、妹も来月結婚してアメリカに行ってしまうので、僕が帰らないと、母が困るので。

女 そうですか。もう日本には戻って来ないの？

男 はい。本当に残念ですが…。

男の人は、どうして国に帰らなければならないのですか。

1 店を手伝うため
2 妹の結婚式に出るため
3 お母さんを見舞うため
4 病院で働くため

학교에서 선생님과 남자 유학생이 이야기하고 있습니다. 남자는 왜 고국에 돌아가야 합니까?

남 선생님. 내일 저 고국으로 돌아갑니다.

여 그래요? 아버님이 입원하셨다고 했죠.

남 네. 어머니 말로는 아버지가 이제 일하는 것은 힘든 것 같아서, 제가 가게를 돕지 않으면 안 되게 되었습니다.

여 어? 아버님 문병하러 가는 것이 아니에요?

남 네. 저희 집은 식당을 하고 있는데요, 여동생도 다음 달에 결혼해서 미국으로 가 버리기 때문에, 제가 가지 않으면 어머니가 곤란하시니까요.

여 그래요? 이제 일본에는 돌아오지 않는 겁니까?

남 네. 정말 유감입니다만.

남자는 왜 고국에 돌아가야 합니까?

1 가게를 돕기 위해
2 여동생의 결혼식에 참석하기 위해
3 어머니를 문병하기 위해
4 병원에서 일하기 위해

정답 1

어휘 入院 입원 | 無理 무리 | 手伝う 도와주다, 거들다 | 見舞い 문병 | 食堂 식당 | 妹 여동생 | 結婚 결혼 | 困る

곤란하다 | 戻る 되돌아오다 | 残念 유감스러움

아버지는 이제 일할 수 없고 여동생도 결혼해서 미국에 가기 때문에 자신이 고국으로 돌아가 가게를 도와야 한다고 말하고 있으므로 1번이 정답이다.

4 ◎44

母親と高校生の女の子が話しています。女の子は、中学生の時の友達に会って、友達の何に一番驚きましたか。

女1 お母さん、前川君って覚えてる？

女2 覚えてるわよ。一度うちにも遊びに来た子でしょ？背が低くて目の大きい…。

女1 そう。今日ね、電車の中で会ったのよ。すっかり変わっててびっくりした。

女2 そりゃ、もうあなたたちも高校3年生なんだから、中学の時とは変わってるでしょ。男らしくなってた？前川君。

女1 うん。まあ、ふつう。それより、ボロボロのジーンズはいて、ピアスして。ま、それもいいんだけど、前川君、高校やめたんだって。

女2 そうなの。それで今何やってるの？

女1 アルバイトしながらロックバンドやってるんだって。私、前川君たちが出るコンサートのチケットもらっちゃったあ。でもねえ、ほんと信じられないよね。あんなに勉強好きだったのに。

女の子は、友達の何に一番驚きましたか。

1 男らしくなっていたこと
2 チケットをくれたこと
3 高校をやめていたこと
4 ピアスをしていたこと

엄마와 고교생 여자 아이가 이야기하고 있습니다. 여자 아이는 중학교 때 친구를 만나서, 친구의 무엇에 가장 놀랐습니까?

여 엄마, 마에가와 군이라고 기억해?

여2 기억하지. 한번 우리 집에도 놀러 온 아이잖아. 키가 작고, 눈이 큰….

여 맞아. 오늘 말이야, 전철 안에서 만났어. 완전히 변해서 깜짝 놀랐어.

여2 그야, 이제 너희들도 고등학교 3학년이니까, 중학교 때 하고는 변했겠지. 남자다워졌어? 마에가와 군.

여 응. 뭐 그저 그래. 그보다 너덜너덜한 청바지 입고, 피어스하고. 뭐, 그런 것도 좋은데, 마에가와 군, 고등학교 그만두었대.

여2 그래? 그래서 지금 뭐 하는데?

여 아르바이트 하면서, 록 밴드 하고 있어. 나, 마에가와 군이 나오는 콘서트 티켓 받았어. 하지만 정말 믿을 수가 없어. 그렇게 공부를 좋아했었는데.

여자아이는 친구의 무엇에 가장 놀랐습니까?

1 남자다워진 것
2 티켓을 준 것
3 고등학교를 그만둔 것
4 피어스를 한 것

문제에서 가장 큰 이유를 물을 때는 키워드가 되는 「それに何より」, 「何と言っても」, 「最も」, 「それもいいけど～」의 표현에 주의한다. 이 문제에서는 「それもいいんだけど～」의 표현 뒤에 이어지는 부분에 정답이 있다.

5 ◎45

男の人が風邪について話しています。男の人が風邪をひいた時に気をつけていることは何ですか。

男 風邪をひいたら、薬を飲むだけじゃなくて、人によって早く寝るとか、栄養のあるものを食べるとか、いろいろ

남자가 감기에 관해서 이야기하고 있습니다. 남자가 감기에 걸렸을 때에 주의하는 것은 무엇입니까?

남 감기에 걸리면 약을 먹는 것만이 아니고, 사람에 따라서 일찍 잔다든지, 영양이 있는 것을 먹는다든지 여러 가지로 조

気をつけていると思いますが、私は汗をたくさんかくようにします。風邪をひいたら、風呂には入るなと言いますが、私はいつも熱い風呂に入って寝ます。寝るときも暖かくして汗がいっぱい出るようにします。そうすると、たいていの風邪はこれで治りますね。もちろん、風邪がひどい場合は、病院へ行きますが…。

男の人が風邪をひいた時に気をつけていることは何ですか。
1 ふろに入らない
2 栄養のあるものを食べる
3 汗をたくさんかく
4 すぐ病院へ行く

심하겠지만, 저는 땀을 많이 흘리도록 하고 있습니다. 감기에 걸리면 목욕은 하지 말라고 합니다만, 저는 늘 뜨거운 목욕을 하고서 잡니다. 잠을 잘 때에도 따뜻하게 해서 땀이 많이 나도록 합니다. 그렇게 하면 대부분의 감기는 이것으로 낫습니다. 물론, 감기가 심한 경우에는 병원에 갑니다만….

남자가 감기에 걸렸을 때에 주의하는 것은 무엇입니까?
1 목욕을 하지 않는다
2 영양가 있는 것을 먹는다
3 땀을 많이 흘린다
4 바로 병원에 간다

정답 3

어휘 風邪を引く 감기에 걸리다 | 気をつける 주의하다 | 寝る 자다 | 栄養 영양 | 汗をかく 땀을 흘리다 | 風呂に入る 목욕하다 | 熱い 뜨겁다 | 暖かい 따뜻하다 | 治る 낫다, 치료되다

해설 보통은 감기에 걸리면 목욕을 하지 말라고 하지만, 남자는 감기에 걸리면 땀을 많이 흘리도록 하고 있으므로 3번이 정답이다.

---

6 🎧46

テレビで、女の人が新しいカーテンを紹介しています。このカーテンの便利なところは何ですか。

女 窓にかけるカーテンには、いろいろな役目がありますが、家の外から部屋の中を見られないようにするのも、カーテンの大切な役目のひとつです。薄いレースのカーテンでは、部屋の中が見えてしまいますし、厚いカーテンでは、閉めると部屋が暗くなってしまいます。でも、このカーテンなら大丈夫。とても薄くできているので、閉めても部屋は暗くなりません。昼間なら本も十分読めます。それなのに、部屋の中は見えないようになっています。

このカーテンの便利なところは何ですか。
1 あついのに、へやの中が明るい
2 うすいのに、へやの中がくらい
3 あついのに、へやの中が見える
4 うすいのに、へやの中が見えない

텔레비전에서 여자가 새로운 커튼을 소개하고 있습니다. 이 커튼의 편리한 점은 무엇입니까?

여 창문에 다는 커튼에는 여러 가지 역할이 있습니다만, 집 밖에서 방 안을 볼 수 없도록 하는 것도 커튼의 중요한 역할의 하나입니다. 얇은 레이스 커튼으로는 방 안이 보이고, 두꺼운 커튼으로는 커튼을 치면 방이 어두워져 버립니다. 하지만, 이 커튼이라면 괜찮습니다. 매우 얇게 만들어져 있어서, 커튼을 쳐도 방은 어두워지지 않습니다. 낮이라면 책도 충분히 읽을 수 있습니다. 그런데도 방 안은 보이지 않도록 되어 있습니다.

이 커튼의 편리한 점은 무엇입니까?
1 두꺼운데 방 안이 밝다
2 얇은데 방 안이 어둡다
3 두꺼운데 방 안이 보인다
4 얇은데 방 안이 안 보인다

정답 4

어휘 役目 역할 | 薄い 얇다 | 閉める 닫다, (커튼을) 치다 | 暗い 어둡다 | 昼間 낮 동안

해설 여자는 커튼에 대해서 매우 얇게 만들어져 있는데도 불구하고 방 안을 볼 수 없다고 이야기하고 있으므로 4번이 정답이다.

문제2. 문제 2에서는 먼저 질문을 들으세요. 그 후 문제지의 선택지를 읽으세요. 읽을 시간이 있습니다. 그리고 이야기를 듣고 문제지의 1~4 중에서 가장 적당한 것을 하나 고르세요.

1 ◎ 47

教室で先生が学生に話しています。明日、午後の授業があるかどうか、わかるのはいつですか。

男 明日の授業ですが、天気予報によると、台風が東京に一番接近するのは明日の朝6時ごろのようですから、まず、朝7時に中央線の電車が止まっていたら、午前中の授業はありません。そして、午前10時になっても、まだ止まっているときは、明日は一日休講となります。中央線がちゃんと動いていたら、授業は普段通りに9時から行いますが、電車のダイヤが乱れて遅刻しそうな場合は、事務室に電話をしてください。いいですね。

明日、午後の授業があるかどうか、わかるのはいつですか。
1 明日の朝6時
2 明日の朝7時
3 明日の朝9時
4 明日の朝10時

교실에서 선생님이 학생에게 이야기하고 있습니다. 내일, 오후 수업이 있는지 없는지 알 수 있는 것은 언제입니까?

남 내일 수업에 관한 얘기인데요, 일기예보에 의하면 태풍이 도쿄에 가장 가까이 접근하는 것은 내일 아침 6시경인 것 같으니까, 우선, 아침 7시에 중앙선의 전철이 운행하지 않으면, 오전 수업은 없습니다. 그리고 오전 10시가 되어도, 운행을 하지 않으면 내일은 하루 휴강이 됩니다. 중앙선이 제대로 운행하면 수업은 평상시대로 9시부터이지만, 전철 운행 시간이 지연되어 지각할 것 같은 경우에는 사무실에 전화해 주세요. 알겠죠?

내일, 오후 수업이 있는지 없는지 알 수 있는 것은 언제입니까?
1 내일 아침 6시
2 내일 아침 7시
3 내일 아침 9시
4 내일 아침 10시

정답 4

어휘 天気予報 일기예보 | 接近する 접근하다 | 休講 휴강 | ダイヤが乱れる 열차운행 시간이 지연되다 | 遅刻 지각

해설 '오후 수업이 있는지 없는지'라는 질문이므로, 오후 수업과 오전 수업으로 나누어 설명하리라는 것을 생각하면서 듣되, 오후 수업부분을 중점적으로 듣는다. '오전 10시에도 전철이 운행되지 않으면 하루 휴강'이라고 하였으므로 오후 수업이 여기에 해당한다.

2 ◎ 48

紳士服の売り場で男の人と女の人が服を選んでいます。男の人は、どうして着てみた服を買わないことにしましたか。

女 これなんかどう?落ち着いてていい色じゃない?
男 んー、悪くはないけどね。ちょっと地味だよ。
女 じゃ、こっちの色は?
男 うん、そっちのほうが明るくていいね。
女 値段はいいの、これで?
男 これくらいは仕方ないよ。生地がしっかりしてるしね。
女 ちょっと着てみたら?
男 うん、そうだね。じゃ···ああ、きついね、これは。もうちょっとゆったりしてた方がいいんだけど。
女 一つ上のを着てみる?あら、上のサイズは同じ色のがないわね。

신사복 매장에서 남자와 여자가 옷을 고르고 있습니다. 남자는 왜 입어본 옷을 사지 않기로 했습니까?

여 이런 건 어때? 단정하고 색상 괜찮지 않아?
남 음~, 나쁘지는 않은데, 좀 수수하다.
여 그럼 이쪽 색상은?
남 응, 그쪽이 더 밝고 좋네.
여 가격은 이걸로 괜찮아?
남 이 정도는 어쩔 수 없지 뭐. 옷감이 좋잖아.
여 좀 입어 보는게 어때?
남 응, 그래. 그럼···, 아 꽉 끼네, 이건. 좀 더 여유있는 걸로 하는 게 좋겠는데.
여 한 사이즈 큰 걸 입어 볼래? 어머, 큰 사이즈는 같은 색깔이 없네.

男 んー、じゃ、これはやめとくよ。ちょっと、あっちの方にも
　　ジャケットあるから行ってみようよ。

남 음, 그럼 이건 안 살래. 저쪽에도 재킷 있으니까. 가보자.

男の人は、どうして着てみた服を買わないことにしましたか。
1　値段が高いから
2　色が地味だから
3　生地が良くないから
4　サイズが合わないから

남자는 왜 입어본 옷을 사지 않기로 했습니까?
1　가격이 비싸기 때문에
2　색상이 수수하기 때문에
3　옷감이 좋지 않기 때문에
4　사이즈가 맞지 않기 때문에

정답 4

어휘 紳士服 신사복 | 売り場 매장 | 落ち着く 침착하다(차분하다) | 値段 가격 | 生地 원단 | ゆったりする 넉넉하다,
여유롭다

해설 색상은 밝고 좋으며 옷감이 좋아서 가격은 어쩔 수 없다고 했으므로 1, 2, 3은 정답이 아니다. 하지만 사이즈가 맞
지 않아 안 산다고 했으므로 4번이 정답이다.

3 ◎49

女の人が二人で話しています。女の人は、何に一番驚いた
と言っていますか。

女1　先週ね、大学のお祭りに行ってきたんだけど。
女2　ほんと？面白かった？
女1　うん、面白かったよ。スペシャルゲストで山田アリサ
　　　が来てたりして。
女2　えー、そんな有名人が来たんだ。私も行きたかった
　　　な。あとは、何したの？
女1　あとは、屋台の焼きそば食べたり、ライブとか演劇なん
　　　かも見てきたよ。私は演劇サークルだったんだけど、
　　　私たちがいた頃よりみんな上手くて、びっくりしたなぁ
　　　ぁ。
女2　ほんと。今の大学生って、なんでも上手だよね。
女1　そう。あ、一番びっくりしたのは、ゼミの先生！卒業して
　　　からまだ5年しか経っていないのに、すっかり老けちゃ
　　　って…。
女2　え～、そうなの？吉田先生、あんなに若々しかったのに
　　　ね。
女1　私のこと覚えてくれていて、声をかけてくれたんだけ
　　　ど、一瞬誰だか分からなかったよ。
女2　そうなんだ。

女の人は、何に一番驚いたと言っていますか。
1　大学のお祭りに有名人が来たこと
2　演劇サークルが上手だったこと
3　ゼミの先生が昔より老けたこと
4　ゼミの先生が自分を覚えていたこと

여자가 둘이서 이야기하고 있습니다. 여자는 무엇에 가장 놀랐
다고 말하고 있습니까?

여1　저번 주에 있잖아, 대학 축제에 갔는데.
여2　정말? 재미있었어?
여1　응, 재미있었어. 스페셜 게스트로 야마다 아리사가 왔거든.
여2　와~그렇게 유명한 사람이 왔구나. 나도 가고 싶었는데. 그
　　　리고 뭐 했어?
여1　그리고 포장마차에서 야키소바도 먹고, 라이브와 연극도
　　　보고 왔어. 나는 연극 서클이었는데, 우리들이 있을 때 보
　　　다 다들 잘해서 깜짝 놀랐어.
여2　그러게. 요즘 대학생들은 뭐든지 잘하지.
여1　맞아. 아 참, 가장 놀란 건 세미나 교수님! 졸업한지 아직 5
　　　년도 안됐는데 완전히 늙었어.
여2　어머, 그래? 요시다 교수님, 그렇게 젊어 보였었는데.
여1　나를 기억하고 계셨는지 말을 걸었는데 순간 누군지 못 알
　　　아봤다니까.
여2　그랬구나.

여자는 무엇에 가장 놀랐다고 말하고 있습니까?
1　대학 축제에 유명인이 온 것
2　연극 서클이 잘한 것
3　세미나 교수님이 옛날 보다 늙었다는 것
4　세미나 교수님이 자신을 기억하고 있었다는 것

정답 3

어휘 スペシャル 스페셜 | ゲスト 게스트 | 焼きそば 야끼소바(볶음 면) | ライブ 라이브 | 演劇 연극 | サークル 서클 · 모임 · 동호회 | ゼミ 세미나(교수 지도 아래 소수의 학생이 모여서 연구하며, 발표 · 토의 등을 하는 일) · 연습 | 老ける 늙다 | 若々しい 젊어 보인다 | 一瞬 순간

해설 여자1이 놀란 것은 연극 서클이 잘한 것과 제미 교수님이 많이 늙어버린 것 2가지이다. 가장 놀란 것을 묻는 질문이므로 「一番びっくりしたのは(가장 놀란 것은)」 뒤에 이어지는 문장을 찾으면 된다. 3번이 정답이다.

---

4 ◎ **50**

男の人が道路の入り口に立って交通整理をしています。女の人が運転している車はどうしてこの道に入ることができないのですか。

女 えっ、この道、通れないんですか。事故でもあったの?

男 申し訳ありません。この先で舗装工事をやってましてこの道は今通れないんですよ。もうひとつ向こうの道を通ってください。

女 私ね、すぐそこの知り合いのうちに行くところなのよ。すぐそこの、ほら見えるでしょ。3階建ての大きな家。まだ工事始まってないようだから、ちょっと通してよ。だって、この道一方通行でしょ。むこうからは入れないのよ。

男 申し訳ございません。今日は夕方まで通れないことになってますので、ご協力お願いします。

女 もう、しょうがないわね。どっかこの近くに駐車場ないかしら。ねえ!駐車場 知らない?この辺の。

男 申し訳ございません、この辺のことは…。

女 あーあ。

女の人が運転している車は、どうしてこの道に入ることができないのですか。

1 交通事故があったから
2 一方通行の道だから
3 工事をしているから
4 駐車場がないから

남자가 도로 입구에 서서 교통정리를 하고 있습니다. 여자가 운전하고 있는 차는 왜 이 길에 들어갈 수 없습니까?

여 어머, 이 길 지나갈 수 없어요? 사고라도 났어요?

남 죄송합니다. 이 앞에서 포장 공사를 하고 있어서 이 길은 지금 지나갈 수가 없습니다. 하나 더 건너에 있는 길을 이용해 주세요.

여 제가요, 바로 저기 아는 사람 집에 가는 중이거든요. 바로 저기, 봐요 보이죠. 3층짜리 큰 집. 아직 공사 시작은 안 한 것 같으니까 좀 지나가게 해줘요. 그러니까, 이 길은 일방통행이잖아요. 저쪽에서는 들어올 수가 없는 걸.

남 죄송합니다. 오늘은 저녁까지 통행할 수 없도록 되어 있으니, 협조 부탁 드립니다.

여 정말이지, 어쩔 수 없네. 어디 이 근처에 주차장 없어요? 이봐요! 주차장 몰라요? 이 주변에.

남 죄송합니다. 이 주변에 관한 것은….

여 아〜아.

여자가 운전하고 있는 차는 왜 이 길에 들어 갈 수 없습니까?

1 교통사고가 났기 때문에
2 일방통행의 길이기 때문에
3 공사를 하고 있기 때문에
4 주차장이 없기 때문에

정답 3

어휘 入り口 입구 | 交通整理 교통정리 | 通る 통과하다 | 事故 사고 | 舗装工事 포장 공사 | 一方通行 일방통행 | 協力 협력

해설 첫 대화에서 남자의 대답에 주목. '사고라도 났어요?'라고 묻는 질문에 '포장공사를 해서 이 길을 지나갈 수 없다'라고 대답하고 있으므로 3번이 정답이다. 뒤에 등장하는 대화는 이 길을 지나갈 수 없기 때문에 발생하는 일들이므로 정답이 될 수 없다.

5 🔘 51

会社で、男の人と女の人が履歴書を見ながら話していま
す。男の人が履歴書の人に会うことにした理由は何です
か。

女 履歴書はたくさん来ましたけど、この人ぐらいしかいい
　人はいませんねえ。
男 写真の印象はなかなかよかったんだけど…。
女 大学院も出てますし、オーストラリアでの留学経験も1
　年ありますし。
男 それはいいんだけど、この仕事には社会経験のある人
　がほしいんだけどね。
女 あ、自己紹介書を読むと、アルバイトはいろいろやって
　ますよ。テレビ局とか、弁護士事務所とか。
男 ふーん。それは読んでなかったから知らなかったな。
女 来週にでも面接してみましょうか。
男 そうだね。一度会ってみましょう。

男の人が履歴書の人に会うことにした理由は何ですか。
1 写真の印象がよかったから
2 会社員の経験もあるから
3 アルバイトの経験が豊富だから
4 大学院を出て、留学の経験もあるから

회사에서 남자와 여자가 이력서를 보면서 이야기하고 있습니
다. 남자가 이력서를 낸 사람을 만나기로 한 이유는 무엇입니
까?

여 이력서는 많이 왔지만, 이 사람 외에는 적당한 사람이 없네
　요.
남 사진상으로 인상은 꽤 좋은데….
여 대학원도 나왔고, 호주에서 유학경험도 1년 있고.
남 그건 좋은데, 이 일에는 사회 경험이 있는 사람이 필요한데
　말이야.
여 아, 자기소개서를 읽어보니, 아르바이트는 여러가지 했어요.
　방송국이라든가, 변호사 사무실이라든가.
남 흠. 그건 읽지 않아서 몰랐네.
여 다음 주라도 면접 봐 볼까요?
남 그래. 한 번 만나 봅시다.

남자가 이력서를 낸 사람을 만나기로 한 이유는 무엇입니까?
1 사진상으로 인상이 좋았기 때문에
2 회사원 경험이 있기 때문에
3 아르바이트 경험이 풍부하기 때문에
4 대학원을 나오고, 유학 경험도 있기 때문에

정답 3
어휘 履歴書 이력서 | 写真 사진 | 印象 인상 | 弁護士 변호사 | 面接 면접
해설 남자는 좋은 인상과 유학경험이 있는 사람보다는 사회경험이 많은 사람이 필요하다고 했고, 자기소개서에 여러가
지 아르바이트를 한 경험이 있었다는 여자의 말에 면접을 보기로 했으므로, 3번이 정답이 된다.

6 🔘 52

女の人が、人形について話しています。女の人がこの人形
を気に入っている一番の理由は何ですか。

女 とにかく、もう可愛いんです、この人形。どこへ行くのも
　私といっしょです。外食や旅行の時も連れて行きます。
　ちょっと値段は高かったんですが、300以上も言葉が話
　せて、私が話しかけると、答えてもくれるんですよ。でも
　何といっても、やはり、本当の子どもを見ているような
　優しい気持ちになれて、こちらが元気になるからでしょ
　うか。子どものいない夫婦二人だけの暮らしには本当
　にありがたい人形なんですよ。

女の人がこの人形を気に入っている一番の理由は何ですか。

여자가 인형에 관해서 이야기하고 있습니다. 여자가 이 인형을
마음에 들어하는 가장 큰 이유는 무엇입니까?

여 어쨌든, 정말 귀여워요, 이 인형. 어디에 가든 저랑 함께입
　니다. 외식이나 여행할 때도 데리고 갑니다. 가격은 좀 비
　쌌지만, 300개 이상이나 되는 말을 할 수 있어서 내가 말을
　걸면 대답도 해줘요. 하지만, 뭐니뭐니해도 역시 진짜 아이
　를 보고 있는 것과 같은 따뜻한 마음이 들어, 제가 힘을 얻
　어서일까요? 아이가 없는 부부 둘 뿐인 생활에는 정말 고마
　운 인형입니다.

여자가 이 인형을 마음에 들어하는 가장 큰 이유는 무엇입니까?

1 子どもがいるような気持ちになれるから
2 人形が優しくて元気だから
3 言葉がわかり、会話ができるから
4 どこへでも連れて行けるから

1 아이가 있는 것 같은 기분이 되기 때문에
2 인형이 자상하고 힘차기 때문에
3 말을 이해하고, 대화를 할 수 있기 때문에
4 어디에라도 데리고 갈 수 있기 때문에

정답 1

어휘 人形(にんぎょう) 인형 | 気(き)に入(い)る 마음에 들다 | 可愛(かわい)い 귀엽다 | 話(はな)しかける 말을 걸다 | 答(こた)える 대답하다

해설 질문에서 가장 큰 이유를 묻고 있다는 점에 주목. 따라서 「何と言っても」라는 대화 이후에 등장하는 내용이 가장 강조하고 있는 부분이 된다. '진짜 아이를 보고 있는 것과 같은 따뜻한 마음이 들어'라는 말에서 1번이 정답이라는 것을 알 수 있다.

확인문제 3

문제2. 문제 2에서는 먼저 질문을 들으세요. 그 후 문제지의 선택지를 읽으세요. 읽을 시간이 있습니다. 그리고 이야기를 듣고 문제지의 1~4 중에서 가장 적당한 것을 하나 고르세요.

1 🎧 53

男の人と女の人が話しています。女の人は、どうして喜んでいますか。

男 嬉しそうだね。なんかいいことあったんだ。
女 えっ、わかる?
男 宝くじに当たったんだ。
女 何言ってんの。そんなわけないでしょ。
男 じゃ、どうしたの。お金をひろったとか、親戚のおじさんにおこづかいもらったとか。
女 なんで、そんなお金のことばっかり言うのよ。
男 じゃ、あれか。恋人ができた。
女 違うわよ。あのね、インターネットで本の注文をしたの。そうしたら、ポイントがたまってて、1冊の値段で、3冊も注文できたのよ。それで、なんか得した気分なの。
男 ほら、やっぱりお金が関係してたじゃないかあ。

女の人は、どうして喜んでいますか。
1 宝くじに当たったから
2 おこづかいをもらったから
3 お金を拾ったから
4 本を安く買えたから

남자와 여자가 이야기하고 있습니다. 여자는 어째서 기뻐하고 있습니까?

남 기뻐 보이는 걸. 뭐 좋은 일 있었구나!
여 에! 알겠어?
남 복권에 당첨됐구나.
여 무슨 소리 하는 거야. 그럴 리가 없잖아.
남 그럼 뭔데? 돈을 주웠다던가, 친척 아저씨께 용돈을 받았다던가.
여 왜 그렇게 돈에 관한 것만 말하는 거야.
남 그럼 그것이군. 애인이 생겼다.
여 아니야. 있잖아, 인터넷으로 책을 주문했어. 그랬더니 포인트가 쌓여서 1권 값으로 3권이나 주문할 수 있었어. 그래서 뭔가 이득 본 기분이라서.
남 거봐, 역시 돈과 관계된 일이잖아.

여자는 어째서 기뻐하고 있습니까?
1 복권에 당첨되었기 때문에
2 용돈을 받았기 때문에
3 돈을 주웠기 때문에
4 책을 싸게 살 수 있었기 때문에

정답 4

어휘 喜(よろこ)ぶ 기뻐하다 | 嬉(うれ)しい 기쁘다 | 宝(たから)くじ 복권 | 親戚(しんせき) 친척 | 恋人(こいびと) 애인 | 拾(ひろ)う 줍다 | 注文(ちゅうもん) 주문 | 関係(かんけい) 관계

해설 여자가 기뻐하는 이유를 찾는 문제로, 복권에 당첨되었냐는 남자의 물음에 그럴 리가 없다고 함 → 돈을 주웠거나

용돈을 받은 것은 아님 → 인터넷으로 책을 주문했는데 1권 값으로 3권이나 주문할 수 있었다는 여자의 말에서 4번이 정답임을 알 수 있다.

2 ◎54

学校で、男の学生と女の学生が話しています。女の学生は、遅くまで何をしていたのですか。

男　あれ、斉藤さんこんな時間までめずらしいね。何してたの?

女　来週お祭があるじゃない。わたし、その担当なんだ。

男　へぇ、遅くまで準備してたんだ。お疲れ様。

女　なーんて、実はお菓子食べながら話してただけなんだけどね。

男　準備は順調?

女　うん、当日の進行表や看板なんかはもう出来てるし、マイクの電池とかペンとか、当日必要な物は昨日買ってきちゃったから。

男　じゃ、後は当日を迎えるだけだね。

女　でもまだ、司会の練習がちゃんとできてないんだぁ。

男　斉藤さんなら、そんなに練習しなくてもできるでしょ。

女　そんなことないよ～。

女の学生は、遅くまで何をしていたのですか。

1　お菓子を食べたり話したりしていた
2　祭りの進行表や看板を作っていた
3　電池やペンを買いに行っていた
4　祭りの司会の練習をしていた

학교에서 남학생과 여학생이 이야기하고 있습니다. 여학생은 늦게까지 무엇을 하고 있었습니까?

남　어? 사이토 씨, 이 시간까지 왠일이야. 뭐하고 있었어?

여　다음 주에 마츠리가 있잖아. 나 그 담당이야.

남　헤. 늦게까지 준비하고 있었구나. 수고 많네.

여　실은 과자 먹으면서 수다 떤 것 뿐이지만.

남　준비는 잘 돼가?

여　응. 당일의 진행표랑 간판 같은 것은 벌써 완성되어 있고, 마이크의 건전지나 펜 같이 당일 필요한 물건은 어제 사왔으니까.

남　그럼. 나머지는 그날을 맞이하는 것 뿐이네.

여　하지만, 아직 사회 연습이 제대로 안 되어 있어.

남　사이토 씨라면 그다지 연습하지 않아도 할 수 있잖아.

여　그렇지도 않아.

여학생은 늦게까지 무엇을 하고 있었습니까?

1　과자를 먹으면서 수다를 떨고 있었다
2　마츠리의 진행표와 간판을 만들고 있었다
3　건전지와 펜을 사러 갔다
4　마츠리의 사회 연습을 하고 있었다

정답 1

어휘 祭り 축제 | 担当(たんとう) 담당 | 準備(じゅんび) 준비 | 順調(じゅんちょう) 순조 | 当日(とうじつ) 당일 | 進行表(しんこうひょう) 진행표 | 看板(かんばん) 간판 | 迎(むか)える 맞이하다 | 司会(しかい) 사회(자)

해설 남자가 마츠리 담당인 여자한테 '마츠리 준비로 늦게까지 수고가 많구나' 라고 말하고 이에 대한 여자의 대답이 「実は(실은)」라는 것이 포인트이다. 「実は(실은)」에 이어지는 문장이 '과자를 먹으면서 수다를 떨었다' 이므로 1번이 정답이다.

---

3 ◎55

女の人が、「日本人の好きな食べ物」について話しています。女の人は、日本全体では、何が一番だったと言っていますか。

女　えー、これは、「日本人の好きな食べ物」について調べた結果です。「肉と野菜と魚の三つのうち、どれが一番好きですか」という質問に、三つのうちから一つだけ選んで答えてもらうという調査だったんですが、まず、地

여자가 '일본인이 좋아하는 음식'에 관하여 이야기하고 있습니다. 여자는 일본 전체에서는 무엇이 1위였다고 말하고 있습니까?

여　에, 이것은 '일본인이 좋아하는 음식'에 관하여 조사한 결과입니다. '고기와 채소, 생선 세 가지 중에서 어느 것을 가장 좋아합니까?'라는 질문에 세 가지 중에 하나만 선택해서 답하는 조사였는데, 우선 지역별로 보면 고기를 좋아하

域別で見ますと、肉が好きな人が40パーセントに達する所、魚が好きな人が40パーセントに達する所というふうに地域によって好みが分かれましたが、日本全体では、魚と野菜がそれぞれ30パーセント台で、意外だったのは、野菜が２位だったこと、そして肉が好きな人は28パーセントにとどまったことでした。

女の人は、日本全体では、何が一番だったと言っていますか。
1 肉
2 野菜
3 魚
4 肉と野菜

는 사람이 40%에 이르는 곳, 생선을 좋아하는 사람이 40%에 이르는 곳 등, 지역에 따라서 기호가 나뉘어져 있습니다. 일본 전체에서는 생선과 채소가 각각 30%대로, 의외였던 것은 채소가 2위였던 것, 그리고 고기를 좋아하는 사람은 28%에 그친 것이었습니다.

여자는 일본 전체에서는 무엇이 1위였다고 말하고 있습니까?
1 고기
2 채소
3 생선
4 고기와 생선

정답 3

어휘 好(す)きだ 좋아하다 | 食(た)べ物(もの) 먹을 거리, 음식 | 全体(ぜんたい) 전체 | 調(しら)べる 조사하다 | 結果(けっか) 결과 | 野菜(やさい) 채소 | 選(えら)ぶ 고르다 | 答(こた)える 답하다 | 達(たっ)する 달하다 | 地域(ちいき) 지역 | 好(この)み 기호

해설 질문에서 주의해야 할 점은 '무엇이 1위인가'와 함께 '일본 전체에서'라는 부분이다.
고기, 채소, 생선 중 가장 좋아하는 것을 하나 선택하라는 설문조사의 내용 설명 → 일본 전체에서는 생선과 채소가 30%고 채소가 2위이다. 따라서 채소가 2위라는 것은 곧 1위는 생선이므로 3번이 정답이다.

4 ◎ 56

空港のアナウンスです。小川まゆみさんは、今どこにいますか。

女 お客様のお呼び出しを申し上げます。アシアナ航空103便にてソウルへご出発のキム・サンユン様、アシアナ航空103便にてソウルへご出発のキム・サンユン様、いらっしゃいましたら３階出発ロビーの案内カウンターまでお越くださいませ。お連れ様の小川まゆみ様がお待ちです。引き続きお客様のお呼び出しを申し上げます。マレーシア航空305便にてクアラルンプールへご出発の大野みき様、マレーシア航空305便にてクアラルンプールへご出発の大野みき様、3階出発ロビー、Cカウンターの21番までお越くださいませ。

小川まゆみさんは、今どこにいますか。
1 出発ロビーの案内カウンター
2 出発ロビーのCカウンター
3 アシアナ航空のカウンター
4 マレーシア航空のカウンター

공항의 안내 방송입니다. 오가와 마유미 씨는 지금 어디에 있습니까?

여 고객님 호출 안내를 말씀 드립니다. 아시아나 항공 103편으로 서울로 출발하시는 김상윤 님, 아시아나 항공 103편으로 서울로 출발하시는 김상윤 님, 계시면 3층 출발 로비에 있는 안내 카운터로 오시기 바랍니다. 일행분이신 오가와 마유미 씨께서 기다리고 계십니다. 계속해서 고객님 호출 안내를 하겠습니다. 말레이시아 항공 305편으로 쿠알라룸푸르로 출발하시는 오노 미키 님, 말레이시아 항공 305편으로 쿠알라룸푸르로 출발하시는 오노 미키 님, 3층 로비 C카운터의 21번으로 오시기 바랍니다.

오가와 마유미 씨는 지금 어디에 있습니까?
1 출발 로비의 안내 카운터
2 출발 로비의 C카운터
3 아시아나 항공의 카운터
4 말레이시아 항공의 카운터

정답 1

어휘 空港_(くうこう) 공항 | 呼_(よ)び出_(だ)し 호출 | 申_(もう)し上_(あ)げる 말씀드리다 | 出発_(しゅっぱつ) 출발 | 航空_(こうくう) 항공 | 案内_(あんない) 안내 | お連_(つ)れ様_(さま) 일행분 | 引_(ひ)き続_(つづ)き 계속해서

해설 안내 내용을 전부 듣고 기억하기 보다는 문제를 염두에 두고 포인트만 선택하여 듣는다. 오가와 마유미 씨가 있는 장소를 묻고 있으므로 첫 번째 안내 방송에 그 정답이 있음을 알 수 있다.
'아시아나 항공 103편으로 서울로 출발하시는 김상윤 님, 3층 출발 로비에 있는 안내 카운터로 와 주세요'라는 승객 호출 안내 방송 → '일행이신 오가와 마유미 님이 기다리고 계십니다'에서 오가와 마유미 씨가 있는 장소가 3층 출발 로비의 안내 카운터라는 것을 알 수 있으므로 1번이 정답이다.

5 🎧 **57**

会社で女の人と男の人が話しています。男の人は、どうして部長に怒られましたか。

男 きのう、部長に怒られちゃったよ。
女 えー、あのやさしい部長が怒るなんて、めずらしいわね。
男 大事な書類の入ったカバンを、電車のなかに忘れちゃってね。
女 見つからなかったの?
男 駅の人にいろいろ調べてもらったんだけど、結局、見つからなくて。
女 書類をなくしたんじゃ、怒られてもしかたないわね。
男 いや、部長が怒ったのは、そのことじゃないんだ。そういうミスはだれにでもあることだからって。
女 どういうこと?
男 「どうして、すぐに会社に連絡しなかったんだ」って。ぼくは、見つかるかもしれないと思って、後回しにしちゃったんだ。
女 そう。それはまずかったわね。

男の人は、どうして部長に怒られましたか。
1 書類を失くしてしまったから
2 書類を探さなかったから
3 書類を見つけることができなかったから
4 書類のことをすぐ会社に連絡しなかったから

회사에서 여자와 남자가 이야기하고 있습니다. 남자는 왜 부장님에게 혼이 났습니까?

남 어제 부장님한테 혼났어.
여 에~, 그 자상하신 부장님이 화를 내시다니 별일이네.
남 중요한 서류가 들어있는 가방을 전철 안에 놓고 내렸거든.
여 못 찾았어?
남 역무원이 여기저기 찾아 봤지만, 결국 못 찾았어.
여 서류를 잃어버렸으니, 혼나도 어쩔 수 없네.
남 아니, 부장님이 화를 내신 건 그게 아니야. 그런 실수는 누구에게나 있는 일이라고.
여 무슨 말이야?
남 '왜 바로 회사에 연락하지 않았냐'라고 하시더라고. 나는 찾을지도 모른다는 생각에 나중에 하려고 했지.
여 그래. 그건 좀 잘못했네.

남자는 왜 부장님에게 혼이 났습니까?
1 서류를 잃어버렸기 때문에
2 서류를 찾지 않았기 때문에
3 서류를 찾을 수 없었기 때문에
4 서류에 관한 일을 바로 회사에 연락하지 않았기 때문에

정답 4

어휘 やさしい 자상하다, 상냥하다 | 珍_(めずら)しい 진귀하다, 흔하지 않다 | 大事_(だいじ)だ 중요하다 | 見_(み)つかる 발견하다 | 後回_(あとまわ)し 뒤로 미룸 | 連絡_(れんらく) 연락

해설 남자가 부장님에게 야단 맞은 이유를 묻고 있으므로 남자의 말에 집중해서 듣는다.
서류를 잃어버림 → 부장님이 화가 난 것은 그게 아님 → 왜 회사에 바로 연락하지 않았냐고 하는 대화 내용에서 4번이 정답이라는 것을 알 수 있다.

6 ◎ 58

学校で先生が、インフルエンザの予防について話しています。先生が、特に大事だと言っているのは何ですか。

男 今、はやっている新型のインフルエンザですが、学校全体がお休みになったところも出ていますので、みなさんもバスや電車に乗って出かける時は、注意してください。もう、みんなわかっていると思いますが、出かけるときはマスクをしたり、外から帰ったら、よくうがいをすること。で、それも大事ですが、特に気をつけてほしいのは、手です。手はいろいろなところを触りますし、手についたウィルスはなかなか死なないそうです。ですから、うちに帰ったら手をよく洗って、できるだけ薬で消毒してください。出かけるときに手袋をしていても同じです。うちに帰って、手袋をとって、その手袋に触ってしまえば同じことですから。

先生が、特に大事だと言っているのは何ですか。
1 手を薬で消毒すること
2 マスクをすること
3 うがいをすること
4 手袋をすること

학교 선생님이 인플루엔자의 예방에 대해서 이야기하고 있습니다. 선생님이 특히 중요하다고 하는 것은 무엇입니까?

남 지금 유행하고 있는 신형 인플루엔자 말인데요, 학교 전체가 휴교를 하는 곳도 있으니까, 여러분도 버스나 전철을 타고 외출할 때에는 주의하세요. 이미 여러분도 알고 있을 거라고 생각합니다만, 외출할 때에는 마스크를 하거나, 밖에서 돌아오면 양치질을 할 것. 그리고 그것도 중요합니다만, 특히 조심했으면 하는 것이 손입니다. 손은 다양한 것들을 만지고, 손에 묻은 바이러스는 좀처럼 죽지 않는다고 합니다. 그러니까 집에 돌아오면 손을 잘 씻고, 가능하면 약으로 소독하세요. 외출할 때 장갑을 껴도 마찬가지입니다. 집에 돌아와서 장갑을 벗고 그 장갑을 만지면 마찬가지니까요.

선생님이 특히 중요하다고 말하고 있는 것은 무엇입니까?
1 손을 약으로 소독할 것
2 마스크를 할 것
3 가글을 할 것
4 장갑을 낄 것

정답 1

어휘 予防 예방 | はやる 유행하다 | 新型 신형 | 注意 주의 | 触る 만지다 | 消毒 소독

해설 주의해야 할 점은 '특히 중요하다고 한 것'이다. 따라서 예방에 관한 대화 중 가장 강조하고 있는 것을 찾는다. 인플루엔자 예방을 위해 외출할 때는 마스크를 하거나, 돌아오면 가글을 한다 → 그것도 중요합니다만, 특히 조심해야 하는 것이 손이라며 손에 대해 강조 → 손을 잘 씻고 가능하면 소독을 할 것 → 장갑을 껴도 마찬가지이므로 손을 잘 씻고 소독을 할 것, 따라서 손과 관련하여 가장 중요한 것은 소독을 하는 것이므로 1번이 정답이다.

問題3 개요이해

문제유형 개요이해 (5문항)

내용 전체를 듣고 화자의 의도나 주장을 이해하는 문제로 내용은 주로 한 사람이 말하는 형식(부재중 전화 녹음, 텔레비전에서 아나운서가 말하는 장면 등)이 중심이다.

상황설명을 듣는다 ➡ 본문(주로 혼자 말하는 내용)을 듣는다 ➡

문제를 듣는다 ➡ 선택지를 듣고 정답을 고른다

본문을 듣기 전에 문제를 모르는 상태에서 문제가 음성으로 한 번만 제시되기 때문에 문제의 난이도가 훨씬 높아진다.

포인트

포인트를 좁혀서 들으려고 하지 말고 전체적인 흐름을 생각하면서 대강의 요점을 파악한다. 질문의 형태는 크게 두 가지로 볼 수 있다. 하나는 이야기의 주제(theme)이고 또 하나는 말하는 이의 의견(opinion)이나 주장이다. 〈問題3〉에서는 내용 전체를 요약할 줄 알아야 하며 추상적인 주제가 많은 만큼 모르는 단어도 많아지고, 한 문장의 길이도 길어져 세세한 것까지는 의미를 모른다고 해도 전체적인 의미는 파악할 수 있어야 한다.

학습요령

선택지가 음성으로만 나오기 때문에 내용을 들으면서 꼭 메모를 해야 한다. 화자의 주장이나 의견이면 찬성 또는 반대, 긍정 또는 부정을 파악해야 한다. 대부분 결론이 후반부에 나오기 때문에 후반부에 나왔던 표현이 나오는 선택지가 정답일 가능성이 높다.

問題3　問題3 では、問題用紙に何もいんさつされていません。この問題は、全体としてどんな
　　　　内容かを聞く問題です。話の前に質問はありません。まず話を聞いてください。それか
　　　　ら、質問とせんたくしを聞いて、1から4の中から、最もよいものを一つ選んでください。

1~3 　◎ 59~61

— メモ —

問題3 問題3 では、問題用紙に何もいんさつされていません。この問題は、全体としてどんな内容かを聞く問題です。話の前に質問はありません。まず話を聞いてください。それから、質問とせんたくしを聞いて、1から4の中から、最もよいものを一つ選んでください。

1~5　◎ 62~66

― メモ ―

問題3　問題3 では、問題用紙に何もいんさつされていません。この問題は、全体としてどんな内容かを聞く問題です。話の前に質問はありません。まず話を聞いてください。それから、質問とせんたくしを聞いて、1から4の中から、最もよいものを一つ選んでください。

1~5　◎ 67~71

― メモ ―

확인문제 1

문제3. 문제 3에서는 문제지에 아무것도 인쇄되어 있지 않습니다. 이 문제는 전체적으로 어떤 내용인가를 묻는 문제입니다.이야기 전에 질문은 없습니다. 먼저 이야기를 들으세요. 그리고 질문과 선택지를 듣고 1~4 중에서 가장 적당한 것을 하나 고르세요.

1 ◎ 59

男の人が友達の会社へ来て、事務員の女の人と話しています。

男　あのう、鈴木課長いらっしゃいますか?
女　はい、失礼ですが、どちら様ですか。
男　あ、大学時代の同級生で、山田と言います。
女　お約束はなさってますか。
男　あ、いいえ。この近くに来る用があったもんですから、ちょっと寄ったんですが…。
女　そうですか。それはどうも。あいにく鈴木はただ今外出中なんですが。お昼には戻ると言ってましたので、お待ちになりますか。
男　そうですか、じゃ、また今度にします。
女　何かお伝えしておきましょうか。
男　あ、いえ。お昼でもいっしょにと思っただけですから。じゃあ、どうも。
女　どうも申し訳ございません。

男の人は友達の会社へ何をしに来ましたか。
1　遊びに来た
2　用事を頼みに来た
3　食事に誘いに来た
4　仕事をもらいに来た

남자가 친구 회사에 와서, 사무원 여자와 이야기하고 있습니다.

남　저, 스즈키 과장님 계십니까?
여　네, 실례입니다만, 누구십니까?
남　아, 대학시절 동창생으로, 야마다라고 합니다.
여　약속은 하셨습니까?
남　아, 아뇨, 이 근처에 올 일이 있어서 잠시 들른 것입니다만.
여　그래요? 이것 참 죄송합니다. 공교롭게도 스즈키는 지금 외출 중입니다만. 점심 때에는 돌아 올 거라고 했으니까 기다리시겠습니까?
남　그래요? 그럼, 다음에 보죠.
여　무슨 전하실 말씀이라도 있으신가요?
남　아뇨, 점심이라도 함께 할까 했을 뿐입니다. 그럼, 고맙습니다.
여　대단히 죄송합니다.

남자는 친구 회사에 무엇을 하러 왔습니까?
1　놀러 왔다
2　일을 부탁하러 왔다
3　식사를 권하러 왔다
4　일을 받으러 왔다

정답 **3**

어휘 事務員 사무원 | 失礼 실례 | どちら様 누구(정중한 표현) | 同級生 동급생 | なさる 하시다(する의 존경어) | 用 용무 | 寄る 들르다 | あいにく 공교롭게도 | ただ今 지금(정중한 표현) | 外出中 외출 중 | お昼 점심 | 戻る 되돌아오다 | お〜になる 〜하시다(존경 표현) | また今度 다음에 | 伝える 전하다 | 申し訳ない 면목없다, 미안하다 | 用事 볼일

해설 남자는 여자에게 친구와 점심을 함께 먹으러 온 것뿐이라고 이야기하고 있으므로 3번이 정답이다.

2 ◎ 60

女の人があしたのサッカーの試合について男の人と話しています。

男　あしたは、日本勝つかなあ。
女　強いんでしょ、ブラジルは。
男　うん、そりゃ、世界ランキング1位だからね。
女　無理じゃないの、ブラジルに勝つのは。

여자가 내일 있을 축구 시합에 관해서 남자와 이야기하고 있습니다.
남　내일은 일본이 이길까?
여　강하잖아, 브라질은.
남　응, 그야, 세계 랭킹 1위니까.
여　힘들지 않을까, 브라질을 이기는 것은.

男 とは思うけど、日本はブラジルに勝たなくても、引き分けてもいいんだよ。0対0とか、1対1とか引き分けても決勝トーナメントに出られるんだよ。

女 ふーん。そうなんだ。日本もずっと調子はいいみたいよね。

男 そうなんだよ。だから、なんとか…。

女 そうね。勝たなくてもいいんだったら、可能性はあるかもね。

女の人はどう思っていますか。

1 日本が勝つ

2 日本が負ける

3 日本が勝つかもしれない

4 日本は引き分けるかもしれない

남 그렇게 생각하지만, 일본은 브라질을 이기지 않고 무승부만 해도 괜찮아. 0대 0이라든가, 1대 1이라든가, 비겨도 결승 토너먼트에 나갈 수 있어.

여 음. 그렇구나. 일본도 계속 상태가 좋은 것 같네?

남 맞아. 그러니까 어떻게든….

여 그렇네. 이기지 않아도 된다면, 가능성 있을지도 몰라.

여자는 어떻게 생각하고 있습니까?

1 일본이 이긴다

2 일본이 진다

3 일본이 이길지도 모른다

4 일본은 무승부가 될지도 모른다

정답 4

어휘 試合 시합 | 勝つ 이기다 | 強い 강하다 | 世界 세계 | 無理 무리 | 引き分ける 무승부가 되다 | 決勝 결승 | トーナメント 토너먼트, (경기에서) 승자 진출 방식 | 調子 상태 | 可能性 가능성 | 負ける 지다, 패하다

해설 여자는 마지막 부분에서 이기지 않아도 된다면 결승 토너먼트에 나갈 가능성이 있다고 이야기하고 있으므로 정답은 4번이다.

3 ◎61

観光バスの中で先生が留学生たちに話しています。

男 これから行くところは、日本のお茶をたくさん売っているお店です。東京で買うより安いですから、必要な人は買ってください。お茶は種類がいろいろありますから、買う前に少し飲んでみて、自分でおいしいと思ったものを買ってください。高いお茶が、みなさんにもおいしいとは限りませんよ。それと、お茶は種類によっておいしく飲めるお湯の温度が違います。みなさんは、お茶の袋にその温度とか、お茶の入れ方が書いてあるものを選ぶようにしてください。いいですかぁ。

先生は何について説明していますか。

1 お茶の飲み方

2 お茶の買い方

3 お茶の種類

4 お茶の値段

관광버스 안에서 선생님이 유학생들에게 이야기하고 있습니다.

남 이제부터 갈 곳은 일본 차를 많이 팔고 있는 가게입니다. 도쿄에서 사는 것보다 저렴하니까, 필요한 사람은 구매하세요. 차는 종류가 여러 가지 있으니까, 구입하기 전에 조금 마셔보고 자기가 맛있다고 생각한 것을 구매하세요. 비싼 차가 모두에게 맛있다고는 할 수 없어요. 그리고 차는 종류에 따라서 맛있게 마실 수 있는 물의 온도가 다릅니다. 여러분들은 차 봉지에 그 온도라든지, 차 타는 법이 쓰여 있는 것을 고르도록 하세요. 아시겠죠?

선생님은 무엇에 관해서 설명하고 있습니까?

1 차 마시는 법

2 차 구매하는 법

3 차의 종류

4 차의 가격

정답 2

어휘 留学生 유학생 | 茶 차 | 売る 팔다 | 必要 필요 | 種類 종류 | 限る 한정하다, 한하다 | 温度 온도 | 袋 봉지 | 入れ方 넣는 법, (차) 타는 법 | 選ぶ 선택하다 | 買い方 구매 방법 | 値段 가격

해설 선생님은 학생들에게 차를 구입하기 전에 직접 마셔보고, 맛있다고 느끼는 것을 구입할 것과 차 봉지에 온도, 차 타는 법이 적혀 있는 것을 골라 구입하도록 이야기하고 있으므로 2번이 정답이다.

확인문제 2

문제3. 문제 3에서는 문제지에 아무것도 인쇄되어 있지 않습니다. 이 문제는 전체적으로 어떤 내용인가를 묻는 문제입니다.이야기 전에 질문은 없습니다. 먼저 이야기를 들으세요. 그리고 질문과 선택지를 듣고 1~4 중에서 가장 적당한 것을 하나 고르세요.

1 ◎ 62

女の人が友達のうちへ来て、話しています。

女1 おじゃましまーす。はい、これ。

女2 あ、ありがとう。何?

女1 レンジで温めてすぐ食べられるものと、あと果物が少し。

女2 こんなに? ありがとう。

女1 でも、思ったより顔色、いいんじゃない。熱は?

女2 うん、やっと下がったみたい。でも、仕事、二日も休んじゃった。

女1 二日ぐらい、いいんじゃないの。あ、そうそう、これ、鈴木さんが、返しといてって。長い間借りててごめんなさいって。

女2 ああ、DVDね。あのね、このドラマおもしろいんだよ。ね、一緒に見ない?

女1 うん、いいけど。でも、その前に、ちょっと食べたら?

女2 そうね。そういえば、お腹空いたな。じゃ、いただきます。

女の人は何のために友達のうちへ来ましたか。

1 友達を見舞うため

2 仕事を手伝うため

3 借りていたものを返すため

4 一緒にDVDを見るため

여자가 친구 집에 와서 이야기하고 있습니다.

여1 실례합니다. 자, 이거.

여2 아, 고마워. 뭐야?

여1 전자레인지로 데워서 바로 먹을 수 있는 것하고, 과일 조금.

여2 이렇게나? 고마워.

여1 그래도, 생각보다 안색 좋은데. 열은?

여2 응, 겨우 내린 것 같아. 그래도 일을 이틀이나 쉬었어.

여1 이틀 정도는 괜찮지 않니? 아, 맞다, 이거, 스즈키 씨가 돌려주래. 오래 빌려서 미안하대.

여2 아아, DVD구나. 저기, 이 드라마, 재미있어. 있지, 같이 안 볼래?

여1 응, 좋긴 한데, 그래도 그 전에 좀 먹는 게 어때?

여2 그러네. 그러고 보니, 배고프다. 그럼 잘 먹을게.

여자는 무엇 때문에 친구 집에 왔습니까?

1 친구를 문병하기 위해서

2 일을 돕기 위해서

3 빌렸던 것을 돌려주기 위해서

4 같이 DVD를 보기 위해서

정답 1

어휘 温める 따뜻하게 하다 | 果物 과일 | 顔色 안색 | 借りる 빌리다 | 見舞う 문병하다 | 手伝う 돕다 | 返す 돌려주다

해설 방문한 친구와의 대화를 정리하면 '자 이거(무언가 줌)', '전자레인지로 데워서 먹을 것과 과일', '생각보다 안색이 좋다. 열은?'이라는 대화에서 문병 온 것임을 알 수 있다.

2 ◎ 63

ある講習会で男の人が話しています。

男 歳をとってからはもちろんですが、子犬のときも太りす

어느 강습회에서 남자가 이야기하고 있습니다.

남 나이가 들면 당연한 일이지만, 강아지일 때도 비만은 좋지

ぎはよくありません。人間でも同じですが、太りすぎは体に負担がかかるんです。食事は毎日一定の量を守ってやるようにしてください。間食はもちろんよくありません。おやつをあげないとかわいそうなんて思わないほうがいいですよ。近頃は年齢と体の大きさに応じたダイエットフードもいろいろ市販されていますから、上手に利用するといいでしょうね。それから、運動不足もいけません。運動不足だとストレスがたまりますからね。散歩は毎日させてください。

않습니다. 인간도 마찬가지입니다만, 비만은 몸에 부담을 주게 됩니다. 식사는 매일 일정량을 지키도록 해주세요. 간식은 물론 좋지 않습니다. 간식을 주지 않으면 불쌍하다는 생각은 하지 않는 편이 좋습니다. 최근에는 연령과 몸의 크기에 따른 다이어트 음식도 여러 가지 시판되고 있으니, 잘 이용하시면 좋을 것입니다. 그리고 운동 부족도 안됩니다. 운동 부족이면 스트레스가 쌓이니까요. 산책은 매일 시켜주세요.

男の人は何について話していますか。
1 子犬のストレス
2 犬の運動不足
3 犬の体重管理
4 犬のおやつ

남자는 무엇에 관하여 이야기 하고 있습니까?
1 강아지의 스트레스
2 개의 운동 부족
3 개의 체중 관리
4 개의 간식

정답 3

어휘 講演会 강연회 | 太る 살찌다 | 負担がかかる 부담이 되다 | 一定 일정 | 間食 간식 | 市販 시판 | 利用する 이용하다 | 運動不足 운동 부족 | おやつ 간식

해설 살이 찌면 몸에 부담이 가므로 식사는 매일 일정량을 지키라고 함 → 요즘은 다이어트 푸드도 여러가지 시판되고 있으므로 잘 이용하라고 함 → 즉, 개의 체중 관리에 관한 내용이라는 것을 알 수 있으므로, 3번이 정답이다.

3 (◎) 64

テレビで女のレポーターが話しています。

텔레비전에서 여자 리포터가 이야기하고 있습니다.

女 みなさんは、日本の伝統的な紙である和紙にていてどんなイメージを持っていますか。水に濡れるとすぐ破れてしまうと思っていませんか。ところが、これ、この和紙は、水に濡れても破れたりしません。今日これから私がおじゃまするのはこの新しい和紙を作った、はい、ここです。この会社です。明治時代から百年以上続くこの会社では、この丈夫な和紙を使って、これまでの和紙のイメージを変える商品が次々と開発されているんだそうです。例えば、このビーチボール。素敵ですねえ。いったい、他には、どんなものがあるんでしょうか。楽しみですねえ、では中に入ってみましょう。

여 여러분은 일본의 전통 종이인 와시(和紙)에 대해 어떤 이미지를 가지고 계십니까? 물에 젖으면 바로 찢어져 버린다고 생각하고 계시지 않습니까? 그러나 이 와시는 물에 젖어도 찢어지거나 하지 않습니다. 오늘 지금부터 제가 방문할 곳은 이 새로운 와시를 만든, 네. 이 곳입니다. 이 회사입니다. 메이지 시대부터 100년 이상 이어진 이 회사에서는 이 튼튼한 와시를 사용하여, 지금까지의 와시의 이미지를 바꾸는 상품이 잇따라 개발되고 있다고 합니다. 예를 들자면, 이 비치 볼, 멋있죠. 그럼 다른 것에는 어떤 것들이 있는 걸까요? 기대가 됩니다. 그럼 안으로 들어가보죠.

レポーターが訪ねようとしている、この会社はどんな会社ですか。
1 新しいお菓子の会社
2 ビーチボールを百年以上作っている会社
3 和紙のイメージを研究している会社
4 新しい和紙でいろいろな商品を作っている会社

리포터가 방문하려고 하고 있는 이 회사는 어떤 회사입니까?

1 새로운 과자회사
2 비치볼을 100년 이상 만들고 있는 회사
3 와시(和紙)의 이미지를 연구하고 있는 회사
4 새로운 와시(和紙)로 여러 가지 상품을 만들고 있는 회사

정답 4

어휘 伝統的 전통적 | 和紙 와시(한지와 같은 일본 고유의 종이) | 濡れる 젖다 | 破れる 찢어지다 | 丈夫だ 튼튼하다 | 素敵だ 멋있다

해설 '和紙'의 의미를 아는 학습자에게는 유리하지만 모르는 학습자는 첫 설명에서 '일본의 전통 종이인 와시'라는 부분을 잘 듣고 파악하는 것이 포인트(어려운 어휘는 설명이 되어 있다). 또 '물에 젖으면 찢어져 버린다'라는 설명에서 '종이'가 전체 테마라는 것을 알 수 있다. 그리고 '지금까지의 和紙의 이미지를 바꾸는 상품이 개발되고 있다'라는 설명에서 4번이 정답이며, 3번은 '이미지를 연구하는 회사'로 상품개발에 관한 이야기가 없으므로 정답이 될 수 없다.

4 ◎65

男の人が日本茶について話しています。

男 このあいだ外国の人に日本茶をプレゼントしたら、砂糖を入れて家族みんなでおいしく飲んでる、サンキューっていうんで驚いたんですよ。でも、よく考えてみると、コーヒーもブラックで飲んだり、ミルクや砂糖を入れたり、人によって好みが違いますし、ベトナムの人は甘い練乳を入れるし、アイリッシュコーヒーはウイスキー入れるでしょ。紅茶だってそうですよね。ロシアではジャムなんか入れる。まあ、要するに人それぞれ国それぞれで、日本茶が世界の人に愛されるためには、こうやって飲まなきゃいけないんですよ、日本茶は、なんて言ってたらだめなんじゃないかなって、そう思いましたね。

男の人は日本茶に砂糖を入れることについて、どう思っていますか。
1 飲む人がおいしく飲めればそれでいい
2 絶対にやめてほしい
3 外国人は砂糖を入れた方がいい
4 砂糖よりはジャムを入れた方がいい

남자가 일본 차에 관하여 이야기하고 있습니다.

남 얼마 전 외국인에게 일본 차를 선물했더니 설탕을 넣어서 가족 모두가 맛있게 마시고 있다며 고맙다고해서 놀랐습니다. 하지만, 잘 생각해보면 커피도 블랙으로 마시거나 밀크나 설탕을 넣기도 하는 등, 사람에 따라 기호가 다르고 베트남 사람은 달콤한 연유를 넣고 아이리쉬 커피는 위스키를 넣죠. 홍차도 그렇구요. 러시아에서는 잼 같은 것도 넣습니다. 뭐, 결국에는 사람마다 제각각, 나라마다 제각각이므로 일본 차가 세계인에게 사랑받기 위해서는 '이렇게 해서 마셔야 해요. 일본 차는' 하면 안 되지 않을까 그런 생각을 했습니다.

남자는 일본 차에 설탕을 넣는 것에 관하여 어떻게 생각하고 있습니까?
1 마시는 사람이 맛있게 마시면 그것으로 된다.
2 절대로 안 했으면 좋겠다.
3 외국인은 설탕을 넣는 편이 좋다.
4 설탕보다는 잼을 넣는 편이 좋다.

정답 1

어휘 砂糖 설탕 | 驚く 놀라다 | 練乳 연유 | 好み 기호 | 要するに 요컨대, 결국, 다시 말해

해설 전체 주제가 '일본 차'에 관한 것이라는 것을 재빨리 파악하여 '일본 차'에 관한 화자의 생각을 듣는 것이 포인트. '결국 사람마다 제각각 나라마다 제각각이므로 일본 차가 세계 사람에게 사랑받기 위해서는 '이렇게 해서 마셔야 해요. 일본 차는.'하면 안 되지 않을까 생각했다'라는 마지막 말로부터 1번이 정답임을 알 수 있다.

5 ◎66

ニュース番組で、男のアナウンサーが話しています。

男 さて、健康にもよく、手軽なレジャーとして人気のある温泉ですが、今、この温泉を発電に利用しようという研究が、大学の研究室と電力会社などとの共同で、進め

뉴스 방송에서 남자 아나운서가 이야기하고 있습니다.

남 그런데 건강에도 좋고 가벼운 레저로서 인기있는 온천입니다만, 지금 이 온천을 발전에 이용하려는 연구가 대학 연구실과 전력회사 등과 공동으로 진행되고 있습니다. 온천의

られています。温泉の熱エネルギーを電気に変えよう
というもので、このシステムが開発されれば、温泉だけ
でなく、わたしたちの周りにあるさまざまな熱を使って
電気を作ることもできるようになるということです。環
境保護の点からも、この研究の実用化が期待されてい
ます。

熱에너지를 전기로 바꾸려고 하는 것으로, 이 시스템이 개
발되면 온천뿐만 아니라, 우리들의 주변에 있는 다양한 열
을 사용해 전기를 만드는 것도 가능해진다는 것입니다. 환
경 보호라는 점에서도 이 연구의 실용화가 기대되고 있습니
다.

何についてのニュースですか。
1 人気がある温泉
2 熱を電気に変える研究
3 生活の周囲にある熱の研究
4 温泉の環境を守る研究

무엇에 관한 뉴스 입니까?
1 인기가 있는 온천
2 열을 전기로 바꾸는 연구
3 생활 주변에 있는 열의 연구
4 온천의 환경을 지키는 연구

정답 2

어휘 番組(ばんぐみ) 방송프로그램 | 健康(けんこう) 건강 | 手軽(てがる) 간단함, 간편함 | レジャー 여가활동, 레저 | 発電(はつでん) 발전 | 共同(きょうどう) 공동 | 熱(ねつ) 에너지 열 에너지 | 環境保護(かんきょうほご) 환경보호 | 実用化(じつようか) 실용화 | 期待(きたい) 기대

해설 '이 온천을 발전에 이용하려는 연구가 ~진행되고 있습니다'에서 발전에 관한 이야기라는 것을 알 수 있으며, '온천 뿐만 아니라 우리 주변의 다양한 열을 사용하여 전기를 만드는 것도 가능해진다.'라는 설명에서 '열을 에너지로 바꾸는 연구' 즉, 2번이 정답이라는 것을 알 수 있다.

확인문제 3

문제3. 문제3에서는 문제지에 아무 것도 인쇄되어 있지 않습니다. 이 문제는 전체적으로 어떤 내용인가를 묻는 문제입니다. 이야기
전에 질문은 없습니다. 먼저 이야기를 들으세요. 그리고 질문과 선택지를 듣고 1~4 중에서 가장 적당한 것을 하나 고르세요.

1 ◎ 67

男の人が電気自動車について話しています。

남자가 전기 자동차에 관해서 이야기하고 있습니다.

男 ガソリンで走る自動車がガソリンを入れなければなら
ないように、電気自動車は、電池がなくなれば充電し
なければなりません。これまでは、その充電に時間が
かかるのが欠点だったわけですが、今年に入って、政
府と自動車メーカーは、電気自動車に積んである電池
そのものを交換する仕組みの開発に乗り出しました。
これは、電池がなくなってきたら、ガソリンスタンドの
代わりに、「電池スタンド」へ行って、新しい電池と交換
するというシステムで、これだと充電に時間はかかりま
せんから、電気自動車がいっそう便利になると期待さ
れています。

남 가솔린으로 달리는 자동차에 가솔린을 넣어야만 하는 것처
럼, 전기 자동차는 전지가 떨어지면 충전해야 합니다. 이제
까지는 그 충전에 시간이 걸린다는 것이 결점이었습니다만,
올해 들어 정부와 자동차 제조 회사는 전기 자동차에 탑재
되어 있는 전지 자체를 교환하는 시스템 개발에 착수하였습
니다. 이것은 전지가 떨어지면, 주유소 대신에 '전지 교환소'
에 가서 새로운 전지와 교환하는 시스템으로, 이렇게 하면
충전에 시간이 걸리지 않기 때문에, 전기 자동차가 한층 편
리해질 것이라 기대되고 있습니다.

男の人は、電気自動車の何について話していますか。
1 新しい電池

남자는 전기 자동차의 무엇에 관하여 이야기하고 있습니까?
1 새로운 전지

2 新しい充電システム
3 電池を充電する場所
4 電池を充電する時間

2 새로운 충전 시스템
3 전지를 충전하는 장소
4 전지를 충전하는 시간

정답 2

어휘 ガソリン 가솔린 | 走る 달리다 | 自動車 자동차 | 電気 전기 | 政府 정부 | 積む 쌓다 | 電池 전지 | ～代わりに ～대신에 | 交換 교환 | 便利 편리 | 期待 기대

해설 질문이 나중에 나오는 문제이므로 전체적인 흐름 파악에 중점을 두면서 들어야 한다.
전기 자동차는 충전에 시간이 걸린다는 것이 결점이었다 → 전지 자체를 교환하는 시스템 개발 → 새로운 충전 시스템 개발에 따라 충전하는데 시간이 걸리지 않으므로 전기 자동차가 편리해진다는 2번이 정답이다.

2 ◎ 68

テレビで女の人が話しています。

女 皆さんは、ハイヒールを履かれますか？ハイヒールを履くと、足が長くてスリムに見えて、素敵ですよね。でも、ハイヒールを履くと姿勢が悪くなり体型がくずれる、という話もよく耳にしますね。それで、ハイヒールを履きたいのに、あえてスニーカーを履く人も少なくありません。また、足が疲れる、というのもハイヒールの短所です。皆さんも、そんなご経験がおありでしょう。そんな皆様、もうご安心ください。このスーパーハイヒールは、そんな悩みをすべて解決してくれる、魔法の靴なのです。これさえあれば、体型のくずれや足の疲れなどの悩みとはきれいさっぱり別れることができます。

텔레비전에서 여자가 이야기하고 있습니다.

여 여러분은 하이힐을 신으십니까? 하이힐을 신으면 다리가 길고 날씬하게 보여서, 멋지죠. 그러나 하이힐을 신으면 자세가 나빠지고 체형이 망가진다는 말도 자주 듣지요. 그래서 하이힐을 신고 싶은데 굳이 운동화를 신는 사람도 적지 않습니다. 또, 다리가 피곤하다는 것도 하이힐의 단점입니다. 여러분도 그런 경험이 있으시죠? 그런 분들, 이제 안심하세요. 이 슈퍼하이힐은 그런 고민을 전부 해결해주는 마법의 구두입니다. 이것만 있으면 체형 변형이나 다리 피로 등의 고민과는 깨끗이 헤어질 수 있습니다.

女の人の話の、主な内容は何ですか。
1 ハイヒールの長所
2 ハイヒールの短所
3 便利なハイヒールの紹介
4 ハイヒールの正しい履き方

여자의 말의 주된 내용은 무엇입니까?
1 하이힐의 장점
2 하이힐의 단점
3 편리한 하이힐 소개
4 하이힐을 올바르게 신는 법

정답 3

어휘 ハイヒール 하이힐 | 履く 신다 | スリム 슬림 | 素敵 아주 멋짐 | 姿勢 자세 | 体型 체형 | くずれる 망가지다 | スニーカー 운동화 | 短所 단점 | 経験 경험 | 疲れ 피로 | 悩み 고민

해설 첫 부분에 하이힐의 장점과 단점을 언급하고 있다. 그리고 마지막에 체형 변형, 다리 피로 등의 단점을 해결할 수 있는 마법의 구두를 소개하고 있으므로 3번이 정답이다.

3 ◎69

女の人が講演会で話しています。

女 朝食を食べる子供が年々減っていますが、これが学力にも影響するという調査結果がこのたび明らかになりました。朝食をきちんと毎朝食べる子は、食べない子に比べ、学力テストの平均点が５点高いことがわかりました。また、睡眠時間と学力の関係も調べたところ、毎日８時間以上寝る子と６時間以下の子では、長い子のほうが平均点が10点高いことがわかりました。夜遅くまで勉強している子のほうが学力が高いように思いますが、必ずしもそうとは言えないようです。

学力が高い子供はどうだ、と言っていますか。
1 朝食を毎朝食べて、睡眠時間も長い
2 朝食を毎朝食べて、睡眠時間は短い
3 朝食を毎朝食べず、睡眠時間は長い
4 朝食を毎朝食べず、睡眠時間も短い

여자가 강연회에서 이야기하고 있습니다.

여 아침을 먹는 아이가 매년 줄고 있습니다만, 이것이 학업 성과에도 영향을 미친다는 조사 결과가 이번에 밝혀졌습니다. 매일 아침을 제대로 먹는 아이는 먹지 않는 아이와 비교하여 학력 시험의 평균점이 5점 높다고 합니다. 또 수면 시간과 학업 성과의 관계도 조사했더니 매일 8시간 이상 자는 아이와 6시간 이하로 자는 아이들 중에서 (수면 시간이) 긴 아이가 평균점이 10점 높다는 것을 알 수 있었습니다. 밤늦게까지 공부하는 아이가 학업 성과도 좋을 것 같지만, 반드시 그렇다고는 할 수 없는 것 같습니다.

학업 성과가 높은 아이는 어떠하다고 말하고 있습니까?
1 아침을 매일 먹고, 수면 시간도 길다.
2 아침을 매일 먹고, 수면 시간은 짧다.
3 아침을 매일 먹지 않고, 수면 시간은 길다.
4 아침을 매일 먹지 않고, 수면 시간도 짧다.

정답 1

어휘 講演会 강연회 | 年々 매년 | 減る 감소하다 | 影響する 영향을 미치다 | 調査 조사 | 朝食 아침 식사

해설 학업 성과가 높은 아이의 특징을 묻는 문제로, 아침을 먹는 아이가 줄고 있으나 이것이 학업 성과에 영향을 미친다는 강연회의 첫 번째 주제를 파악 → 아침을 먹는 아이가 먹지 않는 아이와 비교해서 학력 시험의 평균점이 5점이 높다는 첫 번째 특징 → 수면 시간과 학업 성과와의 관계도 조사하였다는 강연회의 두 번째 주제 파악 → 8시간 이상 자는 아이가 6시간 이하로 자는 아이보다 평균점이 10점 높다는 점에서 학업 성과가 높은 아이의 두 번째 특징을 알 수 있으므로 학업 성과가 좋은 아이는 아침식사를 하고 수면시간이 길다는 것을 알 수 있다.

4 ◎70

スポーツ選手が、マラソンについて話しています。

男 マラソンは、走った経験がない人が見ると、長い距離を２時間も３時間もかけて、ただ走るだけの競技に見えるかもしれませんが、ぼくは２時間のドラマだと考えています。選手は、最初から最後まで、そのドラマの主役になれる。それが最大の魅力ですね。もう選手みんなが主役ですから、その心理的な戦いが、いろいろあるんです。集団のどの位置で走るか、どこでスピードを上げるかなど、非常に難しい。難しいだけに、成功すると、たまらないんです。

男の人は、何について話していますか。
1 マラソンのむずかしさ
2 マラソンのおもしろさ

운동 선수가 마라톤에 관하여 이야기하고 있습니다.

남 마라톤은 달린 경험이 없는 사람이 보면 긴 거리를 2~3시간 씩이나 걸려서 단지 달리기만 하는 경기로 보일지도 모릅니다만, 저는 2시간 동안의 드라마라고 생각합니다. 선수는 처음부터 마지막까지 그 드라마의 주인공이 될 수 있다. 그것이 최대의 매력입니다. 이미 선수 모두가 주인공이기 때문에, 그 심리적 싸움이 여러 가지로 있는 것입니다. 그룹의 어느 위치에서 달릴까, 어디에서 스피드를 올릴까 등, 대단히 어렵습니다. 어려운 만큼 성공하면 어찌할 바를 모를 만큼 기쁩니다.

남자는 무엇에 관하여 이야기하고 있습니까?
1 마라톤의 어려움
2 마라톤의 재미

3 マラソンの大変さ　　　　　　　　3 마라톤의 힘든 점
4 マラソンの大切さ　　　　　　　　4 마라톤의 소중함

정답 2

어휘 マラソン 마라톤 | 経験(けいけん) 경험 | 距離(きょり) 거리 | 競技(きょうぎ) 경기 | 選手(せんしゅ) 선수 | 最後(さいご) 최후 | 主役(しゅやく) 주인공 | 最大(さいだい) 최대 | 魅力(みりょく) 매력 | 心理的(しんりてき) 심리적 | 戦(たたか)い 싸움 | 集団(しゅうだん) 집단 | 位置(いち) 위치 | 非常(ひじょう)に 대단히 | 成功(せいこう) 성공

해설 '마라톤'에 관한 설명이다. 내용을 정리하면 다음과 같다.
마라톤은 일반적으로는 2~3시간씩이나 걸려서 단지 달리는 경기로 보일지 모른다 → 저는 2시간의 드라마라고 생각한다 → 선수는 처음부터 마지막까지 드라마의 주인공이 될 수 있다는 것이 마라톤의 최대 매력 → 어느 위치에서 달릴까, 어디에서 스피드를 올릴까 등 마라톤의 심리적 어려움 → 어려운 만큼 성공하면 어찌할 바를 모를 만큼 기쁘다고 했으므로 결국은 마라톤의 재미에 대해 이야기하고 있는 2번이 정답이다.

---

5 ◎ 71

ある会合で男の人が話しています。

男 みなさんの中には、子供がペットを飼うことにはあまり賛成できないという方がいらっしゃると思います。相手は生き物ですから、ちゃんと世話をしないと死んでしまいます。だから、だめだというのもわかります。しかし、私は同じ理由から、ぜひ子供たちに生き物を飼って育ててほしいと思うのです。世話が大変だからといって、なまけていたら、ペットは病気になったり、死んでしまったりします。上手に育てても、年を取れば死んでしまいます。そして、死んでしまったものは、もう戻っては来ません。ペットを通してそういう命というものについて学ぶことはとても大切なことだと私は思うのです。

男の人は、子供がペットを飼うことについてどう考えていますか。
1 どちらかといえば賛成だ。
2 どちらかといえば反対だ。
3 積極的に反対だ。
4 積極的に賛成だ。

어느 모임에서 남자가 이야기하고 있습니다.

남 여러분들 중에는 아이가 애완동물을 기르는 것은 그다지 찬성할 수 없다고 하시는 분이 계시리라 생각합니다. 상대는 생명체이기 때문에, 제대로 돌봐주지 않으면 죽어 버립니다. 그렇기 때문에 안 된다고 하는 것도 이해가 갑니다. 그러나 저는 같은 이유에서 꼭 아이들이 생물을 기르고 키웠으면 합니다. 돌보는 것이 힘들다고 하여 게으름을 피우면 애완 동물은 병에 걸리거나 죽어버립니다. 잘 키웠다 하더라도 나이가 들면 죽어버립니다. 그리고 죽어버리면 다시는 돌아오지 않습니다. 애완 동물을 통해서 그러한 생명이라는 것에 대해서 배우는 것은 굉장히 소중한 일이라고 저는 생각합니다.

남자는 아이가 애완동물을 기르는 것에 관하여 어떻게 생각하고 있습니까?
1 어느 쪽인가 하면 찬성이다.
2 어느 쪽인가 하면 반대이다.
3 적극적으로 반대이다.
4 적극적으로 찬성이다.

정답 4

어휘 会合(かいごう) 회합, 모임 | ペット 애완동물 | 飼(か)う 기르다 | 賛成(さんせい) 찬성 | 相手(あいて) 상대 | 生(い)き物(もの) 생물 | 世話(せわ)をする 돌보다 | 育(そだ)てる 키우다 | どちらかといえば 어느쪽이냐 하면, 굳이 말하자면

해설 내용보다는 전체적인 흐름에 중점을 두고 들어 보면 '애완동물의 긍정적 부분'을 서술하고 있음을 알 수 있다. 문제는 그 정도의 차이를 묻는 문제이므로 적극성이 드러나는 부분이 있는가를 찾는 것이 포인트이다. 문제가 남자의 생각으로 단정하였으며, '꼭 아이들이 동물을 기르고 키웠으면 합니다.'에 주장이 나타나고 있다고 할 수 있다. 또, 「ぜひ(꼭, 반드시)」와 「~てほしい (~했으면 좋겠다)」라는 서술로부터 적극적으로 추천하고 있다는 것을 알 수 있다.

問題4 ▶ 즉시응답

문제유형　**즉시응답 (11 또는 12문항)**

짧은 문장을 듣고 그에 맞는 적절한 대답을 찾는 문제이다.

> 짧은 문장의 말을 듣는다 ➡ 세 개의 선택지를 듣고 정답을 고른다

포인트

짧은 시간에 문제가 끝나고 다음 문제로 바로 넘어가기 때문에 정답에 대한 확신이 서지 않더라도 미련 두지 말고 바로 다음 문제에 집중해야 한다. 그렇지 않으면 더 많은 문제를 놓치게 된다.

학습요령

〈問題4〉는 짧은 문장을 듣고 적절한 대답을 찾는 문제로, 자신의 반사적인 직감을 믿고 정답이 1이라고 생각되면 2, 3은 듣지 않는 등, 정답이라고 생각되는 것 이외의 것은 과감히 버리는 것도 한 방법이다.

직장 상사와 부하, 선생님과 학생, 부부나 친구 사이에 하는 짧은 대화가 많이 나오므로 평소 일상생활 장면에서 많이 쓰이는 말은 꼭 기억해두도록 하자.

問題4 問題4では、問題用紙に何もいんさつされていません。まず、文を聞いてください。それから、それに対する返事を聞いて、1から3の中から、最もよいものを一つ選んでください。

1~9　　72~80

─　メ　モ　─

問題4 問題4では、問題用紙に何もいんさつされていません。まず、文を聞いてください。それから、それに対する返事を聞いて、1から3の中から、最もよいものを一つ選んでください。

1~12 ◎ 81~92

― メモ ―

問題4 問題4では、問題用紙に何もいんさつされていません。まず、文を聞いてください。それから、それに対する返事を聞いて、1から3の中から、最もよいものを一つ選んでください。

1~12 ◎ 93~104

― メモ ―

확인문제 1

문제4. 문제 4에서는 문제지에 아무것도 인쇄되어 있지 않습니다. 먼저 문장을 들으세요. 그리고 그것에 대한 대답을 듣고 1~3 중에서 가장 적당한 것을 하나 고르세요.

1 ◎ 72

男 これからは遅刻をしないようにしてくださいね。
女 1 はい、がんばってください。
　 2 ええ、お願いします。
　 3 はい、これからは気をつけます。

남 앞으로는 지각을 하지 않도록 해주세요.
여 1 네, 열심히 하세요.
　 2 네, 부탁합니다.
　 3 네, 앞으로는 주의하겠습니다.

정답 3

어휘 これから 앞으로 | 遅刻 지각 | 頑張る 애쓰다, 힘내다, 노력하다 | 願う 바라다 | 気をつける 주의하다, 조심하다

해설 남자가 여자에게 앞으로 지각을 하지 않도록 주의를 주고 있는 상황이므로 그에 대한 대답은 3번이다.

2 ◎ 73

女 ねえ、アルバイト、何かいいの見つかった?
男 1 うん、見つかってよかったね。
　 2 うん、いいの見つけたよ。
　 3 早く見つかるといいね。

여 있지, 아르바이트, 뭔가 좋은 거 찾았어?
남 1 응, 찾아서 다행이다.
　 2 응, 좋은 곳 찾았어.
　 3 빨리 찾았으면 좋겠네.

정답 2

어휘 見つかる 발견되다(자동사) | 見つける 발견하다(타동사) | 良かった 다행이다

해설 '찾았어?'라는 상대방의 물음에 대한 적절한 대답은 2번이다.

3 ◎ 74

男 あー、どうしよう。電話くださいって田中先生に言われたのに、電話するの忘れちゃった。
女 1 どこに忘れたの?
　 2 大丈夫よ。まだ。今、かけてみれば?
　 3 じゃ、もう一度かけてみたら?

남 아, 어쩌지? 다나카 선생님이 전화 달라고 했는데 전화하는 걸 깜빡했어.
여 1 어디서 잊어버렸니?
　 2 괜찮아, 아직. 지금 걸어 보면 어때?
　 3 그럼, 다시 한번 걸어 보면 어때?

정답 2

어휘 言われる (言う의 수동표현) 말하여지다, 듣다 | 忘れる 잊어버리다 | もう一度 다시 한번

해설 선생님께 전화하는 것을 깜박 잊어버린 상황이므로 지금 바로 걸어 보라고 한 2번이 정답이다. 「言われたのに」는 '들었는데'라는 의미란 것에 주의하자.

4 ◎ 75

女 日本に来てもうどのぐらいになるんですか。
男 1 去年、一度来ました。
　 2 もうすぐ3年生になります。
　 3 そろそろ1年になります。

여 일본에 온 지 얼마나 됩니까?
남 1 작년에 한번 왔습니다.
　 2 이제 곧 3학년이 됩니다.
　 3 이제 곧 일년이 됩니다.

정답 3

어휘 どのぐらい 얼마나, 어느 정도 | 一度(いちど) 한번 | もうすぐ 이제 곧 | そろそろ 이제 곧, 슬슬 | ～になる ～이 되다

해설 일본에 온 지 얼마나 되었는지 기간을 묻는 문제이므로 일년이 된다는 3번이 정답이다.

---

5 ◎ 76

男 その仕事、急ぐんだけど、今日中にできそうですか?
女 1 ええ、今日は忙しそうです。
　　2 ええ、今日から始めることにしました。
　　3 そうですね。できるだけやってみます。

남 그 일, 급한데, 오늘 중으로 가능할 것 같습니까?
여 1 네, 오늘은 바쁜 것 같습니다.
　　2 네, 오늘부터 시작하기로 했습니다.
　　3 글쎄요. 가능한 한 해보겠습니다.

정답 3

어휘 急(いそ)ぐ 서두르다 | 今日中(きょうじゅう) 오늘 중 | ます형+そうだ ～일 것 같다 | 忙(いそが)しい 바쁘다 | 始(はじ)める 시작되다 | できるだけ 가능한 한 | やる 하다

해설 오늘 중으로 할 수 있는지의 여부를 묻는 문제이므로 적절한 대답은 3번이다.

---

6 ◎ 77

女 きのう行った店より、こっちの店のほうがもっと安いんじゃないかな?
男 1 うん、そんな気がする。
　　2 うん、そのつもり。
　　3 うん、その予定。

여 어제 간 가게보다 이 쪽 가게가 더 싼 거 아닐까?
남 1 응, 그런 것 같아.
　　2 응, 그럴 생각이야.
　　3 응, 그럴 예정이야.

정답 1

어휘 ～かな ～인가?, ～할까? | 気(き)がする 느낌이 난다, 느낌이 든다 | つもり 생각 | 予定(よてい) 예정

해설 「～かな」의 해석은 '～인가?'이므로, '그런 것 같아'라고 대답한 1번이 정답이다.

---

7 ◎ 78

男 うわあ、困ったなあ、こまかいのはありませんか。おつりがないんですよ、今。
女 1 今、おつりを出しますから。
　　2 今これしかないんですけど。
　　3 いいえ、そんなことはありませんよ。

남 아, 곤란한데, 잔돈은 없습니까? 거스름돈이 없어요, 지금.
여 1 지금 거스름돈 낼 테니까요.
　　2 지금 이것 밖에 없는데요.
　　3 아뇨, 그런 것은 없습니다.

정답 2

어휘 困(こま)る 곤란하다 | 細(こま)かい 작다, 자잘하다, 세세하다, (금액이) 작다 | お釣(つ)り 거스름돈 | 出(だ)す 내다, 제출하다 | ～しか ～밖에

해설 남자는 잔돈이 없어서 여자에게 거스름돈을 줄 수가 없는 곤란한 상황이다. 여자도 마찬가지로 잔돈이 없다고 이야기한 2번이 정답이다.

8 ◎ 79

男 ああ、さっき頼んだメールはもう全部送ってくれた？
女 1 はい、全部もらいました。
　 2 はい、全部送っておきました。
　 3 うちまで車で送ってもらいました。

남 아, 좀 전에 부탁한 메일은 벌써 전부 다 보냈어?
여 1 네, 전부 받았습니다.
　 2 네, 전부 보내 두었습니다.
　 3 집까지 차로 배웅해주었습니다

정답 2

어휘 さっき 좀 전 | 頼む 부탁하다 | 全部 전부 | 送る (물건을) 부치다, (물건, 사람, 세월을) 보내다, 배웅하다, 데려다 주다

해설 메일을 전부 발송하였는가에 대한 질문에 '보냈다'고 답한 2번이 정답이다. 3번은 '사람을 바래다 주는' 의미의 「送る」이므로 오답이다.

9 ◎ 80

男 いやあ、お久しぶり。お変わりありませんか。
女 1 はい、おかげさまで。元気でやっております。
　 2 どうも大変失礼をいたしました。
　 3 お待たせして申し訳ございませんでした。

남 야, 오랜만이네요. 별일 없으시지요?
여 1 네, 덕분에요. 잘 지내고 있습니다.
　 2 대단히 실례를 했습니다.
　 3 기다리게 해서 죄송했습니다.

정답 1

어휘 久しぶり 오랜만 | 失礼 실례 | ～ておる ~하고 있다

해설 「お変わりありませんか(변함 없으시죠?)」에 대한 답으로는 「おかげさまで(덕분에)」라는 말이 들어간다는 것을 기억해 두자.

확인문제 2

문제4. 문제 4에서는 문제지에 아무것도 인쇄되어 있지 않습니다. 먼저 문장을 들으세요. 그리고 그것에 대한 대답을 듣고 1~3 중에서 가장 적당한 것을 하나 고르세요.

1 ◎ 81

男 あのう、ご相談したいことがあるんですが、今ちょっとよろしいでしょうか？
女 1 どうぞ、おかまいなく。
　 2 いいえ、どういたしまして。
　 3 ええ、かまいませんよ。

남 저, 상의 드리고 싶은 일이 있습니다만 지금 잠시 괜찮으십니까?
여 1 괜찮아요, 신경 쓰지 마시고.
　 2 아니요, 천만에요.
　 3 네, 괜찮아요.

정답 3

어휘 相談 상담 | かまわない 상관없다, 괜찮다

해설 '지금 괜찮으십니까?'라는 말은 시간을 내어 달라는 말이므로, '괜찮다' 라고 하는 3번이 정답이다.

2 82

女 駅まで歩いてったら、時間どれくらいかかるかな。
男 1 うん、かかるね。
　　2 そんなにかからないと思うよ。
　　3 時間ならありそうだよ。

여 역까지 걸어가면 시간 얼마나 걸릴까?
남 1 응, 걸리지.
　　2 그렇게 걸리지 않을 거라고 생각해.
　　3 시간이라면 있을 것 같아.

정답 2
어휘 時間がかかる 시간이 걸리다
해설 의문사가 포함되어 있는 질문이므로 질문에서 사용된 서술어를 사용하여 대답하는 것이 올바른 대답이 된다. '어느 정도'라는 정도를 묻고 있으므로 2번이 정답이다. 1번은 정도를 포함하지 않은 단순한 '(시간이) 걸린다'라는 대답이므로 정답이 될 수 없다.

3 83

男 この自転車、ほんとにいただいてもいいんですか。
女 1 ええ、どうぞ。わたしはもう使いませんから。
　　2 いいですよ。自転車でも。
　　3 ありますよ、自転車も。

남 이 자전거, 정말 받아도 괜찮아요?
여 1 네, 그럼요. 저는 이제 사용하지 않으니까요.
　　2 괜찮아요. 자전거라도.
　　3 있어요. 자전거도.

정답 1
어휘 自転車 자전거
해설 '정말 받아도 괜찮아요?'라는 질문에 대한 대답으로 예상할 수 있다. 따라서 '저는 사용하지 않아요'라는 1번이 정답이 된다.

4 84

女 ここで財布をなくしたんですけど、一緒に探してもらえませんか。
男 1 ええ、お願いします。
　　2 どんな財布ですか。
　　3 早く探してほしいですね。

여 여기서 지갑을 잃어버렸는데 같이 찾아 주실래요?
남 1 네, 부탁합니다.
　　2 어떤 지갑입니까?
　　3 빨리 찾았으면 좋겠네요.

정답 2
어휘 財布 지갑 | 探す 찾다
해설 함께 찾아 달라는 요청에 '어떤 지갑입니까'라고 묻는 것은 상대의 요청에 응하는 대답으로 볼 수 있으므로 2번이 정답이다. 1번과 3번은 함께 찾는 것이 아니므로 정답이 될 수 없다.

5 85

男 こんにちは。いやあ、こんなところでお会いするとは。
女 1 ええ、本当に偶然ですね。
　　2 はい、おかげさまで元気です。
　　3 どうも長い間、お世話になりました。

남 안녕하세요. 이야, 이런 곳에서 만나 뵐 줄이야.
여 1 네, 정말 우연이네요.
　　2 네, 덕분에 잘 있습니다.
　　3 오랫동안 신세 졌습니다.

정답 1

어휘 偶然(ぐうぜん) 우연 | 世話(せ わ)になる 신세를 지다

해설 '이런 곳에서 만나 뵐 줄이야'라는 말은 뒤에 '전혀 생각지 못했다, 예기치 못했다'라는 의미를 담고 있으므로 우연성을 이야기한 1번이 정답이 된다.

---

6 ⊚ 86

女 あのう、すみません。そろそろ閉店の時間なんですけど…。

男 1 どうぞ、ごゆっくり。
　　2 あ、いま出ますので。
　　3 え?まだ終わらないんですか。

여 저기, 죄송합니다. 이제 문 닫을 시간입니다만.

남 1 네, 편히 쉬세요
　　2 아, 지금 나가요.
　　3 네? 아직 안 끝났어요?

정답 2

어휘 閉店(へいてん) 폐점, 그 날의 영업을 마침 | ゆっくり 편안히, 천천히

해설 대화에서 생략된 의미를 유추하는 것이 포인트. '문 닫을(마감) 시간인데요'라는 것은 가게에 있을 수 없음을 나타내므로 2번이 정답이다.

---

7 ⊚ 87

男 まだ熱が下がんないから、明日は会社へ行けそうもないよ。

女 1 大変そうね。お疲れさま。
　　2 そんなこともできないの?
　　3 いいわよ、一日ぐらい休んでも。

남 아직 열이 내리지 않아서, 내일은 회사에 못 갈 것 같아.

여 1 힘들겠네. 수고해.
　　2 그런 것도 못해?
　　3 괜찮아, 하루 정도 쉬어도.

정답 3

어휘 下(さ)がる 내려가다

해설 '내일은 회사에 못 갈 것 같다'라는 말에 대한 대답이므로 '하루 쉬어도 괜찮다'라는 3번이 정답이다.

---

8 ⊚ 88

女 山田先生のレポート、しめきりはいつまでだっけ?

男 1 あしたまででしょう?
　　2 2千字までだよ。
　　3 うん、来週からだって。

여 야마다 선생님 리포트 마감은 언제였지?

남 1 내일까지지?
　　2 2천 자까지야.
　　3 응, 다음 주부터래.

정답 1

어휘 しめきり 마감

해설 「っけ」는 '~였지? ~던가'의 뜻을 나타내는 종조사로, 자신의 기억 등을 상대에게 확인하고자 할 때 사용한다. '언제까지'라고 물었으므로 '내일까지'라고 답한 1번이 정답이다.

9 ◎89

男 あしたのパーティーは、会費がいらなかったんですよね、たしか。

女 1 たしかにおっしゃるとおりでした。
　　2 ええ、行くつもりです。
　　3 ええ、そうだったと思います。

남 내일 파티는 회비가 필요 없었죠? 아마.

여 1 정확히 말씀하신 대로였습니다.
　　2 네, 갈 생각입니다.
　　3 네, 그랬을 거예요.

> **정답** 3
>
> **어휘** 会費(かいひ) 회비 | おっしゃる 「言(い)う(말하다)」의 존경어
>
> **해설** 과거의 불확실한 사실에 대한 확인을 요하는 질문에 대한 대답이므로, 1번은 정답이 될 수 없다. 2번은 묻고 있는 질문의 테마에서 벗어나므로 정답이 될 수 없다. 따라서 과거 사실을 이야기하는 '그랬을 거예요'가 정답이 된다.

10 ◎90

女 その仕事、どうしても明日までにしなきゃなんないの?

男 1 そういうわけにはいかないんだよ。
　　2 そういうわけでもないんだけど…。
　　3 なるほど、そういうわけか。

남 그 일 어떻게 해서라도 내일까지 해야만 해?

여 1 그렇게는 할 수 없어.
　　2 그런 것은 아닌데.
　　3 역시나, 그런거구나.

> **정답** 2
>
> **어휘** わけにはいかない ～할 수는 없다 | わけでもない (반드시) ～ 것은 아니다(부분 부정)
>
> **해설** '반드시 해야 하는가?'의 질문의 대한 대답이므로 '(꼭) 그런 것은 아니다'라고 부분 부정하는 2번이 정답이 된다.

11 ◎91

男 お客さんが多くて今日も忙しいけど、昨日ほどじゃないですね。

女 1 昨日はひまでしたからね。
　　2 昨日はほんとに忙しかったですよね。
　　3 毎日ひまでしょうがないですね。

남 손님이 많아서 오늘도 바쁘지만 어제만큼은 아니네요.

여 1 어제는 한가했으니까요.
　　2 어제는 정말 바빴었죠.
　　3 매일 한가해서 어쩔 수 없어요.

> **정답** 2
>
> **어휘** ひまだ 한가하다 | 忙(いそが)しい 바쁘다
>
> **해설** 「～ほど～ない (～만큼 ～하지 않다)」는 「ほど」 앞에 오는 문장이 '가장~했다'라는 의미이다. 따라서 어제가 가장 바쁜 날이 된다. 따라서 2번이 정답이다.

12 ◎92

女 みんなが言ってるからといって、うわさをそのまま信じちゃうのは、よくないんじゃないかなあ。

男 1 うわさになるのはよくないよね。
　　2 うん、信じるべきだよね。
　　3 ちゃんと確かめるべきだよね。

여 모두가 이야기한다고 해서 소문을 그대로 믿어버리는 것은 안좋지 않을까.

남 1 소문이 나는 것은 좋지 않지.
　　2 응, 꼭 믿어야 하지.
　　3 제대로 확인해봐야지.

정답 3

어휘 うわさ 소문 | 信じる 믿다 | 確かめる 확인하다

해설 문제에서 '소문을 믿는 것은 좋지 않다'라는 말에 호응하는 말을 찾아야 하므로, 3번이 정답이 된다. 2번은 '믿는 것이 좋다'라는 반대적인 표현이므로 「うん (응)」이라는 대답이 어울리지 않는다.

확인문제 3

문제4. 문제 4에서는 문제지에 아무것도 인쇄되어 있지 않습니다. 먼저 문장을 들으세요. 그리고 그것에 대한 대답을 듣고 1~3 중에서 가장 적당한 것을 하나 고르세요.

1 ◎ 93

女 さあ、冷めないうちにどうぞ。
男 1 はい、ごちそうさまでした。
　 2 はい、いただきます。
　 3 じゃ、ちょっとおじゃまします。

여 자, 식기 전에 드세요.
남 1 네, 잘 먹었습니다.
　 2 네, 잘 먹겠습니다.
　 3 그럼, 좀 실례하겠습니다.

정답 2

어휘 冷める 식다

해설 문제에서 「どうぞ」의 해석을 어떻게 하느냐가 키워드라 할 수 있다. 「どうぞ」는 '어서'라는 뜻으로, 여러 가지 상황에서 많이 쓰인다. 「冷めない」라는 표현에서 음식이 주제가 된다는 것을 알 수 있으므로 '잘 먹겠습니다'인 2번이 정답이다.

2 ◎ 94

男 あしたはアルバイトに来られないの?
女 1 はい、アルバイトをすることにしました。
　 2 あしたから始めさせてください。
　 3 はい、あしたは休ませてください。

남 내일은 아르바이트에 올 수 없어?
여 1 네, 아르바이트를 하기로 했어요.
　 2 내일부터 시작하겠습니다.
　 3 네, 내일은 쉬게 해 주세요.

정답 3

어휘 始める 시작하다 | 休む 쉬다

해설 '아르바이트에 올 수 없어?'라는 질문에 '올 수 있다'와 '올 수 없다' 2가지 대답이 가능한데, 3번 「あしたは休ませてください」라는 표현이 곧 '올 수 없다'의 의미이므로 정답이다.

3 ◎ 95

男 すみませんが、この本、プレゼント用に包んでもらえますか。
女 1 わあ、ありがとうございます。
　 2 はい、けっこうです。
　 3 はい、かしこまりました。

남 죄송합니다만, 이 책 선물용으로 포장해 주시겠습니까?
여 1 와, 고맙습니다.
　 2 네, 괜찮아요.
　 3 네, 알겠습니다.

정답 3

어휘 包む 싸다, 포장하다 | 結構だ 상당하다, 괜찮다 | かしこまりました 알겠습니다

해설 선물용으로 포장해 달라고 하는 말에 알겠다고 대답한 3번이 정답이다.

---

4 ◎96

女 試験どうだった?あの先生の試験はけっこう難しいって
聞いてるけど。
男 1 先生も聞いてたよ。
  2 そんなわけにはいかないよ。
  3 そうでもなかったよ。

여 시험 어땠어? 그 선생님 시험은 꽤 어렵다고 들었는데.

남 1 선생님도 듣고 있었어.
  2 그렇게는 할 수 없어요.
  3 그렇지도 않았어.

정답 3

어휘 試験 시험 | 難しい 어렵다

해설 시험이 어려웠냐는 질문에 대한 대답으로, 「そうでもなかったよ」라고 하므로 시험의 난이도가 생각보다 어렵지 않
았다는 뜻의 3번이 정답이다.

---

5 ◎97

女 台風が来るって言うから、飛行機で行くのはやめたら?

男 1 そうだね。そんなはずはないよね。
  2 大丈夫。心配しなくても。
  3 やっぱり飛行機は便利だね

여 태풍이 온다고 하니까, 비행기로 가는 건 그만두는 게 어
때?
남 1 그렇지, 그럴 리가 없지.
  2 괜찮아. 걱정하지 않아도.
  3 역시 비행기는 편리하지.

정답 2

어휘 台風 태풍 | 飛行機 비행기 | 大丈夫 괜찮음

해설 '태풍이 오니 비행기로 가지 말라'라는 말에 대한 대답으로 1번은 부적절하며, 3번은 이미 비행기를 이용한 상태이
므로 정답이 될 수 없다. 2번 「大丈夫。心配しなくても」가 정답이다.

---

6 ◎98

男 ボランティアを募集してるんだけど、なかなか人が集ま
らなくて…。
女 1 わたしでよかったらお手伝いしましょうか。
  2 それは残念でしたね。
  3 みなさんによろしくお伝えください。

남 자원 봉사자를 모집하고 있는데, 좀처럼 사람이 모이지가
않아서.
여 1 저라도 괜찮다면 도와 드릴까요?
  2 그거 안됐군요.
  3 모두에게 안부 전해주세요.

정답 1

어휘 ボランティア 자원 봉사 | 募集 모집 | 集まる 모이다 | 残念 유감스러움 | 伝える (말을) 전하다

해설 '자원봉사자의 모집이 잘 되지 않는다'라는 말에 '안부를 전해달라'는 3번과 '안됐다'라는 2번은 부적절하므로 '저라
도 도와드릴까요?'라고 한 1번이 정답이다.

7 ◎99

男 こんな企画書じゃだめだって言われちゃったよ。自分ではうまく書いたつもりだったのに。

女 1 早く元気になってください。
　　2 元気出しなさいよ。
　　3 ほんとに、つまらなかったですね。

남 이런 기획서로는 안 된다는 말을 들었어. 스스로는 잘 썼다고 생각했는데.

여 1 빨리 건강해지세요.
　　2 기운내.
　　3 정말 따분했어요

정답 2

어휘 企画書 기획서 | 元気 힘, 건강 | つまらない 따분하다

해설 '기획서가 좋지 않다는 이야기를 들었다'라는 말에 건강을 기원하는 1번은 부적절하며, '기획서가 따분했다'라는 의미의 3번도 부적절하다. '힘내, 기운내'라며 격려를 하는 2번이 정답이다. 다만, 일본어의 표현상 「元気を出す(힘을 내다)」와 「元気になる(건강해지다)」를 구별해서 숙지해 두자.

8 ◎100

男 あのチームには今度こそ勝ってほしいですよね。

女 1 なかなか買えませんからね。
　　2 いつも勝ってばかりですからね。
　　3 いつも負けてばかりですからね。

남 저 팀에는 이번이에야말로 이겼줬으면 해요.

여 1 좀처럼 살 수 없으니까요.
　　2 언제나 이기기만 하니까요.
　　3 언제나 지기만 하니까요.

정답 3

어휘 今度 이번 | 勝つ 이기다 | 負ける 지다

해설 「今度こそ勝ってほしいですよね」라는 말에 대한 대답으로 1번은 부적절하다. 다만, 어휘 표현에서 「買う(사다)」와 「勝つ(이기다)」의 て형이 「かって」로 같으므로 주의할 필요가 있다. 「今度こそ(이번에야말로)」에서 항상 지기만 한다는 것을 알 수 있으므로 3번이 정답이다.

9 ◎101

女 わたしたち、あしたから海外出張ね。通訳のほう、よろしくお願いね。

男 1 うまくいってよかったですね。
　　2 気をつけて行ってきます。
　　3 がんばって、やってみます。

여 우리 내일부터 해외 출장이지. 통역, 잘 부탁해.

남 1 잘 해결돼서 다행이에요.
　　2 조심해서 다녀오겠습니다.
　　3 열심히 해보겠습니다.

정답 3

어휘 海外 해외 | 出張 출장 | 通訳 통역 | がんばる 열심히 하다

해설 통역을 부탁하는 말에 '이미 해결이 되었다'라는 의미의 1번은 부적절하며, 출장을 같이 가는데 '조심해서 다녀오겠다'는 2번도 부적절하다. 따라서 '열심히 하겠다'는 3번이 정답이다.

10 ◎ 102

男 今度、事務所が移転すること、お話ししましたっけ?
女 1 はい、伺いました。
　 2 じゃ、一度お伺いします。
　 3 どうぞお話しください。

남 이번에 사무소 이전하는 거, 얘기했던가요?
여 1 네, 들었습니다.
　 2 그럼, 한 번 찾아 뵙겠습니다.
　 3 어서 말씀하세요.

정답 1

어휘 事務所 사무소 | 移転 이전 | 一度 한번 | 伺う 방문하다, 듣다, 묻다

해설 사무소 이전에 대해서 상대방에게 이야기했는지 확인하는 말에 대한 대답이므로, 1번 「はい、伺いました」가 정답이다. 참고로 「~っけ」는 자신이 알고 있는 지식이나 기억 등을 다른 사람에게 확인하자고 할 때 사용한다.

11 ◎ 103

男 あれ?旅行に行くって言ってたのに、行かなかったの?
女 1 行ったつもりで貯金することにしたの。
　 2 行かなくてもかまいませんよ。
　 3 行くしかなかったんです。

남 어? 여행 간다고 하더니, 안 갔어?
여 1 갔다고 치고 저금하기로 했어.
　 2 가지 않아도 괜찮아요.
　 3 갈 수 밖에 없었어.

정답 1

어휘 旅行 여행 | 貯金 저금 | ~たつもりで ~한 셈 치고

해설 여행을 간다고 하더니 왜 안 갔냐는 질문에 3번은 이미 갔다 왔다는 것이므로 부적절하며, 2번은 '가지 않아도 괜찮다'는 상대에 대한 허락의 표현이므로 부적절하다. 따라서 1번이 정답이다. 「~たつもりで(~한 셈 치고)」는 '~하는 대신에 다른 것을 했다'는 의미이다.

12 ◎ 104

女 心配してたんですよ。事故にでも遭ったのかと思って。
男 1 どうぞ、お大事に。
　 2 それはご心配ですね。
　 3 どうも申し訳ありませんでした。

여 걱정했어요. 사고라도 난 줄 알고.
남 1 몸조리 잘 하세요.
　 2 그건 걱정이군요.
　 3 죄송해요.

정답 3

어휘 心配する 걱정하다 | 事故に遭う 사고를 당하다 | お大事に 몸조리 잘 하세요 | 申し訳ない 죄송하다

해설 자기로 말미암아 상대방에게 걱정을 끼쳤으므로 '사과'를 하는 3번이 정답이다.

問題5 ▶ 통합이해

◖ 문제유형 ◗ **통합이해 (4문항)**

다소 긴 내용을 듣고 복수의 정보를 비교 통합하면서 내용을 이해하는 문제로 크게
두 종류의 문제가 나온다.

(1) 상황 설명을 듣는다 ➡ 두 사람의 대화를 듣는다 ➡ 문제를 듣는다

➡ 선택지를 듣고 정답을 고른다

(2) 상황 설명을 듣는다 ➡ 한 사람이 무언가에 대해 말하는 내용을 듣는다

➡ 그 사람이 한 말에 대해 두 사람이 하는 대화를 듣는다

➡ 문제를 듣고 선택지에서 정답을 고른다

◖ 포인트 ◗

긴 문장의 내용이라도 결국 하고자 하는 말을 요약해서 들으면 된다. 본문 대화가
나온 후 문제가 나중에 나오기 때문에 조금 더 어렵게 느껴질 수 있지만 본문을 들
으면서 포인트 부분을 잘 메모하면 그렇게 어려운 문제는 아니다.

◖ 학습요령 ◗

내용이 다소 길고 정보가 많아서 메모하면서 들어야 한다. (1)형식의 패턴은 크게
두 가지이다. 하나는 등장인물 중, 한 사람의 행동이나 생각에 대해서 나머지 사람
들이 비판 또는 조언을 하는 패턴이고, 또 다른 하나는 의견 대립이 있는 두 사람
사이에서 한 사람이 중재를 하는 패턴이다. (2)형식은 방송이나 판매원 등의 이야기
를 들은 남녀가 어떤 것을 선택할까 하는 패턴의 문제가 많다.

問題5 問題５では、長めの話を聞きます。この問題には練習はありません。メモをとっても
かまいません。

１番　２番

問題用紙に何も印刷されていません。まず話を聞いてください。それから、質問とせんたくし
を聞いて、１から４の中から、最もよいものを一つ選んでください。

`1~2` ◎ `106~107`

—　メ　モ　—

3番

まず話を聞いてください。それから、二つの質問を聞いて、それぞれ問題用紙の１から４の中から、最もよいものを一つ選んでください。

質問1

1 楽器の体験をしてから、世界の料理コーナーへ行く

2 フリーマーケットへ行ってから、世界の料理コーナーへ行く

3 世界の料理コーナーへ行ってから、ＡＫＩＲＡのライブへ行く

4 世界の料理コーナーへ行ってから、工芸品を見に行く

質問2

1 11時頃

2 12時頃

3 午後1時頃

4 午後2時頃

問題5　問題5では、長めの話を聞きます。この問題には練習はありません。メモをとっても
　　　かまいません。

　1番　2番

問題用紙に何も印刷されていません。まず話を聞いてください。それから、質問とせんたくし
を聞いて、1から4の中から、最もよいものを一つ選んでください。

1~2 ◎ 110~111

― メモ ―

3番

まず話を聞いてください。それから、二つの質問を聞いて、それぞれ問題用紙の1から4の中から、最もよいものを一つ選んでください。

3 ◎ 112

質問1

1　1階

2　2階

3　3階

4　4階

質問2

1　1階

2　2階

3　3階

4　4階

問題5 問題5では、長めの話を聞きます。この問題には練習はありません。メモをとっても かまいません。

1番　2番

問題用紙に何も印刷されていません。まず話を聞いてください。それから、質問とせんたくし を聞いて、1から4の中から、最もよいものを一つ選んでください。

1~2 ◎ 114~115

— メモ —

3番

まず話を聞いてください。それから、二つの質問を聞いて、それぞれ問題用紙の1から4の中から、最もよいものを一つ選んでください。

3　◎ 116

質問1

　　　1　Aコース

　　　2　Bコース

　　　3　Cコース

　　　4　Dコース

質問2

　　　1　Aコース

　　　2　Bコース

　　　3　Cコース

　　　4　Dコース

문제5. 문제 5에서는 좀 긴 이야기를 듣습니다. 이 문제에는 연습은 없습니다. 메모를 해도 됩니다.

1番　2番

問題用紙に何もいんさつされていません。まず話を聞いてください。それから、質問とせんたくしを聞いて、1から4の中から最もよいものを一つ選んでください。

1번　2번

문제지에 아무것도 인쇄되어 있지 않습니다. 먼저 이야기를 들으세요. 그리고 질문과 선택지를 듣고 1~4중에서 가장 적당한 것을 하나 고르세요.

1 ◎ 106

携帯売り場で、女の人と男の店員が話しています。

女　すいません、携帯が欲しいんですけど。

男　あ、いらっしゃいませ。どういったものをお探しですか。

女　家族がみんなハードバンクを使っているので…できればそれにしたいんですけど。

男　ハードバンクですね。それでしたら、こちらに並んでいるものが対象になりまして、そうですね…これなんか昨日新発売されたものなんですが、いかがですか。

女　どんな機能があるんですか。

男　えー、とにかく画面が大きくて操作しやすいですし、内臓カメラの画質がいいので、写真がきれいに撮れますよ。

女　できれば、ピンクがいいんですけど…

男　あ、こちらはピンクはないですね。ピンク色がある機種ですと、このあたりですね。こちらは、少し変わったピンク色で、女性の方に人気がありますよ。

女　ふーん、きれいですね。こっちの二つは?

男　こちらのピンクは、大変薄くて軽いです。ただ軽い分、カメラの画質はさっきのものより少し落ちます。あとお隣にあるこちらは、携帯を使っていろんなことをする方向けですね。インターネットの接続も早いですし、いろんな国の辞書の機能なんかもありますよ。

女　値段はどうなんですか。

男　どの機種も、基本は2年使っていただければ無料です。ただ、新発売のものだけは別途30,000円を頂いています。

女　携帯って言っても、電話とメールくらいしかしないし…持ち歩きやすいものの方がいいかな。じゃ、これでお願いします。

女の人は、どの携帯電話を買いますか。

1 昨日新発売された携帯電話
2 変わったピンク色の携帯電話
3 薄くて軽い携帯電話
4 色々な機能がある携帯電話

휴대폰 매장에서 여자와 남자 점원이 이야기하고 있습니다.

여　실례합니다. 휴대 전화를 사고 싶은데요.

남　아, 어서 오세요. 어떤 것을 찾으십니까?

여　가족이 모두 하드뱅크를 쓰고 있어서, 될 수 있으면 그걸로 하고 싶습니다만.

남　하드뱅크요. 그거라면, 이쪽에 진열되어 있는것이 대상이 되는데. 글쎄요… 이건 어제 새롭게 출시된 건데, 어떠신가요?

여　어떤 기능이 있어요?

남　음, 일단 화면이 커서 조작하기 쉽고, 내장 카메라의 화질이 좋기 때문에 사진을 깨끗하게 찍을 수 있어요.

여　가능하면 핑크가 좋겠는데요.

남　아, 이건 핑크는 없어요. 핑크색이 있는 기종이라면, 이쪽이네요. 이것은 조금 독특한 핑크색으로 여성 분들에게 인기가 있어요.

여　음, 예쁘네요. 여기 두 개는?

남　이쪽 핑크는 대단히 얇고 가볍습니다. 다만, 가벼운 만큼 카메라의 화질은 방금 전 것 보다 조금 떨어집니다. 그리고 옆에 있는 이쪽은 휴대 전화를 이용하여 여러 가지 기능을 사용하는 분들 용입니다. 인터넷 접속도 빠르고, 여러 나라 말의 사전 기능 같은 것도 있습니다.

여　가격은 어떻게 해요?

남　어떤 기종도 기본 2년 사용하시면 무료입니다. 다만 새로 출시된 것만 별도로 3만 엔을 받고 있습니다.

여　휴대 전화라고 해야, 전화하고 메일 정도 밖에 안하고, 갖고 다니기 편한 것이 좋겠지. 그럼 이걸로 부탁할게요.

여자는 어떤 휴대 전화를 삽니까?

1 어제 새로 출시된 된 휴대 전화
2 색다른 핑크색의 휴대 전화
3 얇고 가벼운 휴대 전화
4 여러 가지 기능이 있는 휴대 전화

정답 3

어휘 探す 찾다 | 並ぶ 나열하다, 진열하다 | 新発売 신발매, 출시 | 機能 기능 | 画面 화면 | 操作 조작 | 内蔵カメラ 내장 카메라 | 画質 화질 | 機種 기종 | 接続 접속 | 持ち歩きやすい 휴대가 간편하다

해설 크게 조건 부분과 선택 부분으로 나누어 나열하면, 조건 부분은 '화면이 크고 화질이 좋은 내장 카메라가 있는 휴대 전화', '독특한 핑크색이며 여성에게 인기가 많은 휴대 전화', '핑크색이며 가볍고 얇은 휴대 전화', '핑크색이며 인터넷 접속과 사전기능 등 다양한 기능이 있는 휴대 전화' 4가지 종류이다. 선택은 마지막 대화에서 여자가 '핑크색'이어야 할 것과 휴대가 간편하고 기능을 사용하지 않는다라고 하였으므로 3번이 정답이다.

2 ◎ 107

大学生3人が、インターネットのサイトを見ながら、忘年会の計画を立てています。

男1 なに探してんの?飲みに行くの?

男2 何って、今度の忘年会、俺と斉藤さんが幹事じゃん。早いとこ店の予約しとかないと。

女 山田君も、時間あるならちょっと手伝ってよ。今、何料理にするかで迷っちゃってて。

男1 えーっと、どれどれ。和食・中華・洋食・無国籍・焼肉…いっぱいあるなぁ。

男2 俺は、女の子が多いから、洋食がいいかなと思うんだけど。このイタリンって店、人気みたいだし。

女 洋食なんて、好きな人はしょっちゅう食べてるから、別に大丈夫なんじゃない?

男1 俺は個人的には焼肉がいいけど。ほらここ、安安苑ってとこ、食べ放題だよ。

男2 う〜ん。韓国料理は?最近おしゃれなところも出てるし。このコリアンダイニングってところ、テーブル席だし、スカートでも困らなくていいんじゃない?

女 そんなに女の子に気を使ってくれなくてもいいって。たまには雰囲気を変えて、中華のコースなんかはどう?この新新館って、一回行ってみたかったんだよね。

男1 でも中華って、20人いたらみんな一緒のテーブルには座れないんじゃない?

女 そっか。じゃあ、今度友達と行こうっと。でも焼肉はちょっとね。服ににおい移るし。

男1 そしたら、韓国料理だって同じなんじゃない?

女 それはそうだね。うーん、じゃ、ここにしよっかぁ。

男2 じゃ、席空いているか電話するよ。

3人は、どの店に行くことに決めましたか。

1 イタリン
2 安安苑
3 コリアンダイニング
4 新新館

대학생 3명이 인터넷 사이트를 보면서 망년회의 계획을 세우고 있습니다.

남1 뭐 찾고 있어? 술 마시러 갈거야?

남2 뭐야, 이번 망년회, 나하고 사이토 씨가 간사(총무)잖아. 서둘러 가게를 예약해둬야지.

여 야마다 군도 시간이 있으면 좀 도와줘. 지금 어떤 요리로 할까 망설이고 있어서.

남1 음〜 그럼, 어디쯤 봐봐. 일식 · 중식 · 양식 · 무국적 · 고기… 많이 있네.

남2 난, 여자가 많으니까 양식이 좋지 않을까 생각하는데. 이 이타린이라는 가게, 인기 있는 것 같고.

여 양식은 좋아하는 사람은 자주 먹으니까, 딱히 괜찮지 않을까?

남1 난 개인적으로 고기가 좋은데. 봐봐 여기, 야스야스엔이 라는 곳, 뷔페야.

남2 음. 한국요리는? 최근에 멋진 곳도 생기고, 이 코리안다이닝이라는 곳 테이블석이고 치마라도 곤란하지 않잖아?

여 그렇게 여자에게 신경 써주지 않아도 된다니까. 가끔은 분위기 바꿔서, 중식 코스 같은 건 어때? 이 신신칸이라는데 한번 가보고 싶어했잖아.

남 그렇지만 중식은 20명 있으면 모두 다같이 테이블에 앉을 수가 없지 않아?

여 그런가. 그럼 나중에 친구들과 가지 뭐. 그래도 고기는 좀. 옷에 냄새도 배고.

남 그럼 한국요리도 마찬가지잖아?

여 그건 그러네. 음, 그럼 여기로 할까?

남2 그럼, 자리 비어 있는지 전화 할게.

3명은 어느 가게에 가기로 정했습니까?

1 이타린
2 야스야스엔
3 코리안다이닝
4 신신칸

정답 1

어휘 忘年会 망년회 | 計画 계획 | 幹事 간사(총무) | 個人的 개인적 | おしゃれ 멋을 냄, 멋쟁이 | 雰囲気 분위기 | 気を使う 신경을 쓰다(배려하다)

해설 각각의 가게의 이름에 맞는 정보를 나열하면 이타린 '양식', 야스야스엔 '고기 뷔페', 코리안다이닝 '한국 요리', 신신칸 '중식'이 된다. 마지막 대화에서 선택의 장면이 포인트이다. 정리하면 '중식'은 20명이 함께 앉기에 불편하고 '고기 뷔페'와 '한국 요리'는 옷에 냄새가 배어서 제외하고 있다. 따라서 '양식'에 해당하는 1번이 정답이 된다.

3番

まず、話を聞いてください。それから二つの質問を聞いて、それぞれ問題用紙の1から4の中から、最もよいものを一つ選んでください。

3 (◎) 108

イベント会場で、アナウンスが流れています。

女 本日は、ご来場まことにありがとうございます。これより、本日の会場およびイベントのご案内をさせていただきます。正面入り口向かって右側のスペースでは、フリーマーケットを開催しております。また、向かって左側では、世界の工芸品の展示を行っております。こちらは、お買い求めいただけるものもございます。また、正面入り口からステージに続く大通りでは、国際色豊かな料理をお召し上がりいただける、世界の料理コーナーがございます。こちらは、ブースによって開催時間が異なりますので、詳しくは各ブースまでお尋ねください。ステージでは、11時より12時まで、および午後1時から2時まで人気アーティストAKIRAによる演奏がございます。さらに、午後2時からは世界の楽器を使った演奏、体験が行われます。ぜひ、皆様ご参加ください。

男 まずはどこに行こっか?
女 私、楽器の体験してみたいなぁ。
男 そうだね。でも、それは午後からだから。まずは、工芸品でも見に行く?
女 それもいいけど、ちょっとおなかすかない?
男 えっ、朝ごはん食べてきたじゃん。もうおなかすいたの?
女 ちょっとしか食べなかったから。まずは、腹ごしらえしようよ。
男 そうだね、じゃ、世界の料理の方に行って…それから工芸品でも見に行こうか。
女 AKIRAのライブはどうする?
男 ぼくはあんまり。

3번

먼저 이야기를 들으세요. 그리고 두 개의 질문을 듣고 각각 문제지의 1~4중에서 가장 적당한 것을 하나 고르세요.

이벤트 회장에서 안내 방송이 나오고 있습니다.

여 오늘 방문해주셔서 대단히 감사합니다. 지금부터 오늘의 회장 및 이벤트 안내를 하겠습니다. 정면 입구에서 오른쪽 공간에서는 플리마켓을 개최하고 있습니다. 또, 마주보고 왼쪽에서는 세계의 공예품 전시를 실시하고 있습니다. 여기서는 구입하실 수 있는 것도 있습니다. 또, 정면 입구에서 무대로 이어지는 메인 통로에서는 세계 각국의 요리를 드실 수 있는 세계의 요리 코너가 있습니다. 이쪽은 부스에 따라서 개최 시간이 다르기 때문에 자세한 것은 각 부스에 문의해주시기 바랍니다. 무대에서는 11시부터 12시까지, 오후 1시부터 2시까지 인기 아티스트 아키라의 연주가 있습니다. 또한, 오후 2시부터는 세계의 악기를 이용한 연주 체험이 실시됩니다. 부디 여러분의 많은 참가 부탁드립니다.

남 우선 어디에 갈까?
여 난 악기 체험해보고 싶어.
남 그래. 하지만, 그건 오후부터 이니까. 우선 공예품이라도 보러 갈래?
여 그것도 괜찮은데, 좀 배고프지 않아?
남 엥? 아침 먹고 왔잖아. 벌써 배고파?
여 조금 밖에 안 먹어서. 우선 배부터 채우자.
남 그래. 그럼, 세계 요리 쪽으로 가서… 그런 다음 공예품이나 보러 갈까?
여 아키라의 라이브는 어떻게 할거야?
남 난 그다지.

女 私も。じゃ、お昼からはフリーマーケットに行って、
　AKIRAが終わる頃になったらステージに行こうよ。
男 そうしよっか。

質問1 二人は、午前中は何をしますか。
1 楽器の体験をしてから、世界の料理コーナーへ行く
2 フリーマーケットへ行ってから、世界の料理コーナーへ行く
3 世界の料理コーナーへ行ってから、AKIRAのライブへ行く
4 世界の料理コーナーへ行ってから、工芸品を見に行く

여 나도. 그럼 점심 때부터 플리마켓에 가고, 아키라가 끝날 때
　쯤 되면 무대로 가자.
남 그렇게 할까.

질문1 두 사람은 오전중에는 무엇을 합니까?
1 악기 체험을 하고 나서, 세계 요리 코너에 간다.
2 플리마켓에 가고 나서, 세계 요리 코너에 간다.
3 세계 요리 코너에 가고 나서 아키라의 라이브공연에 간다.
4 세계 요리 코너에 가고 나서 공예품을 보러 간다.

정답 4

해설 행사 내용을 간단하게 정리해 보면, 입구 오른쪽은 '플리마켓', 왼쪽은 '공예품 전시'이며, 무대로 향하는 메인 통로에서는 '세계 요리'를 먹을 수 있음 → 무대 '11시~12시, 오후1시~2시'가 가수 공연이고, '오후 2시부터'는 세계악기체험 정도로 구분할 수 있다. 이어지는 남녀의 대화에서 여자가 배가 고프다고 하자 남자가 세계 요리 코너를 먼저 가자고 제안한다. 그리고 나서 '공예품 관람'과 '라이브 공연'의 선택에서 '공예품 관람'을 선택하였으므로 오전에 하는 것은 4번이 된다.

質問2 二人は、何時頃ステージへ行きますか。
1 11時頃
2 12時頃
3 午後1時頃
4 午後2時頃

질문2 두 사람은, 몇 시경에 무대로 갑니까?
1 11시경
2 12시경
3 오후 1시경
4 오후 2시경

정답 4

어휘 正面(しょうめん) 정면 | 開催(かいさい) 개최 | 工芸品(こうげいひん) 공예품 | 展示(てんじ) 전시 | 買い求める(かいもとめる) 매입하다 | 異なる(ことなる) 다르다 | 詳しい(くわしい) 자세하다, 상세하다 | 尋ねる(たずねる) 묻다, 질문하다 | 演奏(えんそう) 연주 | 楽器(がっき) 악기 | 体験(たいけん) 체험 | 腹ごしらえ(はらごしらえ) (어떠한 일을 하기 전에 미리)배를 채워둠, 식사를 해둠

해설 두 사람이 무대로 가기 위한 목적은 세계 악기를 이용한 연주 체험을 하기 위해서이다. 안내방송의 마지막 말을 잘 들으면, 아키라의 연주가 오후 2시까지이고, 그 이후부터 연주 체험이 시작된다고 했으므로 정답은 오후 2시경이 된다.

확인문제 2

문제5. 문제 5에서는 좀 긴 이야기를 듣습니다. 이 문제에는 연습은 없습니다. 메모를 해도 됩니다.

1番 2番
問題用紙に何もいんさつされていません。まず話を聞いてください。それから、質問とせんたくしを聞いて、1から4の中から最もよいものを一つ選んでください。

1번 2번
문제지에 아무것도 인쇄되어 있지 않습니다. 먼저 이야기를 들으세요. 그리고 질문과 선택지를 듣고 1~4중에서 가장 적당한 것을 하나 고르세요.

1 (◎) 110

女の人が、男の人と電話で話しています。

여자가 남자와 전화로 이야기하고 있습니다.

女 もしもし、演劇のチケット予約してくれた?席空いているって?

男 それが、今週の土曜日はもう満席になっちゃって、どの回も無理なんだって。

女 え〜、その日がよかったのに。

男 来週の土曜日なら空いてるらしいけど、けっこう後ろのほうになっちゃうんだって。

女 せっかく観るなら、前の方がいいんじゃない?他に空いてる日はないの?

男 今週の平日ならいつでも大丈夫だって。前の方の席も空いてるよ。
　　でも、最近仕事が忙しいから、始まる時間に間に合うかちょっとわかんないなぁ。

女 そっか。ねぇ、来週の日曜日は空いてないの?

男 その日ならいい席も空いてるけど、日曜日は約束あるって言ってたじゃん。

女 それは、今週だってば。じゃ、その日に行こうよ。

男 オッケ。じゃ、予約しとくよ。

二人は、いつ劇を見に行きますか。
1 今週の土曜日
2 来週の土曜日
3 今週の平日
4 来週の日曜日

여 여보세요, 연극 티켓 예약했어? 좌석 있대?

남 그게 말이야, 이번 주 토요일은 벌써 만석이라, 전회 모두 무리래.

여 에〜 그 날이 좋았는데.

남 다음 주 토요일은 좌석이 있긴 한데, 뒤쪽이래.

여 모처럼 보는 거니까, 앞쪽이 좋지 않아? 다른 날은 좌석 있는 날 없어?

남 이번 주 평일이라면 언제라도 괜찮대. 앞쪽 좌석도 있어. 그런데 요즘 일이 바빠서, 시작되는 시간에 맞출 수 있을지 모르겠어.

여 그런가. 있잖아, 다음 주 일요일은 비었어?

남 그 날이라면 좋은 좌석도 있지만, 일요일은 약속 있다고 했잖아.

여 그건 이번 주라니까. 그럼, 그 날 가자.

남 오케이. 그럼, 예약해둘게.

두 사람은 언제 연극을 보러 갑니까?
1 이번 주 토요일
2 다음 주 토요일
3 이번 주 평일
4 다음 주 일요일

정답 4

어휘 演劇^{えんげき} 연극 | 予約^{よやく} 예약 | 満席^{まんせき} 만석

해설 선택지 1번 이번 주 토요일 → 만석이라서 안 됨. 2번 다음 주 토요일 → 뒤쪽이라서 싫다고 함. 3번 이번 주 평일 → 남자가 바빠서 안 됨. 따라서 좌석도 있고 남자, 여자 두 사람 다 괜찮은 날은 4번 다음 주 일요일이다.

---

2 ◎ 111

学生3人が、夏休みのアルバイトについて話しています。

女 あなたたち、まだアルバイト情報見てるの?早く決めなさいよ。いろいろあるでしょ。

男1 うーん、なかなかないんだよ、それが。やっぱりビルの掃除かな。時給も悪くないし。

女 えー、たまにはちょっとしゃれたアルバイトしなさいよ。

男2 そうだよな。夏なんだからアウトドア楽しまなきゃ。

女 そうよ、いいこと言うじゃない。

男2 この道路工事っていうのにするかぁ、健康的だし、な?

학생 3명이 여름 방학 아르바이트에 관하여 이야기하고 있습니다.

여 너희들, 아직도 아르바이트 정보 보고 있어? 빨리 정해. 여러 가지 있잖아.

남1 음〜, 좀처럼 없어 그게. 역시 빌딩 청소나 할까. 시급도 나쁘지 않고.

여 에〜, 가끔은 좀 멋진 아르바이트 해 봐.

남2 그래 맞아. 여름이니까, 야외에서 즐겨야지.

여 그래, 좋은 말 하네.

남2 이 도로 공사라는거 할까. 건강에도 좋고, 그지?

女 ほんと、あなたたちってわかってないね。若者の夏なんだから、プールの監視員とかできないの、私みたいに。

男2 オレ、泳ぐの苦手だから。

女 それなら、プールの売店とかでもいいでしょ?私、紹介できるよ。

男2 オレ、昔そんなとこで計算まちがえて、すっごく怒られたことあるし、金扱うとこはやだよ。

男1 オレも喫茶店でバイトしてたとき、客の頭にジュースひっくりかえして怒られたことある。ねえ、いっしょにビルの掃除しようよ〜。

女 怒るよ!

女の学生は何のアルバイトをしますか。

1 道路工事
2 ビルの掃除
3 プールの監視員
4 プールの売店の店員

여 정말이지, 너희들은 뭘 모르는구나. 젊은이의 여름이니까, 수영장 감시원(안전요원) 같은 거 못 해? 나처럼.

남2 나, 수영 잘 못해서.

여 그럼, 수영장 매점이라도 괜찮지? 내가 소개 할 수 있어.

남2 나, 전에 그런 곳에서 계산이 틀려서 굉장히 혼난 적도 있고 해서, 돈 다루는 곳은 싫어.

남 나도 찻집에서 아르바이트 했을 때, 손님 머리에 주스를 엎어서 혼난 적이 있어. 그냥 우리 같이 빌딩 청소하자〜

여 화낸다!

여학생은 어떤 아르바이트를 합니까?

1 도로 공사
2 빌딩 청소
3 수영장 감시원(안전요원)
4 수영장 매점 점원

정답 3

어휘 情報 정보 | 決める 정하다 | 掃除 청소 | 時給 시급 | 監視員 감시원 | 泳ぐ 헤엄치다 | 苦手だ 서투르다, 싫다 | 売店 매점 | 紹介 소개 | 扱う 다루다 | ひっくりかえす 엎다

해설 여자는 '젊은 사람인데 수영장 감시원 같은 거 못 해? 나처럼'라는 대화에서 자신이 수영장 감시원을 하고 있다는 것을 이야기한다. 따라서 3번이 정답. 각각의 인물이 선택하거나 하고 있는 아르바이트를 각각 메모하는 것이 중요하다.

3番

まず、話を聞いてください。それから二つの質問を聞いて、それぞれ問題用紙の1から4の中から、最もよいものを一つ選んでください。

3番

먼저 이야기를 들으세요. 그리고 두 개의 질문을 듣고 각각 문제지의 1〜4중에서 가장 적당한 것을 하나 고르세요.

3 ◎112

男の人と女の人が本屋で店のアナウンスを聞いています。

남자와 여자가 서점 안내 방송을 듣고 있습니다.

女 本日は中村書店へご来店いただき、まことにありがとうございます。当店では、ただいま1階雑誌売り場におきまして、本日ご来店の皆様に当店特製のカレンダーを無料でお配りしております。また、2階、絵本・児童書売り場ではお子様方に絵本の読み聞かせを行っております。お子様連れのお客様はぜひお立ち寄りください。なお、本日の人気作家サイン会は、浅井なおさんをお招きして午後3時より3階文芸書売り場にて開催いたします。また、4階喫茶室では、ただいまコーヒーの半額サービスを行っておりますので、どうぞご利用ください。

여 오늘 나카무라 서점에 방문해주셔서 대단히 감사 드립니다. 저희 서점에서는 지금 1층 잡지 매장에 한해서 오늘 내점하신 여러분께 저희 서점의 특제 캘린더를 무료로 나눠 드리고 있습니다. 또, 2층 그림책 아동 도서 매장에서는 자녀분에게 그림책 읽어주기 행사를 하고 있습니다. 자녀를 동반하신 고객님은 꼭 들러주시기 바랍니다. 그리고 오늘 인기 작가 사인회는 아사이 나오 씨를 초대 하여, 오후 3시부터 3층 문예도서 매장에서 개최하고 있습니다. 또 4층 커피숍에서는 지금 커피 반액 서비스를 실시하고 있으니 많은 이용 바랍니다.

女2 へー。いろいろやってるんだね。今日は。サイン会は3時からって言ってたよね。

男　サイン会っていったって、本買わなきゃサインしてもらえないんだよ。それよりカレンダーもらいに行こうよ。

女2 えー。カレンダーなんかうちにいっぱいあるから、いらないわよ。それより、先にコーヒー飲まない?のどかわいちゃった、私。

男　じゃ、先に行っててよ。オレ、カーライフって雑誌一冊買って行くから。

女2 そう?じゃ、先に行ってるね。

男　あ、買いたいって言ってた絵本も買っていこうか。

女2 それは、後で一緒に行こうよ。

男　うん、そうだね。

質問1 男の人はこれから何階に行きますか。

1　1階
2　2階
3　3階
4　4階

質問2 女の人はこれから何階に行きますか。

1　1階
2　2階
3　3階
4　4階

여2 헤~, 오늘은 다양한 행사를 하네. 사인회는 3시부터라고 했지.

남 사인회라고 해도 책을 안 사면 사인 못 받아. 그것보다 달력 받으러 가자.

여2 에~, 달력 같은 건 집에 많이 있으니까 필요 없어. 그것보다 먼저 커피 마시지 않을래? 목 말라, 나.

남 그럼 먼저 가 있어. 나 카 라이프라는 잡지 한 권 사 갈 테니까.

여2 그래? 그럼 먼저 가 있을게.

남 아, 사고 싶어했던 그림책도 사 갈까?

여2 그건, 이따가 같이 가.

남 응, 그래.

질문1 남자는 이제부터 몇 층에 갑니까?

1 1층
2 2층
3 3층
4 4층

질문2 여자는 이제부터 몇 층에 갑니까?

1 1층
2 2층
3 3층
4 4층

정답　(1) 1　(2) 4

어휘　来店(らいてん) 내점, 가게에 옴 | 特製(とくせい) 특제 | 児童(じどう) 아동

해설　안내 방송에 나온 조건을 메모 하는 것이 포인트. 1층-잡지 코너(달력 무료 배포)·2층-그림책·아동 도서 코너 (읽어주기)·3층-문예 도서(인기 작가 사인회)·4층- 커피숍(커피 반액 세일)과 같이 정리한 후, 남녀의 대화에서 무엇을 선택하는지를 체크. 여자의 사인회 제안에 남자는 부정적, 남자의 달력 제안에 여자 또한 부정적이다. 여자의 커피를 마시자는 제안에는 남자가 동의를 하나 먼저 잡지 코너에 들렀다 간다고 한다. 따라서 남자는 우선 잡지를 구입하러 1층으로 가며 여자는 커피숍에 먼저 가있는다고 했으므로 4층이 된다.

확인문제 3

문제5. 문제 5에서는 좀 긴 이야기를 듣습니다. 이 문제에는 연습은 없습니다. 메모를 해도 됩니다.

1番 2番

問題用紙に何もいんさつされていません。まず話を聞いてください。それから、質問とせんたくしを聞いて、1から4の中から最もよいものを一つ選んでください。

1번 2번

문제지에 아무것도 인쇄되어 있지 않습니다. 먼저 이야기를 들으세요. 그리고 질문과 선택지를 듣고 1~4중에서 가장 적당한 것을 하나 고르세요.

1 ◎114

家族三人が「メタボ」について話しています。

女1 お父さん、「メタボ」ってなあに？

男 「メタボ」っていうのは「メタボリックシンドローム」のことだけど、よくそんな言葉知ってるね。

女2 利恵ちゃん、メタボっていうのはね、おへその周りが、男性なら85センチ、女性なら90センチ以上がメタボの基準でね、お父さんもそろそろ危ないのよ。気をつけてくださいね、あなた。カロリーのとりすぎとか、不規則な食生活をしているとか、運動不足の人がメタボになりやすいんですからね。それからお酒やたばこもよくないんですよ。あなた、全部当てはまりそうだわ。

男 おいおい、そんなことないよ。酒もたばこも前よりはずっと減らしてるし、それに、会社じゃパソコンの前に座りっぱなしなのわかってるから、このごろは、少しでも歩くようにしてるし…。

女2 でも、このごろ残業が多くて、晩御飯は不規則だし、食べて帰ってきた時だって、ラーメンとギョーザばっかりだったじゃない。

男 そうか、それはそうだ。

女2 でしょ。気をつけてくださいね。

男 うん、わかった。

女1 お父さん、わたし、おへその周り測ったげる。お母さん、わたし、メジャーとってくるね。

お父さんがこれから、気を付けようと思ったことはどれですか。

1 へそ周りのサイズ　　　2 お酒とタバコ
3 食生活　　　　　　　　4 運動不足

가족 3명이 '메타보'에 관해서 이야기하고 있습니다.

여1 아빠, '메타보'라는게 뭐야？

남 '메타보'라는 건 '메타볼릭 신드롬'을 말하는 건데, 그런 말을 잘 알고 있네.

여2 리에 짱, '메타보'라는 것은 허리 둘레가 남자는 85센치, 여자는 90센치 이상이 기준인데, 당신도 슬슬 위험해. 조심해요, 당신. 칼로리를 너무 많이 섭취하거나, 불규칙한 식생활을 하고 있다던가, 운동 부족인 사람이 '메타보'가 되기 쉬우니까요. 그리고 술하고 담배도 좋지 않아요. 당신 전부 해당하는 것 같아.

남 이봐, 안 그래. 술도 담배도 전보다 훨씬 줄였고, 게다가 회사에서는 컴퓨터 앞에 계속 앉아 있는 거 아니까 요즘에는 조금이라도 걸으려고 하고 있고….

여2 그래도 요즘에 야근이 많아서 저녁은 불규칙하고, 먹고 들어왔을 때도 라면이나 만두 같은 것만 먹잖아요.

남 그런가, 그건 그래.

여2 그것 봐요. 조심해요.

남 응, 알겠어.

여1 아빠, 내가 허리둘레 재 줄게. 엄마, 나 줄자 가져 올게요.

아빠가 이제부터 주의하려고 하는 것은 무엇입니까？

1 허리 둘레의 사이즈　　　2 술과 담배
3 식생활　　　　　　　　　4 운동 부족

정답 3

어휘 へそ 배꼽 | 周り 주위, 둘레 | 言葉 말 | 不規則 불규칙 | 食生活 식생활 | 運動不足 운동 부족 | 減らす 줄이다 | 残業 야근, 잔업 | 測る 측정하다 | メジャー 줄자

해설 다소 긴 대화가 끝난 후에 질문이 나오므로 어려운 문제이다. 부인이 아이와 남편한테 메타보에 대해 설명 → 칼로리 과다 섭취, 불규칙한 식생활, 운동 부족, 술・담배 등이 메타보의 원인이 됨 → 메타보가 될 것 같은 남편에게 주의를 줌 → 특히 야근하는 날의 불규칙한 식생활에 주의를 줌 → 남편은 알겠다고 했으므로 3번이 정답이다.

---

2 ◎115

家族3人が居間で話しています。

女 わたしね、来週から、スポーツセンターに通うことにしたの。

가족 3명이 거실에서 이야기하고 있습니다.

여 나, 다음 주부터 스포츠 센터에 다니기로 했어.

男1 えっ、ダイエットするの?

女 ちょっと違うの。ちゃんと運動して、汗を流して…。もちろん痩せられればいいけどね。

男2 その気持ち、わかるよ。年をとるとね、どうしても体が言うことをきかなくなってくるから。

女 まあ、失礼ね。私は、まだ、そんな年ではありませんよ。健康のために、というのもあるけど…、私、お父さんみたいに、昔スポーツをやってたわけじゃないから、自分に体力がどれくらいあるかも知らないし、自信もないのよ。

男1 ふーん、そういう理由なんだ…。

男2 そういえば、母さんが運動するの、見たことないな。よし、じゃあ、いっしょにやって、応援しよう。

女 それは、おことわり。というか、わたし、ほんとに自信がないのよ。だからある程度のことが出来るまで待ってほしいの。そしたら、夫婦で楽しくトレーニングしましょう。

お母さんは、なぜスポーツセンターに通うことにしましたか。

1 年をとりたくないため

2 体重を減らすため

3 体力をつけるため

4 夫婦でトレーニングするため

남1 어, 다이어트 하는 거야?

여 아니야. 제대로 운동해서 땀을 흘리고…. 물론 살도 빠지면 좋겠지만.

남2 그 기분 알아. 나이를 먹으면 아무리 해도 몸이 말을 듣지 않게 되니까.

여 정말 실례군요. 나는 아직 그럴 나이가 아니에요. 건강을 위해서 한다는 것도 있지만, 난 당신처럼 옛날에 운동했었던 게 아니라서, 내 체력이 어느 정도인지도 모르고 자신도 없는 걸.

남1 흠~, 그런 이유였구나.

남2 그러고 보니 당신이 운동하는 거, 본 적이 없네. 좋아, 그럼 같이 하면서 응원해야지.

여 그건 안돼. 그렇다기보다는 나 정말 자신이 없어. 그러니까 어느 정도 할 수 있을 때까지 기다렸으면 좋겠어. 그리고 나서 부부가 즐겁게 운동하자구요.

엄마는 왜 스포츠센터에 다니기로 하였습니까?

1 나이를 먹고 싶지 않기 때문에

2 체중을 줄이고 싶기 때문에

3 체력을 키우기 위해서

4 부부가 운동하기 위해서

정답 3

어휘 居間 거실 | 通う 다니다 | 汗 땀 | 流す 흘리다 | 痩せる 마르다, 살이 빠지다 | 体力 체력 | 自信 자신 | 応援 응원 | 程度 정도 | 夫婦 부부

해설 우선 대화의 테마는 '운동'이라 할 수 있으며, 전체적인 대화의 흐름은 '여자가 운동을 하는 이유'라고 할 수 있다. 여자는 '다이어트를 하는 거야? 나이가 들면 몸이 말을 듣지 않아서'라는 남편의 말을 부정하며, 자신의 체력에 대해 좀더 알고 싶고 자신도 없다고 함. 즉, 다이어트를 위한 운동이 아님 → 본격적인 운동 → 자신의 체력에 대한 확인 → 자신의 체력을 알고 싶다 등으로 정리할 수 있으며, 가장 결정적 이유임을 알 수 있는 「ふーん、そういう理由なんだ…」라는 아들의 말에서 3번이 정답이다.

3番

まず、話を聞いてください。それから二つの質問を聞いて、それぞれ問題用紙の1から4の中から、最もよいものを一つ選んでください。

3番

3 ◎ 116

女の人がレストランで、メニューの説明をしています。

女1 今月のコース料理は、四種類ございまして、AとBがシーフード、CとDが肉料理となっております。Aコ

3번

먼저 이야기를 들으세요. 그리고 두 개의 질문을 듣고 각각 문제지의 1~4중에서 가장 적당한 것을 하나 고르세요.

여자가 레스토랑에서 메뉴 설명을 하고 있습니다.

여1 이 달의 코스 요리는 4종류로, A와 B가 해물, C와 D가 육류 요리입니다. A코스는 광어, B코스는 새우로 되어 있어,

ースは、ひらめのお料理、Bコースは、エビのお料理となっておりまして、こちらは「本日のおすすめメニュー」でございます。Cコースは、当店自慢の牛肉の赤ワイン煮、Dコースは、若鶏の照り焼きで、若い女性のお客様に人気がございます。では、お決まりになりましたらお呼びくださいませ。

男　ぼくは、今日は魚にしようかな。

女2　じゃあAコースね?わたしは、お肉の方がいいなあ。

男　あ、いや。やっぱりこっちにする。今日のおすすめ。うん、これに決めた。きみは?女性に人気のコースがあったよね。

女2　それにしようかとも思ったけど、今日はあなたのおごりだし、このお店の自慢料理にするわ。

男　えー、一番高いやつだよ、それー。はいはい、わかりました。じゃあ注文するね。

質問1　この男の人は、どのコースを注文しますか。

1　Aコース
2　Bコース
3　Cコース
4　Dコース

質問2　この女の人は、どのコースを注文しますか。

1　Aコース
2　Bコース
3　Cコース
4　Dコース

이 코스가 '오늘의 추천 메뉴'입니다. C코스는 저희 가게 간판 요리인 소고기 적포도주 조림, D코스는 닭고기 데리야키로 젊은 여성 손님들에게 인기가 있습니다. 그럼 결정하시면 불러주세요.

남　난 오늘은 생선으로 할까.

여2　그럼 A코스네. 난 고기 쪽이 좋겠어.

남　아, 아니야. 역시 이쪽으로 할래. 오늘의 추천 메뉴. 응, 이걸로 할래. 넌? 여성한테 인기 있는 코스가 있었지?

여2　그걸로 할까 생각했는데, 오늘은 네가 산다고 했으니까, 이 가게 간판 요리로 할래.

남　에~, 제일 비싼 거야, 그거. 네네, 알겠습니다. 그럼 주문할게.

질문1　이 남자는 어떤 코스를 주문합니까?

1　A코스
2　B코스
3　C코스
4　D코스

질문2　이 여자는 어떤 코스를 주문합니까?

1　A코스
2　B코스
3　C코스
4　D코스

정답　(1) 2　(2) 3

어휘　説明 설명 | 料理 요리 | 種類 종류 | ひらめ 광어 | 自慢 자랑 | 牛肉 소고기 | やっぱり 역시 | おごる (음식을) 사다, 대접하다 | 注文 주문

해설　여자의 설명 중 첫 말의 '이달의 코스 요리는 4종류'라는 부분에서 4가지 코스 요리의 설명이 있을 거라는 것을 미리 짐작해서 각각의 요리에 대한 특징을 메모해 둘 필요가 있다.

A코스 해물 ― 광어
B코스 해물 ― 새우(오늘의 추천 메뉴임)
C코스 육류 ― 소고기(간판 요리임)
D코스 육류 ― 닭고기(여성에게 인기가 있음)

이어지는 남녀의 대화에서 각각의 메뉴 선택을 체크하면, 남자는 '생선 요리'를 선택하려다 '오늘의 추천 메뉴'로 변경, 여자는 '여성에게 인기 있는 코스'에서 '간판 요리'로 변경, 따라서 남자는 B코스, 여자는 C코스를 선택한 것을 알 수 있다.

問題1　◎117

問題1では、まず質問を聞いてください。それから話を聞いて、問題用紙の1から4の中から、最もよいものを一つ選んでください。

1番

1　オンラインテストをする
2　インタビューテストをする
3　プリントアウトする
4　クラスを見学（けんがく）する

2番

1　開発部（かいはつぶ）に連絡（れんらく）する
2　会議室（かいぎしつ）の予約（よやく）を変更（へんこう）する
3　工場（こうじょう）に連絡（れんらく）する
4　部長（ぶちょう）に知（し）らせる

3番

1 推薦書を書いてもらう

2 通帳のコピーを取る

3 口座を作る

4 申請書を書く

4番

1 上司に同僚が休むことを伝える

2 取引先に書類を送る

3 取引先に連絡する

4 見積書を確認する

5番

1 たれを作る

2 野菜を切る

3 野菜を炒める

4 肉の下ごしらえをする

問題2

問題2では、まず質問を聞いてください。そのあと、問題用紙のせんたくしを読んでください。読む時間があります。それから話を聞いて、問題用紙の1から4の中から、最もよいものを一つ選んでください。

1番

1 仕事仲間との人間関係に問題があったから

2 仕事がきついから

3 条件のいいアルバイトを見つけたから

4 課題が物足りなかったから

2番

1 色が派手すぎるところ

2 会社のロゴがわかりにくいところ

3 ローションの文字が大きすぎるところ

4 値段が見えにくいところ

3番

1 緊張したから

2 十分な休みが取れなかったから

3 練習時間が短かったから

4 練習の仕方に問題があったから

4番

1 食事のカロリー計算に失敗したから

2 高カロリーのおつまみを好むから

3 ランニングだけしたから

4 運動量が少なかったから

5番

1 収納のスペースがないから

2 片付ける時間がないから

3 捨てるのはもったいないと思ってしまうから

4 片付ける理由がはっきりしないから

6番

1 従業員との信頼関係

2 お客様に喜ばれるサービス

3 話し合いで問題を解決すること

4 より充実した施設

問題3

問題3では、問題用紙に何も印刷されていません。この問題は、全体としてどんな内容かを聞く問題です。話の前に質問はありません。まず話を聞いてください。それから、質問と選択肢を聞いて、1から4の中から、最もよいものを一つ選んでください。

―メモ―

問題4

問題4では、問題用紙に何も印刷されていません。まず文を聞いてください。それから、それに対する返事を聞いて、1から3の中から、最もよいものを一つ選んでください。

―メモ―

問題5

問題5では、長めの話を聞きます。この問題には練習はありません。問題用紙にメモをとってもかまいません。

1番、2番

問題用紙に何も印刷されていません。まず話を聞いてください。それから、質問とせんたくしを聞いて、1から4の中から、最もよいものを一つ選んでください。

―メモ―

3番

まず話を聞いてください。それから、二つの質問を聞いて、それぞれ問題用紙の1から4の中から、最もよいものを一つ選んでください。

質問1

1 一日中ＳＮＳが気になる

2 スマートフォンを忘れてしまった日はとても不安

3 無意識にタッチパネルを触っている

4 着信していないのに、スマートフォンが振動した錯覚に陥る

質問2

1 一日中ＳＮＳが気になる

2 スマートフォンを忘れてしまった日はとても不安

3 無意識にタッチパネルを触っている

4 着信していないのに、スマートフォンが振動した錯覚に陥る

문제1에서는 먼저 질문을 들으세요. 그리고 이야기를 듣고, 문제지의 1~4중에서 가장 적당한 것을 하나 고르세요.

◎ 117

1 ▶▶ 02:09

男の人が英会話スクールに電話しています。男の人は、まず何をしなければなりませんか。

男 もしもし、インタビューテストの予約をしたいんですが…。

女 あ、はい。以前にも当スクールの授業を受講されたことがございますか。

男 いいえ、初めてです。

女 それでしたら、インタビューテストを受ける前に、ホームページでオンラインテストをお受けください。

男 オンラインテストですか。

女 はい、初めて受講なさる方にはお勧めしています。テストの最後に結果が表示されますので、プリントアウトしたものをお持ち下さい。

男 あの、実は最近引っ越したばかりで、まだインターネットが使えないんですが…。

女 そうですか。それでは、明日の午後3時にお越しください。レベルチェックのあとで、レベルに応じたクラスを見学していただきますので、受付でそのままお待ちください。

男 はい、分かりました。

男の人は、まず何をしなければなりませんか。
1 オンラインテストをする
2 インタビューテストをする
3 プリントアウトする
4 クラスを見学する

남자가 영어 학원에 전화를 하고 있습니다. 남자는 우선 무엇을 해야 합니까?

남 여보세요, 인터뷰 테스트를 예약하고 싶은데요.

여 아, 네. 전에도 저희 학원 수업을 수강하신 적이 있으십니까?

남 아뇨, 처음입니다.

여 그러시면, 인터뷰 테스트를 받기 전에 홈페이지에서 온라인 테스트를 받으세요.

남 온라인 테스트요?

여 네, 처음 수강하시는 분에게 추천하고 있습니다. 테스트 마지막에 결과가 표시되니까, 프린트한 것을 가지고 계세요.

남 저기, 실은 이사한지 얼마 되지 않아 아직, 인터넷을 사용할 수가 없는데요.

여 그렇습니까? 그럼 내일 오후 3시에 와주세요. 레벨 확인을 한 후 레벨에 맞는 반을 견학 하실 테니까, 접수처에서 그대로 기다려 주세요.

남 네 알겠습니다.

남자는 우선 무엇을 해야 합니까?
1 온라인 테스트를 한다
2 인터뷰 테스트를 한다
3 프린트를 한다
4 클래스를 견학한다

정답 2　**문제유형** 과제이해

어휘 受講 수강 | インタビューテストを受ける 인터뷰 테스트를 받다 | 結果 결과 | 表示 표시 | プリントアウトする 프린트(출력)하다 | 引っ越したばかりだ 이사한 지 얼마 되지 않다 | 見学 견학 | 受付 접수처

해설 영어 학원 담당자로부터 해당 학원의 수업이 처음이면 인터뷰 테스트를 받기 전에 온라인 테스트를 받으라고 추천을 받았지만, 이사한 지 얼마 되지 않아 인터넷을 사용할 수 없다고 한다. 따라서 온라인 테스트와 결과를 프린트 할 수 없으므로 1, 3번은 제외된다. 인터넷 사용을 하지 못하기 때문에 학원으로 직접 방문하여 레벨 확인을 한 후 레벨에 적합한 클래스를 견학하게 되므로 남자는 먼저, 레벨 확인을 위한 인터뷰 테스트를 먼저 해야 한다. 따라서 정답은 2번이다.

会社で男の人と女の人が話しています。男の人はこれからどうしますか。

男 課長、明日のナカタ商事さんとの共同開発の打ち合わせですが、時間を2時から4時に変更してほしいそうです。

女 ええ?本当?じゃあ、至急開発部の方に連絡して。

男 あ、開発部の方は問題ないそうです。

女 そう。それから打ち合わせの後で工場見学の予定だったでしょう?そっちも変更しなきゃね。あ、その前に会議室の予約も。

男 確か明日は他の会議はなかったはずですが……。

女 そう?じゃあ、あとは……。部長も会議に出るっておっしゃってたから、知らせておいて。

男 はい。

女 ああ、いいわ、それは。私、これから別件で部長にお会いすることになってるから。

男 はい、分かりました。

男の人はこれからどうしますか。
1 開発部に連絡する
2 会議室の予約を変更する
3 工場に連絡する
4 部長に知らせる

회사에서 남자와 여자가 이야기하고 있습니다. 남자는 지금부터 어떻게 합니까?

남 과장님, 내일 나카타 상사와 공동개발 회의인데, 시간을 2시에서 4시로 변경해 달라고 합니다.

여 에? 정말? 그럼 빨리 개발부 쪽에 연락해.

남 아, 개발부 쪽은 문제 없다고 합니다.

여 그래? 그리고 회의 후에 공장 견학을 할 예정이었지? 그것도 변경하지 않으면. 아, 그 전에 회의실 예약도.

남 분명 내일은 다른 회의는 없을텐데요…….

여 그래? 그럼, 나머지는……. 부장님도 회의에 참석한다고 하셨으니까, 알려 드려.

남 네.

여 아, 됐어 그건. 내가 지금 다른 건으로 부장님을 만나 뵙기로 되어있으니까.

남 네 알겠습니다.

남자는 지금부터 어떻게 합니까?
1 개발부에 연락한다
2 회의실 예약을 변경한다
3 공장에 연락한다
4 부장에게 알린다

정답 3 **문제유형** 과제이해

어휘 商事 상사 | 共同開発 공동개발 | 打ち合わせ 사전 협의, 회의, 미팅 | 変更 변경 | 至急 매우 급함 | 連絡 연락 | 工場見学 공장 견학 | 会議に出る 회의에 출석하다 | おっしゃる 말씀하시다 | 知らせる 알리다 | 別件 별도의 용건, 다른 건 | 予約 예약

해설 거래처와의 회의 시간이 변경된 건으로 상사(과장)가 부하에게 지시하는 전달 사항이다. 우선 개발부 쪽에는 변경 사항이 연락이 되어 문제 없으며, 회의실 예약 확인은 분명 다른 회의는 없을 것이라고 했으므로 1, 2번은 제외 된다. 회의 후 공장 견학이 예정에 잡혀 있어 공장에도 연락을 해야 한다는 것이 중요한 포인트이며 부장님에게는 과장이 직접 전달하겠다고 했으므로 4번도 제외된다. 따라서 남자는 공장에 시간 변경에 대한 내용을 연락하면 되므로 답은 3번이다.

大学の学生課で男子学生と職員が話しています。学生はまず何をしなければなりませんか。

男 あの、奨学金の申請書類を提出したいんですが。

女 じゃあ、ちょっと確認しますね。申請書に、所得証明…あれ?担当教授の推薦書が抜けていますね。今年から

대학의 학생과에서 남학생과 직원이 이야기하고 있습니다. 학생은 우선 무엇을 해야 합니까?

남 저, 장학금 신청 서류를 제출하고 싶은데요.

여 그럼, 잠깐 확인할게요. 신청서에, 소득증명…어? 담당 교수님의 추천서가 빠져있군요. 올해부터 새롭게 필요하게 되었

청해　실전문제 정답 및 해설

新しく必要になったんですよ。

男　そうなんですか。困ったなぁ……。担当の鈴木先生、今出張でいらっしゃらないんですよ。

女　それでしたら、先生がお戻りになってからで結構ですよ。急ぎではないので……。それから、通帳のコピーも持ってきてください。

男　通帳ですか?口座がないんですが……。

女　口座は奨学金を振り込む際、必要になりますので、早く作ってください。

男　指定の銀行はありますか。

女　ご本人名義のものなら、どこでも結構ですよ。

学生はまず何をしなければなりませんか。

1　推薦書を書いてもらう
2　通帳のコピーを取る
3　口座を作る
4　申請書を書く

어요.

남　그런가요? 어쩌지……. 담당인 스즈키 선생님은 지금 출장으로 계시지 않아요.

여　그러시면 선생님이 돌아오시고 나서 해도 괜찮아요. 급한 건 아니니까… 그리고 통장 사본도 가지고 오세요.

남　통장이요? 계좌가 없는데요.

여　계좌는 장학금을 송금할 때, 필요하니까 빨리 만드세요.

남　지정 은행은 있습니까?

여　본인 명의의 것이라면, 어디라도 괜찮아요.

학생은 우선 무엇을 해야 합니까?

1　추천서를 받는다
2　통장을 복사한다
3　계좌를 만든다
4　신청서를 쓴다

정답 3　**문제유형** 과제이해

어휘 奨学金 장학금 | 申請書類 신청서류 | 提出 제출 | 確認する 확인하다 | 所得証明 소득증명 | 担当教授 담당 교수 | 推薦書 추천서 | 抜ける 빠지다, 누락하다 | 困る 곤란하다, 난처하다 | 急ぎ 급함, 서두름 | 通帳 통장 | コピー 복사 | 口座 구좌, 계좌 | 振り込む (대체 계좌 등에) 돈을 납입하다, 계좌이체하다 | 際 때, 즈음 | 指定 지정 | 本人名義 본인 명의 | 結構 충분함, 꽤, 제법

해설 먼저 장학금 신청 서류를 제출하고 확인하는 과정에서 '신청서에 소득증명서'하는 부분에서 신청서는 이미 준비되어 있다는 것을 알 수 있기 때문에 4번은 제외된다. 담당 교수의 추천서와 통장 사본이 누락 된 것에 대해, 추천서는 교수님이 출장 중이므로 돌아오시고 난 후에 제출하기로 했으므로 1번도 제외되며 통장 사본은 계좌가 없어 준비 하지 못하기 때문에 먼저 해야 할 일은 본인 명의의 은행 계좌를 만드는 것이다. 따라서 3번이 정답이 된다.

4　▶ 06:39

女の人と男の人が電話で話しています。女の人はまず何をしますか。

女　はい、営業部の佐藤です。

男　あ、佐藤君? 鈴木です。課長は?

女　課長は今日、外回りで午後からの出勤だそうです。

男　そっか。実は、昨日の夜から具合が悪くて、今日出勤できそうにないんだ。

女　大丈夫ですか。

男　まあ、たいしたことないと思うんだけど、大事をとって今日は一日休むことにしたよ。で、課長が戻ったら伝えてもらえるかな?

女　分かりました。あ、先ほどさくら商事さんから電話がありましたよ。

여자와 남자가 전화로 이야기하고 있습니다. 여자는 우선 무엇을 합니까?

여　네, 영업부 사토입니다.

남　사토 씨? 스즈키에요. 과장님은?

여　과장님은 오늘 외근으로 오후 출근이라고 합니다.

남　그래? 실은 어제 저녁부터 몸 상태가 안 좋아서 오늘 출근 못 할거 같아.

여　괜찮으세요?

남　뭐, 별일은 없을 거라 생각하지만 만약을 위해서 오늘 하루 쉬기로 했어. 그래서 과장님이 오면 전해줄 수 있을까?

여　알겠습니다. 아, 조금 전 사쿠라 상사로부터 전화가 왔었어요.

男 しまった!今日見積もり書、送るように頼まれてたんだ。

女 急ぎでお願いしますっておっしゃってましたけど。

男 申し訳ないんだけど、それ、僕のデスクの上にあるか
　 ら、代わりにさくら商事さんに送ってもらえるかな?

女 分かりました。送るだけでいいんですね。

男 あ、送る前にもう一度目を通してくれる?製品の価
　 格…。前にも間違えたことがあったんだ。それから、送
　 ったらさくら商事さんに電話して。

女の人はまず何をしますか。

1 上司に同僚が休むことを伝える
2 取引先に書類を送る
3 取引先に連絡する
4 見積書を確認する

남 아차, 오늘 견적서를 보내달라고 요청 받았었지.

여 급하게 부탁한다고 말씀하셨는데요.

남 미안한데, 그거 내 책상 위에 있으니까 대신 사쿠라 상사에
　 보내줄 수 있을까?

여 알겠습니다. 보내기만 하면 되는 거죠.

남 응, 보내기 전에 다시 한 번 훑어봐 줄래? 제품 가격… 전에
　 도 틀린 적이 있었어. 그리고 보내면 사쿠라 상사에 전화해.

여자는 우선 무엇을 합니까?

1 상사에게 동료가 쉬는 것을 전한다
2 거래처에 서류를 보낸다
3 거래처에 연락한다
4 견적서를 확인한다

정답 4 　문제유형 과제이해

어휘 営業部 영업부 | 外回り 외근 | 出勤 출근 | 具合 몸 상태, (어떤 일의) 형편, 상태 | 大したことはない 별 일
아니다 | 大事を取る 신중을 기하다 | 伝える 전하다 | 先ほど 아까, 조금 전 | 商事 상사 | 見積書 견적서 | 頼まれる
부탁(요청) 받다 | 急ぎ 급함 | おっしゃる 말씀하시다 | 申し訳ない 면목없다, 미안하다 | 目を通す 훑어보다 | 製品
제품 | 価格 가격 | 間違える 틀리다, 실수하다 | 上司 상사 | 同僚 동료 | 取引先 거래처 | 確認 확인

해설 　시제 관련 단어가 나오면 항상 주의해 들어야 한다. 먼저 과장님은 오늘 외근으로 오후에 출근한다는 것을 기억해
두고, 동료로부터 부탁받은 사항에 대해 순서대로 해결해 가도록 하자. 거래처에서 연락이 와서 급히 견적서를 보내야 하는
데 보내기 전에 먼저 틀린 곳이 없는지 한 번 더 확인을 부탁받았으므로 정답은 4번이 된다. 서류를 확인하고 보낸 후, 거
래처에 연락을 하면 되므로 2,3번은 제외된다. 또한, 첫 부분에서 과장님이 오후에 출근한다고 했으므로 우선 무엇을 해야
하냐는 질문에서 1번은 제외된다.

---

5 ▶ 08:24

男の人と女の人が話しています。男の人はこれからどうしま
すか。

男 今夜のメニューは何?

女 豚肉と野菜の味噌炒め。

男 おいしそうだねぇ。何か手伝おうか?

女 そうねぇ。じゃあ、そこの野菜、切ってくれる?

男 いやー、包丁は慣れてないからなぁ…。

女 しょうがないわね。じゃあ、お味噌のたれ作るから混ぜ
　 て。材料は、そこのレシピに書いてあるでしょ?

男 えーっと、みそと砂糖、それからしょうゆに酒…。酒も入
　 れるのかあ。

女 うん。お酒を入れると肉の生臭さが取れるんだって。

男 なるほど…。あ、「まずは豚肉の下ごしらえ」ってあるけ
　 ど、しようか?

남자와 여자가 이야기하고 있습니다. 남자는 지금부터 어떻게
합니까?

남 오늘 저녁 메뉴는 뭐야?

여 돼지고기와 채소 된장 볶음.

남 맛있겠네. 뭐 도와줄까?

여 그래. 그럼 그쪽에 있는 채소 썰어 줄래?

남 아니, 부엌칼은 익숙치 않아서……

여 하는 수 없군. 그럼, 된장 소스를 만들 거니까 섞어줘. 재료
　 는 거기 레시피에 적혀있지?

남 음~, 된장하고 설탕, 그리고 간장에 술… 술도 넣는 거야?

여 응. 술을 넣으면 고기 비린내가 없어진대.

남 그렇구나. 아, '우선 돼지고기 손질하기'라고 되어있는데, 할
　 까?

女 それはもうしたからいいわよ。

男の人はこれからどうしますか。
1 たれを作る
2 野菜を切る
3 野菜を炒める
4 肉の下ごしらえをする

여 그건 벌써 했으니까 괜찮아.

남자는 지금부터 무엇을 합니까?
1 소스를 만든다
2 채소를 썬다
3 채소를 볶는다
4 고기를 손질해 준비한다

정답 1　**문제유형** 과제이해

어휘 豚肉 돼지 고기 | 味噌炒め 된장 볶음 | 手伝う 거들다, 돕다 | 包丁 부엌칼 | 慣れる 익숙해 지다, 습관이 되다 | 混ぜる 섞다 | 材料 재료 | レシピ 레시피, 조리법 | 砂糖 설탕 | 醤油 간장 | 生臭さが取れる 비린내가 없어지다 | 下ごしらえ 사전 준비, (재료) 손질, 밑손질 | たれ 소스, 양념장

해설 저녁을 준비하는 과정에서 남자가 부엌 칼은 익숙하지 않다고 했으므로 2번은 제외되며 돼지고기를 손질해두는 것은 여자가 미리 했다고 했으므로 4번도 제외된다. 레시피대로 소스를 만들라는 여자의 주문에 따라 우선, 소스를 만든다 가 정답이 된다.

문제 2　문제2에서는 먼저 질문을 들으세요. 그 후 문제지의 선택지를 읽으세요. 읽을 시간이 있습니다. 그리고 이야기를 듣고 문제지의 1~4중에서 가장 적당한 것을 하나 고르세요.

1　⏩ 11:59

女の学生と男の学生が話しています。女の学生がインターンシップを辞めようと思っている理由は何ですか。女の学生です。

女 先輩、私、インターンシップを辞めようかと思っているんですけど、どうしたらいいんでしょう。
男 え？どうして？会社の人に何か言われたの？
女 いいえ、会社の人はみんないい人で、就職のこととか、色々相談に乗ってもらってたりもしましたし……。
男 そっか。そういえば僕もインターンシップしてたとき、辞めたいって思ったことあったなあ。
女 先輩もですか？何が問題だったんですか？
男 仕事がきつくてね…。まだ右も左も分からない状態で、次々と新しい課題を与えられて、毎日居残りで課題をやらされたよ。でも、会社の先輩たちも僕たちのことを本当の新入社員のように接してくれて、フィードバックも細やかにしてくれたから、後になって、最後までがんばってよかったって思えるようになったんだ。
女 そうですか。私は全く逆ですね。これじゃあ、ただのアルバイトですよ。

女の学生と男の学生が話しています。여학생이 인턴십을 그만두려고 하는 이유는 무엇입니까? 여학생입니다.

여 선배님, 제가 인턴십을 그만둘까 하는데 어떻게 하면 좋을까요?
남 에? 왜? 회사 사람들한테 무슨 말 들었어?
여 아뇨, 회사 사람들은 모두 좋은 사람들이고, 취직이라든가, 여러 가지 상담해주시기도 했고…….
남 그래? 그러고 보니 나도 인턴십했을 때 그만두고 싶다고 생각한 적이 있었지.
여 선배님도요? 뭐가 문제였어요?
남 일이 힘들어서 말야. 아직 뭐가 뭔지 모르는 상태에서 계속 새로운 과제가 주어져 매일 남아서 과제를 해야 했어. 그렇지만, 회사 선배들도 우리들을 진짜 신입 사원처럼 대해주고, 피드백도 세심하게 해줘서 나중에는 끝까지 열심히길 잘했다고 생각하게 됐지.
여 그런가요? 저는 정반대에요. 이래서는 그저 아르바이트일 뿐이에요.

女の学生がインターンシップを辞めようと思っている
理由は何ですか。女の学生です。
1 仕事仲間との人間関係に問題があったから
2 仕事がきついから
3 条件のいいアルバイトを見つけたから
4 課題が物足りなかったから

여학생이 인턴십을 그만두려고 하는 이유는 무엇입니까. 여학
생입니다.
1 직장 동료와의 인간 관계에 문제가 있었기 때문에
2 일이 힘들기 때문에
3 조건 좋은 아르바이트를 찾았기 때문에
4 과제가 부족했기 때문에

정답 4 　**문제유형** 포인트이해

어휘 先輩(せんぱい) 선배 | インターンシップ 인턴십 | 辞(や)める 그만두다 | 就職(しゅうしょく) 취직 | 相談(そうだん)に乗(の)る 상담에 응하다 | 仕事(しごと)が
きつい 일이 고되다 | 状態(じょうたい) 상태 | 次々(つぎつぎ)と 잇달아, 차례로 | 課題(かだい) 과제 | 与(あた)える 주다, 과하다 | 居残(いのこ)り 잔류(다른 사람이
돌아간 뒤 남아 있는 일), 잔업 | 新入社員(しんにゅうしゃいん) 신입사원 | 接(せっ)する 접하다, 응대(상대)하다 | フィードバック 피드백 | 細(こま)や
かだ 자상하다, 세밀하다 | 全(まった)く 전혀, 완전히 | 逆(ぎゃく) 반대, 거꾸로임 | ただのアルバイト 보통(평범한) 아르바이트 | 仲間(なかま)
동료 | 条件(じょうけん) 조건 | 見(み)つける 발견하다, 찾다 | 物足(ものた)りない 뭔가 아쉽다, 부족하다

해설 여자가 선배와의 대화에서 회사 사람들이 모두 좋은 분들이라고 했으므로 1번은 답으로 부적절하다. 남자가 인턴
시절 경험도 없는데 계속 새로운 과제가 주어지고, 남아서 잔업까지 하느라 힘들었다고 말하자, 여학생은 남자의 경우와 반
대라고 했으므로 2번도 적절하지 않다. 좋은 조건의 아르바이트를 찾았다는 내용은 없었으므로 정답은 4번이다.

---

2 ▶ 14:12

会議で女の人と男の人が話しています。男の人が直してほ
しい点は何ですか。

女 課長、新しいローションのパッケージができました。

男 へえー、デザイン、今までのとだいぶ雰囲気が変わった
ね。

女 はい、事前アンケートでも、デザインが斬新だという意
見が多かったです。

男 そう?でも、こんなにうちのロゴが小さくなっちゃうと、
うちの商品だと分からないんじゃないか?

女 そうですか。デザイン自体は好評なんですけどね。

男 いくらデザインがよくても、どこの会社のものか分から
なかったらなぁ……。色もちょっと派手だし、ローション
の文字も大きすぎないか?

女 ええ、ただ今回のターゲットは女子高生なので、これく
らい明るくて文字も大きい方が目に留まりやすいかと。

男 まあ、女子高生の好みは、僕より君の方が詳しいだろう
から任せるよ。

女 値段の位置はどうでしょうか。

男 いいんじゃない?よく見えるし……。とりあえず、さっき
のところだけもう一度検討してくれる?

男の人が直してほしい点は何ですか。

회의에서 여자와 남자가 이야기 하고 있습니다. 남자가 고쳐주
길 원하는 점은 무엇입니까?

여 과장님, 새 로션의 포장이 완성되었습니다.

남 오~ 디자인, 지금까지 것과 꽤 분위기가 바뀌었네.

여 네, 사전 앙케트 조사에서도 디자인이 참신하다는 의견이
많았습니다.

남 그래? 그렇지만 이렇게 우리 로고가 작아지면 우리 상품인
지 모르지 않을까?

여 그런가요? 디자인 자체는 호평이었는데요.

남 아무리 디자인이 좋아도 어디 회사의 것인지 알 수 없으면
말이지……. 색도 좀 화려하고, 로션의 글자도 너무 크지 않
아?

여 네, 그러나 이번 상품의 구매 대상은 여고생이니까 이 정도
로 밝고 문자도 큰 편이 눈길을 끌기 쉬울까 해서.

남 뭐, 여고생들의 취향은 나보다 자네가 더 잘 알 테니, 맡길
게.

여 가격의 위치는 어떠세요?

남 괜찮은데? 잘 보이고……. 우선, 아까 그 부분만 다시 한번
검토해 줄래?

남자가 고쳐주길 원하는 점은 무엇입니까?

1 色が派手すぎるところ
2 会社のロゴがわかりにくいところ
3 ローションの文字が大きすぎるところ
4 値段が見えにくいところ

1 색이 너무 화려한 점
2 회사 로고가 알기 어려운 점
3 로션의 글자가 너무 큰 점
4 가격이 잘 보이지 않는 점

정답 2 **문제유형** 포인트이해

어휘 ローション 로션 | パッケージ 포장, 용기 | 雰囲気 분위기 | 事前 사전 | 新鮮だ 신선(참신)하다 | ロゴ 로고 | 商品 상품 | デザイン 디자인 | 自体 자체 | 好評だ 호평이다, 좋은 평판이다 | 派手だ 화려(요란)하다 | ただ 단, 다만 | ターゲット 타깃, 목표 | 目に留まる 눈에 띄다, 눈을 끌다 | 詳しい 자세하다, 상세하다 | 値段 가격 | 位置 위치 | とりあえず 우선, 먼저 | 検討 검토 | 直す 고치다, 바로잡다

해설 새로운 로션의 포장 디자인 자체는 평가가 좋았지만, 과장은 로고가 작아 자사 상품이라는 것을 알기 어렵다는 점을 지적하고 있으므로 2번이 정답이다. 또 구매 대상이 여고생이라 색도 화려하고 글자도 크게 했다는 여직원의 말에 과장은 맡기겠다고 했으므로 1, 3번은 제외되며, 가격의 위치도 좋다고 했으므로 4번도 제외된다.

3 ▶ 16:15

テレビで、女の人と男の人が「田中選手」について話しています。男の人は、田中選手の成績が悪かったのはどうしてだと言っていますか。男の人です。

女 田中選手は、今度のマラソン大会では、思ったようなタイムが出せなかったようですね。
男 そうですね。レース後のインタビューでは、途中で両足がけいれんし、体が動かなかったと話していました。
女 やはり、前回の大会の疲れがまだ残っているということでしょうか。
男 前回の大会に出場して間もなく、今度の大会の準備を始めましたから、十分な休養が取れなかったかもしれませんね。ただ、田中選手はまだ若いですから、コンディション調整は問題なかったはずです。
女 では、練習のやり方に問題があったのではないですか。
男 それはないと思いますよ。選手はみんなベストな状態だとコーチも話していました。何より、田中選手以外はみんな自己ベストを出しましたからね。やっぱり、初めての国際大会ということであがっちゃったんでしょうね。

男の人は、田中選手の成績が悪かったのはどうしてだと言っていますか。男の人です。
1 緊張したから
2 十分な休みが取れなかったから
3 練習時間が短かったから
4 練習の仕方に問題があったから

텔레비전에서 여자와 남자가 다나카 선수에 대해서 이야기하고 있습니다. 남자는 다나카 선수의 성적이 나빴던 것은 어째서라고 합니까? 남자입니다.

여 다나카 선수는 이번 마라톤 대회에서는 생각한 것만큼의 기록을 못 낸 것 같네요.
남 맞아요. 경기 후의 인터뷰에서는 도중에 두 다리에 경련이 일어나, 몸이 움직이지 않았다고 했습니다.
여 역시 지난번 대회의 피로가 남아 있는 걸까요?
남 지난번 대회에 출전하고 얼마 안 되어 이번 대회 준비를 시작해서 충분한 휴식을 취하지 못했을지도 모르겠네요. 그러나, 다나카 선수는 아직 젊으니까, 컨디션 조절은 문제 없었을 겁니다.
여 그럼, 연습 방법에 문제가 있었던 거 아닐까요?
남 그건 아닐 거라 생각해요. 선수들은 모두 최상인 상태라고 코치도 말했어요. 무엇보다 다나카 선수 이외에는 모두 자신의 최고 성적을 냈으니까요. 역시 첫 국제 대회라서 긴장한 것이겠죠.

남자는 다나카 선수의 성적이 나빴던 것은 어째서라고 합니까? 남자입니다.
1 긴장했기 때문에
2 충분한 휴식을 취하지 못했기 때문에
3 연습 시간이 짧았기 때문에
4 연습 방법에 문제가 있었기 때문에

[정답] 1 **[문제유형]** 포인트이해

[어휘] マラソン大会 마라톤 대회 | タイム 타임, 시간, 기록 | 途中 도중 | けいれん 경련 | 出場 출전 | 間もなく 머지 않아, 얼마 안 되어 | 休養が取れない 휴양(휴식)을 취하지 못하다 | コンディション調整 컨디션 조절 | ベストな状態 최상의 상태 | やっぱり 역시 | 国際大会 국제 대회 | あがる 흥분하다, 상기하다 | 成績 성적 | 緊張 긴장 | 十分 충분함 | 仕方 하는 방법, 방식

[해설] 마라톤 대회에서 다나카 선수의 성적이 나쁜 이유로 남자는 연이은 출전으로 충분한 휴식을 취하지 못한 채 출전한 이유도 있지만, 아직 젊기 때문에 그 점은 문제되지 않으며 연습 방법에 있어서 다나카 선수 이외의 선수들은 모두 자신의 최고 기록을 냈으므로 2, 3, 4가 제외된다. 마지막에 처음 국제대회에 출전해서 긴장했을 거라고 지적하는 부분에서 정답은 1번이 된다.

---

4 ▶ 18:20

女の人と男の人が話しています。ダイエットの効果がなかった理由は何ですか。

女 ダイエットしているのに、全然やせないんだよね。

男 運動してるから～なんて言いながら実は食べちゃってるんじゃないのか?

女 違うわよ!食事のたびに、いちいちカロリー計算して食べてたわよ。そりゃ、ストレスが溜まった時は、飲み会で羽目を外して飲んだりもしたけど…でも、アルコールのカロリーは低いって言うじゃない?

男 お酒が太る理由はアルコールのカロリーより、つまみのカロリーが高いからなんだよ。特に君の場合は脂こいのが好きだからなあ……。運動は、どんな運動?

女 脂肪を燃やすためには有酸素運動がいいっていうから、ランニング。それから代謝を上げるための筋トレも。

男 何分ぐらいしたの?

女 合わせて30分ぐらいかな?

男 ちょっと短い気もするけど、毎日するなら問題ないしなあ……。

女 じゃあ、やっぱり、あれが原因だったんだ……。

여자와 남자가 이야기하고 있습니다. 다이어트 효과가 없었던 이유는 무엇입니까?

여 다이어트하고 있는데 전혀 살이 빠지지 않아.

남 운동하고 있으니까~라고 하면서 사실은 먹는 거 아냐?

여 아냐! 식사 때마다 일일이 칼로리 계산해서 먹었어. 그야, 스트레스가 쌓였을 때는 회식에서 흥에 겨워 도에 지나치게 마시기도 했지만…그렇지만 알코올의 칼로리는 낮다고 하잖아?

남 술이 살찌는 이유는 알코올의 칼로리보다 안주 칼로리가 높기 때문이야. 특히 너의 경우 기름진 것을 좋아하니까……. 운동은, 어떤 운동하고 있어?

여 지방을 태우기 위해서는 유산소 운동이 좋다고 하니까 달리기. 그리고 대사를 올리기 위한 근육 트레이닝도.

남 몇 분 정도 했어?

여 합쳐서 30분 정도?

남 조금 짧은 느낌도 들지만, 매일 한다면 문제없고…….

여 그럼, 역시 그게 원인이었던 거야…….

ダイエットの効果がなかった理由は何ですか。

1 食事のカロリー計算に失敗したから

2 高カロリーのおつまみを好むから

3 ランニングだけしたから

4 運動量が少なかったから

다이어트 효과가 없었던 이유는 무엇입니까?

1 식사 칼로리 계산에 실패했기 때문에

2 고칼로리의 안주를 즐기기 때문에

3 달리기만 했기 때문에

4 운동량이 적었기 때문에

[정답] 2 **[문제유형]** 포인트이해

[어휘] ダイエット 다이어트 | 効果 효과 | 理由 이유 | 全然 전혀 | やせる 마르다, 여위다 | 実は 실은, 사실은 | ～たびに ～할 때마다 | いちいち 하나하나, 일일이 | カロリー 칼로리 | 計算 계산 | ストレスが溜まる 스트레스가 쌓이다 |

羽目を外す 흥에 겨워 도를 넘다 | つまみ 안주 | 脂っこい 기름지다, 느끼하다 | 脂肪を燃やす 지방을 태우다 | 有酸素運動 유산소 운동 | ランニング 달리기 | 代謝をあげる 신진대사를 올리다 | 筋トレ 근육 트레이닝 | 合わせる 합치다 | やっぱり 역시 | 原因 원인 | 失敗 실패

해설 여자는 다이어트를 하고 있는데 효과가 없다며 식사는 칼로리를 계산해서 먹고 있고 술은 마시지만 알코올 칼로리는 낮다고 말한다. 하지만 남자는 술이 살찌는 이유는 알코올의 칼로리보다 안주의 칼로리가 높기 때문이고 특히 여자의 경우 기름진 것을 좋아한다고 지적했다. 즉, 고칼로리의 기름진 안주를 즐기기 때문이라고 한 2번이 정답이다. 그리고 운동량은 적지만 매일 하고 있고 운동도 달리기 외에 근육 트레이닝도 하고 있다고 했으므로 1, 3, 4번은 제외된다.

---

5 ▶ 20:20

ラジオで生活アドバイザーが話しています。アドバイザーは部屋を片付けられない人は何が一番問題だと言っていますか。

男 みなさんは、部屋を片付けられない理由は何だと思いますか? 自分の中で捨てるべき物がハッキリしていれば、部屋の片付けはすぐにできます。「収納スペースがない」とか、「物が多すぎて、手がつけられない」、そして「時間に余裕がない」など、部屋を片付けられない理由は、人それぞれにあると思います。しかし、これらの理由はあくまでも言い訳に過ぎないと私は思います。あとで読むかもしれない、値段が高かったなどの理由で何年も放置している漫画や雑誌もあるでしょう。また、いつか着るかもしれない、お気に入りだからと、クローゼットの中で何年も眠ったままの衣類など、もったいないと思うかもしれませんが、捨ててしまえば案外忘れてしまうものです。

アドバイザーは部屋を片付けられない人は何が一番問題だと言っていますか。
1 収納のスペースがないから
2 片付ける時間がないから
3 捨てるのはもったいないと思ってしまうから
4 片付ける理由がはっきりしないから

라디오에서 생활지도사가 이야기하고 있습니다. 지도사는 방을 정리하지 못하는 사람은 무엇이 가장 문제라고 합니까?

남 여러분은 방을 정리하지 못하는 이유가 무엇이라고 생각합니까? 내 안에서 버려야 할 물건이 확실하다면 방 정리는 금방 할 수 있습니다. '수납공간이 없다'든가 '물건이 너무 많아 손을 댈 수가 없다' 그리고 '시간적으로 여유가 없다'등 방을 정리하지 못하는 이유는 제각각 있다고 생각합니다. 그러나 이들 이유는 어디까지나 변명에 지나지 않는다고 저는 생각합니다. 나중에 읽을지도 몰라, 가격이 비쌌다 등의 이유로 몇 년이나 방치하고 있는 만화나 잡지도 있겠지요. 또 언젠가 입을지도 몰라, 마음에 드니까 하고, 옷장에서 몇 년이나 잠든 채 있는 의류 등, 아깝다고 생각할지 모르지만 버려버리면 의외로 잊어버리는 법입니다.

지도사는 방을 정리하지 못하는 사람은 무엇이 가장 문제라고 말합니까?
1 수납 공간이 없어서
2 정리할 시간이 없어서
3 버리는 게 아깝다고 생각하니까
4 정리할 이유가 확실하지 않으니까

정답 3　**문제유형** 포인트이해

어휘 生活アドバイザー 생활지도사 | 片付ける 정리하다, 정돈하다 | 理由 이유 | 捨てる 버리다 | はっきり 확실히 | 収納スペース 수납공간 | 余裕 여유 | あくまでも 어디까지나 | 言い訳に過ぎない 변명에 지나지 않다 | 値段 가격 | 放置 방치 | 漫画 만화 | 雑誌 잡지 | お気に入り 마음에 듦 | クローゼット 옷장 | 眠る 자다, 잠들다 | ～たまま ～인 채(상태 지속) | 衣類 의류 | もったいない 아깝다 | 捨てる 버리다 | 案外 의외로 | 忘れる 잊다 | 捨てる 버리다

해설 먼저 여러 가지 이유로 방 정리를 하지 못하는 것은 어디까지나 변명에 지나지 않는다고 지적하고 있으므로 1, 2번은 제외된다. 또한 버려야 할 물건이 확실하다면 방 정리는 금방 할 수 있다고 하며 몇 년이나 방치해두고 있는 책이나 의류

등은 아까워서 버리지 못하는 것이라고 지적하고 있으므로 정답은 3번이 된다. 그리고 첫 부분에서 버려야 할 물건이 확실하다면 방 정리는 금방 할 수 있다고 했지만 그것이 정리할 이유가 확실하다는 의미는 아니므로 4번은 답이 아니다.

6 ▶ 22:12

テレビで女のアナウンサーが旅館の経営について社長にインタビューしています。社長は長く続く秘訣について、何が一番重要だと言っていますか。

女 今日は、老舗旅館の浜田社長にお越しいただき、お話を伺います。社長、よろしくお願い致します。

男 こちらこそ、よろしくお願い致します。

女 明治から続く老舗の旅館ですが、ここまで続いた秘訣は何でしょうか。

男 そうですね。なんといってもお互いを信じることでしょうか。私たちの仕事は、お客様を喜ばせることです。千差万別で、様々なお客様一人一人に適したサービスを提供することを私たちは心がけています。

女 なるほど。やはりお客様との信頼関係は大切ですからね。

男 それもそうですが、お客様の無理難題な要望も、従業員さんたちを信じて任せるからできるのです。うちでは、トラブルがあったときは、上下関係なく全て話し合いで決めています。これもお互い信じているからこそできることなのです。最近も従業員の提案で、従業員専用の休憩室を新設しました。みんな以前より張り切って仕事に励んでいます。

社長は長く続く秘訣について、何が一番重要だと言っていますか。
1 従業員との信頼関係
2 お客様に喜ばれるサービス
3 話し合いで問題を解決すること
4 より充実した施設

텔레비전에서 여자 아나운서가 여관의 경영에 대해 사장님에게 인터뷰를 하고 있습니다. 사장은 오래 이어지는 비결에 대해 무엇이 가장 중요하다고 합니까?

여 오늘은 전통 여관의 하마다 사장님을 모시고 말씀을 듣겠습니다. 사장님, 잘 부탁드립니다.

남 저야말로 잘 부탁드립니다.

여 메이지 시대부터 이어온 전통 여관입니다만, 지금까지 이어진 비결은 무엇입니까?

남 글쎄요, 뭐니뭐니해도 서로를 믿는 것이겠죠. 저희들 일은 손님을 기쁘게 하는 것입니다. 천차만별로 다양한 손님 한 분 한 분에게 맞는 서비스를 제공하는 것을 저희들은 유념하고 있습니다.

여 그렇군요. 역시 손님과의 신뢰 관계는 중요하니까요.

남 그것도 그렇습니다만, 손님의 무리한 요망(요청)도 종업원들을 믿고 맡기기 때문에 가능한 것입니다. 저희들은 문제가 있을 때는 상하 관계 없이 전부 대화로 정하고 있습니다. 이것도 서로를 믿기 때문에 가능한 것입니다. 최근에도 종업원의 제안으로 종업원 전용 휴게실을 신설했습니다. 모두 전보다 의욕에 넘쳐 일에 힘쓰고 있습니다.

사장은 오래 이어지는 비결에 대해 무엇이 가장 중요하다고 합니까?
1 종업원과의 신뢰 관계
2 손님이 기뻐하는 서비스
3 대화로 문제를 해결하는 것
4 보다 갖추어진 시설

정답 1 　**문제유형** 포인트이해

어휘 老舗 노포(대대로 물려 내려오는 점포) | 旅館 여관 | お越しいただく 와 주시다 (가다, 오다의 존경표현) | 伺う 묻다, 듣다, 방문 하다의 겸양어 | 秘訣 비결 | 千差万別 천차만별 | ~に適する ~에 적합하다 | 提供 제공 | 心がける 마음쓰다 | 信頼 신뢰 | 関係 관계 | 無理難題 무리난제, 생트집 | 要望 요망 | 従業員 종업원 | 信じる 믿다 | 任せる 맡기다 | トラブル 트러블, 분쟁 | 上下関係 상하관계 | すべて 모두, 모조리 | 話し合い 서로 이야기함, 의논 | お互い ~からこそ 서로 ~이기 때문에 | 提案 제안 | 従業員専用 종업원 전용 | 休憩室 휴게실 | 新設 신설 | 張り切る 힘이 넘치다, 의욕이 충만하다 | 仕事に励む 일에 힘쓰다 | 喜ぶ 기뻐하다 | 充実する 충실하다, 알차다 | 施設 시설

해설 「なんといっても(뭐니 뭐니 해도)」, 「何より(무엇보다)」 등의 표현이 나왔을 때는 주의해서 들어야 한다. 사장은 「なんといってもお互いを信じること(뭐니 뭐니 해도 서로를 믿는 것)」을 가장 중요하다고 말하면서 손님들의 무리한 요구도 종업원들을 믿기 때문에 맡기며 일에서도 문제가 발생할 때는 상하 관계 없이 서로 대화로 결정한다고 했으므로 정답은 1번이다.

문제 3 문제3에서는 문제지에 아무것도 인쇄되어 있지 않습니다. 이 문제는 전체적으로 어떤 내용인가를 묻는 문제입니다. 이야기 전에 질문은 없습니다. 먼저 이야기를 들으세요. 그리고 질문과 선택지를 듣고 1~4중에서 가장 적당한 것을 하나 고르세요.

1 ▶ 27:17

ラジオで男の人が話しています。

男 日本では最近、生活様式の変化によって、マンションばかりでなく一戸建てでも畳のある和室をほとんど見かけなくなりました。しかし、健康志向の高まりや環境保護の観点から、また少しずつ、日本固有の文化「畳」が見直されてきています。その特有の触感や香り、そしてさまざまな優れた機能は、フローリングやカーペットではまったく感じられないものだからです。ところで、「女房と畳は新しい方がいい」などということわざがありますが、新しいものばかりを求めるのは、今の時代には合いません。古くなっても、再利用しながら使える畳の環境に優しい面に注目すれば、日本の若者だけでなく世界中の人々にも自信をもって勧められるのではないでしょうか。

男の人は何について話していますか。
1 畳に関することわざ
2 日本の生活様式の変化
3 日本の若者の畳離れ
4 昔ながらの畳のよさ

라디오에서 남자가 이야기하고 있습니다.

남 일본에서는 최근 생활 양식의 변화에 따라서, 맨션 뿐만 아니라, 단독 주택에서도 다다미가 있는 일본식 방을 거의 볼 수 없게 되었습니다. 그러나, 건강을 지향의 고조와 환경 보호의 관점에서, 다시 조금씩 일본 고유의 문화 '다다미'가 재평가되고 있습니다. 그 특유의 촉감이나 향기, 그리고 여러 가지 뛰어난 기능은 마루 바닥이나 카페트에서는 전혀 느낄 수 없는 것이기 때문입니다. 그런데 '아내와 다다미는 새것이 좋다'라는 속담이 있습니다만, 새것만을 추구하는 것은 지금의 시대에는 맞지 않습니다. 오래되어도 다시 이용해서 쓸 수 있는 다다미의 친환경적 측면에 주목하면 일본의 젊은이 뿐만 아니라, 전세계 사람들에게도 자신 있게 권할 수 있지 않을까요?

남자는 무엇에 대해 이야기 하고 있습니까?
1 다다미에 관한 속담
2 일본의 생활양식의 변화
3 일본 젊은이들의 다다미에서 멀어지는 것
4 옛날 그대로의 다다미의 좋은 점

정답 4   문제유형 개요이해

어휘 生活様式 생활양식 | 変換 변환 | 一戸建て 단독 주택 | 畳 다다미(마루방에 까는 일본식 돗자리) | 和室 일본식 방 | ほとんど 거의, 대부분 | 見かける 눈에 띄다,(언뜻) 보다 | 健康志向 건강 지향 | 高まる 높아지다, 고조되다 | 環境保護 환경 보호 | 観点 관점 | 固有 고유 | 見直す 다시 보다, 재검토하다 | 特有 특유 | 触感 촉감 | 香り 향기 | 優れる 뛰어나다, 우수하다 | 機能 기능 | フローリング 플로어링. 마루를 까는 널빤지 | カーペット 카펫 | 女房 아내 | ~ばかり ~만, 뿐 | ことわざ 속담 | 求める 구하다, 요구하다 | 再利用 재이용 | 環境に優しい 환경 친화적인(친환경) | 注目 주목 | 若者 젊은이 | 自信 자신 | 勧める 권하다, 추천하다 | 離れる 떨어지다, 멀어지다

해설 생활 양식의 변화에 의해 다다미를 거의 볼 수 없게 되었으나 건강을 지향하며 환경 보호의 관점에서 다다미가 재평가되고 있다고 하며, 다다미의 특유의 장점과 뛰어난 기능에 대해 이야기하고 있기 때문에 정답은 4번이다.

テレビで専門家が話しています。

女 最近、ごはんを食べないダイエットがはやっていますが、これは、お米は糖質の固まりで、あまり栄養がないという誤解のせいです。でも実は、お米はすごくバランスのとれた栄養価の高い食品なんですよ。昔の日本人にとっては大切なタンパク源だったと言われていますし、ビタミンやミネラル、カルシウム、鉄分も含まれているんです。ごはんがヘルシーなもう一つの理由、それは、お水だけあれば炊けてしまうのでパンや麺のように油や調味料などがいらないところです。また、食物繊維が含まれているから、お通じにもいいんです。腸にいいということは、肌の調子を整えるのにも有効だということです。

専門家が言いたいことは何ですか。
1 お米はダイエットにいい
2 お米は健康にいい
3 お米の方がパンや麺より栄養がある
4 お米の食物繊維は肌にいい

텔레비전에서 전문가가 이야기하고 있습니다.

여 최근, 밥을 먹지 않는 다이어트가 유행하고 있습니다만, 이는, 쌀은 당질의 덩어리로 그다지 영양이 없다고 하는 오해 때문입니다. 하지만 사실은, 쌀은 매우 균형 잡힌 영양가 높은 식품입니다. 옛날 일본인에게 있어서는 중요한 단백질 원이었다고 일컬어지고 있고, 비타민이나 미네랄, 칼슘, 철분도 함유되어 있습니다. 밥이 건강에 좋은 또 하나의 이유, 그것은 물만 있으면 밥을 지을 수 있기 때문에 빵이나 면처럼 기름이랑 조미료 등이 필요 없다는 점입니다. 또한, 식물성 섬유가 함유 되어 있어 배변에도 좋습니다. 장에 좋다는 것은 피부의 상태를 조절하는데도 효과가 있다는 뜻입니다.

전문가가 말하고 싶은 것은 무엇입니까?
1 쌀은 다이어트에 좋다
2 쌀은 건강에 좋다
3 쌀 쪽이 빵이나 면보다 영양이 있다
4 쌀의 식물성 섬유는 피부에 좋다

정답 2 **문제유형** 개요이해

어휘 ダイエット 다이어트 | 流行る 유행하다 | 糖質 당질 | 固まり 덩어리 | 栄養 영양 | 誤解 오해 | せいで ～탓에 | 実は (사)실은 | バランス 밸런스, 균형 | タンパク源 단백질원 | ビタミン 비타민 | ミネラル 미네랄 | カルシウム 칼슘 | 鉄分 철분 | 含まれる 포함(함유)되다 | ヘルシー 헬시, 건강함 | 炊く 밥 짓다 | 麺 면 | 油 기름 | 調味料 조미료 | 食物繊維 식물성 섬유 | お通じにいい 대소변의 배설에 좋다 | 腸にいい 장에 좋다 | 肌 피부, 살결 | 調子を整える 상태를 조절하다 | 有効 유효

해설 쌀은 그다지 영양이 없는 당질의 덩어리라고 오해하고 있지만 사실은 매우 균형 잡힌 영양가 높은 식품이라고 했다. 쌀이 건강에 좋은 또 하나의 이유는, 기름이나 조미료 등을 사용하는 빵이나 면과는 달리 물만으로 밥을 지을 수 있고, 식물성 섬유가 함유되어 있어, 장과 피부에도 좋다는 설명을 하고 있으므로 말하고 싶은 것은 2번이다.

テレビ番組でアナウンサーが話しています。

女 今日ご紹介いたしますのは、こちらのタイルです。タイルの汚れって洗剤ではなかなか落ちないものですよね。「外壁は汚れるもの」なんてあきらめていませんか?そんなあきらめを解消してくれるのが、壁自身が自動的に汚れを落とす「ナノ親水」という新技術。これは壁のタイルを目に見えないくらいの水の膜でつつみ、汚

텔레비전 프로그램에서 아나운서가 말하고 있습니다.

여 오늘 소개해드릴 것은 이 타일입니다. 타일의 오염(때)는 세제로는 좀처럼 지워지지 않지요.
'외벽은 더러워지는 것'이라고 체념하고 있지 않습니까? 그런 체념을 해소해주는 것이, 벽 자체가 자동적으로 오염을 제거하는 '나노친수' 라는 신기술. 이것은 벽의 타일을 눈에 보이지 않을 정도의 물의 막으로 감싸, 더러움을 튕겨내는

れをはじくという仕組みなんです。実はこの技術、カタツムリの殻から発案されたものなんですね。発案者である田中さんがカタツムリの殻がいつも清潔に保たれている理由を研究したところ、薄い水の膜が油汚れをはじいていたことがわかったんです。

구조입니다. 실은 이 기술, 달팽이 껍질에서 생각해낸 것입니다. 발안자인 다나카 씨가 달팽이의 껍질이 항상 청결하게 유지되고 있는 이유를 연구한 결과, 얇은 물의 막이 기름때를 튕겨낸다는 것이 밝혀졌습니다.

女の人は何について話していますか。
1 タイルの素材
2 タイル開発にまつわる話
3 洗剤の素材
4 洗剤開発にまつわる話

여자는 무엇에 대해서 이야기 하고 있습니까?
1 타일의 소재
2 타일 개발에 관련된 이야기
3 세제의 소재
4 세제 개발에 관련된 이야기

정답 2 **문제유형** 개요이해

어휘 紹介 소개 | タオル 타올 | 汚れる 더러워지다 | 洗剤 세제 | なかなか 좀처럼 | 外壁 외벽 | 諦める 단념하다, 체념하다 | 解消 해소 | 自動的 자동적 | 汚れを落とす 더러움을 제거하다 | ナノ親水 나노친수(오염 방지 물질) | 新技術 신기술 | 膜 막 | 包む 싸다, 포장하다 | 汚れをはじく 더러움을 튕겨내다 | 仕組み 구조, 장치 | カタツムリ 달팽이 | 殻 껍질 | 発案 발안, 생각을 해냄 | 清潔 청결 | 保つ 유지하다, 보전하다 | 研究 연구 | 薄い 얇다, 연하다 | 油汚れ 기름때 | 素材 소재 | ～にまつわる話 ～에 얽힌(관련된) 이야기

해설 먼저, '오늘 소개해드릴 것은 타일입니다'라고 한 부분에서 주제를 파악할 수 있다. 지금까지의 타일은 세제로는 오염을 제거하기 어려웠지만, 이번에 소개하는 타일은 달팽이 껍질에서 착안해 새로운 기술로 개발되어, 자동적으로 오염을 제거한다고 했으므로, 정답은 2번이다.

---

4 ▶ 32:29

新入社員の研修で部長が話しています。

男 皆さん、2週間に及ぶ研修お疲れ様でした。これからは、戦力の一員としてがんばってもらいたいと思います。そのためには、ビジネスマナーや仕事を早く覚えることも大切ですが、ビジネスマナーは遅かれ早かれ、そのうちに身につくと思います。そして、仕事でミスをしないことも大切ですが、おそらく上司や先輩社員は皆さんにそこまで期待はしていないと思います。そもそも、新人に任せる仕事は、失敗してもそれほど会社に損失を与える業務はありませんから。むしろ失敗を恐れて硬くなってしまうのは良くありません。うまくやろうとしないで、なんでもチャレンジして少しずつ自分のやり方を見つけていってください。そうすれば次第に向上し、やがて会社にとって、なくてはならない人材になれると思います。

新入社員の研修で部長が話しています。

남 여러분, 2주간에 달하는 연수 수고하셨습니다. 앞으로는 전력의 일원으로서 열심히 하셨으면 합니다. 그러기 위해서는 비즈니스 매너나 업무를 빨리 익히는 것도 중요하지만, 비즈니스 매너는 머지않아 몸에 익힐 거라 생각합니다. 그리고 업무에서 실수를 하지 않는 것도 중요하지만, 아마 상사나 선배 사원은 여러분에게 거기까지 기대는 하지 않을 거라 생각합니다. 애초에 신입 사원에게 맡기는 일은 실패해도 그렇게 까지 회사에 손실을 주는 업무는 없기 때문이죠. 오히려 실패를 두려워해 경직되는 것은 좋지 않습니다. 잘 하려고 하지 말고 뭐든지 시도해서 조금씩 자신의 방법을 찾아가세요. 그렇게 하면 점차 향상되어, 머지않아 회사에 있어 없어서는 안 될 인재가 될 수 있으리라 생각합니다.

部長は何について話していますか。
1 新入社員に期待していること

부장은 무엇에 대해 이야기 하고 있습니까?
1 신입 사원에게 기대하고 있는 것

2 ビジネスマナーの大切さ | 2 비즈니스 매너의 중요성
3 仕事でミスをしないためのコツ | 3 업무에서 실수하지 않기 위한 요령
4 会社員としての心構え | 4 회사원으로서의 마음 가짐

정답 1 **문제유형** 개요이해

어휘 〜に及ぶ 〜에 이르다, 달하다 | 研修 연수 | 戦力 전력 | 一員 일원 | ビジネスマナー 비즈니스 매너 | 覚える 기억하다, 익히다 | 遅かれ早かれ 늦든 이르든, 조만간, 언젠가는 | 身につく 몸에 배다 | ミス 실수 | おそらく 아마, 필시 | 上司 상사 | 先輩 선배 | 期待する 기대하다 | そもそも 처음부터, 애당초 | 新人 신입 | 失敗 실패 | 損失を与える 손실을 안기다 | 業務 업무 | むしろ 오히려, 차라리 | 恐れる 무서워 하다, 두려워 하다 | 硬い 딱딱하다, 단단하다 | チャレンジする 도전하다 | 見つける 발견하다, 찾다 | 次第に 점차, 차츰 | 向上する 향상되다 | やがて 이윽고, 머지않아 | 人材 인재 | コツ 요령 | 心構え 마음의 준비, 각오

해설 연수에서 부장이 신입 사원에게 하는 이야기로 비즈니스 매너, 업무에서 실수 하지 않는 것 등도 중요하지만 그보다 잘하려고 하지 말고 뭐든지 도전해 조금씩 자신의 방법을 찾아가다 보면 차츰 향상되어 회사에 있어 중요한 인재가 될 수 있을 것이라고 했다. 즉, 신입 사원들을 향한 메시지로서 정답은 1번이 된다.

5 ▶ 34:15

大学の授業で先生が話しています。 | 대학 수업에서 선생님이 이야기하고 있습니다.

男 では、授業を始めます。今日は初回ですから、まず、授業の内容について説明します。この授業で取り上げるのは著作権全般についてですが、著作権とは、音楽や文章、ソフトウェアなどの著作物を財産として所有することができる権利のことで、知的財産権の中の一つです。授業は、今期と来期にまたがって行いますが、まず今期は、実務家として最低限必要となる著作権に関する基本的な考え方と、知識に焦点を当てたいと思います。来期の授業では、関連する企業などから経験豊富な講師を招き授業を行う予定です。今期の授業では、そのための基礎的な知識を身につけてください。そして、来期から本格的なテーマ研究も始めますから、その方向性も見つけてもらえたらと思います。

남 그럼 수업을 시작하겠습니다. 오늘은 첫 시간이니까, 먼저 수업 내용에 대해 설명하겠습니다 이 수업에서 다루는 것은 저작권 전반에 대해서입니다만, 저작권이란 음악이나 문장, 소프트웨어 등의 저작물을 재산으로서 소유할 수 있는 권리를 말하며, 지적 재산권 중의 하나입니다. 수업은 이번 학기와 다음 학기에 걸쳐 실시합니다만, 우선 이번 학기는 실무가로서 최소한 필요로 하는 저작권에 관한 기본적인 생각과 지식에 초점을 맞추고 싶습니다. 다음 학기 수업에서는 관련되는 기업 등에서 경험이 풍부한 강사를 초대해 수업을 실시할 예정입니다. 이번 학기 수업에서는 그것을 위한 기초적인 지식을 익혀 주세요. 그리고 다음 학기부터 본격적인 테마 연구도 시작할테니 그 방향성도 찾아주셨으면 합니다.

今期の授業ではどんなことを学びますか。 | 이번 학기 수업에서는 어떤 것을 배웁니까?
1 知的財産権全般に関する知識 | 1 지적재산권 전반에 관한 지식
2 実務家として必要なノウハウ | 2 실무가로서 필요한 노하우
3 著作権についての基礎知識 | 3 저작권에 대한 기초 지식
4 テーマ研究の方法 | 4 테마 연구 방법

정답 3 **문제유형** 포인트이해

어휘 初回 첫 회 | 取り上げる 받아들이다, 채택하다 | 著作権 저작권 | 全般 전반 | 文章 문장 | ソフトウェア 소프트웨어 | 財産 재산 | 所有する 소유하다 | 権利 권리 | 知的財産権 지적재산권 | 今期 이번 기간(시즌) | 来期 다음 기

간(시즌) | またがる 올라타다, 걸치다 | 行^{おこな}う 행하다, 실시하다 | 実務家^{じつむか} 실무가 | 最低限^{さいていげん} 최소한 | 基本的^{きほんてき} 기본적 | 焦点を当てる^{てん} 초점을 맞추다 | 関連^{かんれん} 관련 | 企業^{きぎょう} 기업 | 経験^{けいけん} 경험 | 豊^{ゆた}かだ 풍부하다 | 講師^{こうし} 강사 | 招^{まね}く 초대하다, 부르다 | 身^みに付^つける 몸에 익히다 | 本格的^{ほんかくてき}な 본격적인 | テーマ研究^{けんきゅう} 테마 연구 | 方向性^{ほうこうせい} 방향성 | 見^みつける 찾아내다, 발견하다 | ノウハウ 노하우, 비법

해설 선생님이 수업 내용에 대해 설명하는 내용으로 먼저 이번 학기와 다음 학기의 수업 내용을 구분해 듣는 것이 포인트다. 수업에서 다루는 것은 저작권 전반에 대해서인데, 이번 학기는 저작권에 대한 기본적인 생각과 지식에 대해, 다음 학기에는 관련 기업에서 경험이 풍부한 강사를 초대해 수업할 예정이므로, 이번 학기에서는 그것을 위한 기초 지식을 익혀 달라고 했기 때문에 3번이 정답이 된다.

문제 4 문제4에서는 문제지에 아무것도 인쇄되어 있지 않습니다. 먼저 문장을 들으세요. 그리고 그것에 대한 대답을 듣고 1-3 중에서 가장 적당한 것을 하나 고르세요.

1 ▶▶ 37:27

女 そんな難しい本、子供に読めっこないと思うけど。
男 1 確かにちょっと子供向けだね。
　　2 うん、子供でも読めそうだよ。
　　3 子供でも読めなくはないんじゃないかな。

여 그런 어려운 책, 아이들은 절대 못 읽을 거라 생각하는데.
남 1 확실히 좀 아이들에게 적합해.
　　2 응, 아이들도 읽을 수 있을 거 같아.
　　3 아이들이라도 못 읽는 건 아니잖아.

정답 3　**문제유형** 즉시응답

어휘 ～っこない (절대) 할 리가 없다 | 確^{たし}かに 확실히 | 子供向き^{こどもむ} 아이들에게 적합함, 아이들 용

해설 1, 2번의 경우, 아이들용으로 쉽게 읽을 수 있겠다는 말에 대한 응답으로 적합하다. 이 문제에서는, '그렇게 어려운 책은 아이들은 절대 못 읽을 거라는 말에 아이들이라도 못 읽을 건 없지 않냐고 대답하는 3번이 가장 적합하다. 이 경우「読めなくはないんじゃないか」의 정확한 듣기와 이해가 필요하다.

2 ▶▶ 37:56

女 お客様、そのシャツでしたら今お召しのスーツにとてもよくお似合いですよ。
男 1 そうですね。二人はお似合いのカップルですね。
　　2 ちょっと着てみてもいいですか。
　　3 そうですね。よく似ていますね。

여 손님, 그 셔츠라면 지금 입으신 정장에 매우 잘 어울려요.
남 1 그렇네요, 두 사람은 잘 어울리는 커플이네요.
　　2 좀 입어봐도 될까요?
　　3 그렇네요. 많이 닮았네요.

정답 2　**문제유형** 즉시응답

어휘 シャツ 셔츠 | お召^めし (남의 옷의 높임말) 옷,의복 | スーツ 정장 | 似合^{にあ}う 어울리다

해설 이 문제는「とてもよくお似合いですよ (매우 잘 어울려요)」라는 말을 어떻게 이해해 들었느냐에 따라 답이 달라진다. 앞 문장에서「今お召しのスーツ (지금 입으신 정장)」라는 부분에서 정장(옷)에 어울리다가 되니까 2번이 정답이다. 이 경우「今お召しのスーツ」의 표현을 익혀둘 필요가 있으며 표현이 어려워 이해하지 못한 경우라도 シャツ (셔츠) / スーツ (정장)가 옷이라는 것을 알았다면 이 문제의 답은 바로 알 수 있다.

3 ▶ 38:28

男 申し訳ございません。佐藤はただいま、席を外しており
ますが。

女 1 では、連絡があったとお伝えください。
　 2 おかえりなさい、早かったですね。
　 3 ええ、ちょっと席を外してください。

남 죄송합니다. 사토는 지금 자리에 없습니다만.

여 1 그럼, 연락이 왔다고 전해주세요.
　 2 어서 오세요, 빨리 왔네요.
　 3 네, 잠깐 자리를 비워주세요.

정답 1　**문제유형** 즉시응답

어휘 申し訳ない 면목 없다, 죄송하다 | 席を外す 자리를 비우다 | 連絡 연락 | 伝える 전하다

해설 지금 자리에 없다는 말에「では、連絡があったとお伝えください」라고 답한 1번이 정답이며「席を外す 자리를 비우다」는 자주 출제되므로 반드시 익혀두자.

4 ▶ 38:57

男 散歩がてらいつでもまたお気軽にお越しください。

女 1 じゃあ、2時間後に起こしますね。
　 2 散歩ですか。健康によさそうですね。
　 3 はい。また近いうちに寄らせてもらいます。

남 산책할 겸 언제든지 또 부담 없이 찾아 와 주십시오.

여 1 그럼 2시간 후에 깨울게요.
　 2 산책이세요? 건강에 좋을 거 같네요.
　 3 네. 또 조만간 찾아 오겠습니다.

정답 3　**문제유형** 즉시응답

어휘 ~がてら ~할 겸, ~하는 김에 | 気軽に 마음 가볍게 | お越し 오심, 가심, 왕림 | お越しください 찾아와 주십시오 | 起こす 일으키다/(잠을) 깨우다 | 近いうちに 일간, 가까운 시일 내 | 寄る 다가서다, 들르다

해설 산책 겸 또 와달라는 인사말에 대한 답으로 1, 2는 부적절하며「はい。また近いうちに寄らせてもらいます」라고 말한 3번이 정답이다. 가다, 오다의 존경 표현에서 쓰이는「お越しください」는 예문에서 꼭 익혀 두어야 하며, 동일한 발음의「お越し」와「起こし(起こす)」의 의미를 확실히 구별하자.

5 ▶ 39:29

女 ちょっとすみません。アンケート調査を行っているんで
すが、ご協力いただけますか?

男 1 急いでいるんで、また今度にします。
　 2 アンケートの結果次第ですね。
　 3 じゃあ、遠慮なくいただきます。

여 잠깐, 실례하겠습니다. 설문 조사를 하고 있는데, 협력해 주
시겠습니까?

남 1 바빠서요. 다음에 하겠습니다.
　 2 설문 조사 결과에 달려 있군요.
　 3 그럼 사양하지 않고 잘 먹겠습니다.

정답 1　**문제유형** 즉시응답

어휘 アンケート調査 앙케트(설문) 조사 | 協力 협력 | 急ぐ 서두르다 | 結果 결과 | 명사+次第 ~하기 나름임, ~에 따라 결정됨 | 遠慮 조심함, 사양함

해설 설문 조사에 협력을 부탁한다는 말에 대한 응답으로 협력에 응하거나, 응하지 않는 2가지 경우가 올 수 있는데, 바빠서 응하지 않겠다고 답한 1번이 정답이다.

6 ▶ 39:59

男 あーあ、試験勉強って本当に大変だよ。やってもやって
　もきりがないよ。
女 1 受かったの?おめでとう。
　2 じゃあ、今回は大丈夫ね。
　3 根気よく続けるしかないわ。

남 아~ 시험 공부는 정말 힘들어. 해도 해도 끝이 없어.

여 1 합격했어? 축하해.
　2 그럼, 이번에 괜찮은 거네.
　3 끈기 있게 계속하는 수밖에 없어.

정답 3　문제유형 즉시응답

어휘 試験勉強 시험 공부 | きりがない 끝이 없다 | 受かる 합격하다 | 根気よく続ける 끈기 있게 계속하다

해설 1, 2번은 시험을 치고 난 후의 결과로서 생각할 수 있는 답이므로 이 문제에서는 부적절하다. '끝이 없는 시험 공부가 너무 힘들다'는 말에 대한 응답으로는 힘들지만 끈기 있게 계속해야 한다고 말한 3번이 적합하다.

7 ▶ 40:29

男 山本課長の話はいつも大げさだからなぁ。
女 1 本当に話が上手よね。
　2 なかなかいいとこあるわね。
　3 そうね。後で確かめてみないとね。

남 야마모토 과장님은 언제나 과장되게 말하니까.
여 1 정말 이야기를 잘하네.
　2 꽤 좋은 점도 있구나.
　3 맞아. 나중에 확인해보지 않으면 안 돼.

정답 3　문제유형 즉시응답

어휘 大げさだ 과장되다 | なかなか 꽤, 상당히 | なかなか~ない 좀처럼 ~하지 않다 | 確かめる 확인하다

해설 과장님의 이야기는 항상 과장된다는 말은 이야기를 잘한다는 칭찬의 말이 아니므로 1, 2번은 부적절하며, 나중에 확인할 필요가 있다는 의미의 3번이 가장 적합하다.

8 ▶ 41:00

男 山本さんに頼まれた翻訳、どうにか明日まで間に合い
　そうだよ。
女 1 一時はどうなることかと思ったわ。
　2 あともう一歩だったのに、惜しかったわね。
　3 あきらめてよかったわね。

남 야마모토 씨에게 부탁받은 번역, 겨우 내일까지 맞출 수 있
　을 것 같아.
여 1 한때는 어떻게 되는 줄 알았어.
　2 바로 눈 앞이었는데 아깝네.
　3 포기하길 잘했네.

정답 1　문제유형 즉시응답

어휘 頼む 부탁하다 | 翻訳 번역 | どうにか 겨우, 그런대로, 어떻게든 | 間に合う 시간에 늦지 않게 대다 | 一時 일
시, 한때 | 惜しい 아깝다 | 諦める 단념하다, 체념하다

해설 2, 3번은 아쉽게 기한 내 끝내지 못하거나 단념한 경우이므로 정답이 될 수 없다. 부탁받은 일을 겨우 기한까지 맞
출 수 있을 거 같다는 말에 도중에 불안하고 위험해 보였다는 의미로 응답한 1번이 가장 적합하다.

9 ▶ 41:29

女 ねぇ、知ってる？　新入社員の田中さん、もう契約取れたんだって。

男 1 たいしたもんだね、そりゃあ。
　　2 取れたらいいのにね。
　　3 月日の経つのは早いね。

여 저기, 알고 있어? 신입 사원인 다나카 씨, 벌써 계약이 성사됐대.

남 1 대단하네. 정말.
　　2 계약이 되었으면 좋았을 텐데.
　　3 세월이 참 빠르군.

> **정답** 1　**문제유형** 즉시응답
>
> **어휘** 新入社員 신입사원 | 契約が取れる 계약이 성사되다 | たいしたもんだ 대단하다 | 月日 세월 | 経つ 지나다, 흐르다
>
> **해설** 신입 사원이 들어와 벌써 계약을 따내 일에서 성과를 냈다는 말에 2번은 응답으로 적절치 않으며, 3번도 거리가 먼 응답이다. 여기서는 대단하다고 응답한 1번이 가장 적합하다.

---

10 ▶ 41:58

女 大事なお客様ですから、くれぐれも間違いのないように頼みますよ。

男 1 はい、間違いありません。
　　2 どうぞご心配なく。
　　3 さっきお客様に頼みました。

여 중요한 손님이니까 아무쪼록 실수 없도록 부탁해요.

남 1 네, 틀림없습니다.
　　2 네, 걱정 마세요.
　　3 좀 전에 손님께 부탁했습니다.

> **정답** 2　**문제유형** 즉시응답
>
> **어휘** くれぐれも 부디, 아무쪼록 | 間違い 틀림, 잘못됨, 실수, 과실 | 頼む 부탁하다
>
> **해설** 중요한 손님을 잘 부탁한다는 말에 대한 응답이므로 걱정하지 말라는 2번이 정답이 된다.

---

11 ▶ 42:28

女 すみません。取り込んでて、今、ちょっと手が離せないんです。

男 1 そう？じゃあ手が空いたらでいいよ。
　　2 大丈夫？手、洗った方がいいよ。
　　3 いやー、もうお手上げだよ。

여 죄송합니다. 지금 너무 바빠서 손을 뗄 수가 없습니다.

남 1 그래? 그럼 틈이 나면 그 때라도 좋아.
　　2 괜찮아? 손 씻는 편이 좋아.
　　3 아, 이제 속수무책이야.

> **정답** 1　**문제유형** 즉시응답
>
> **어휘** 取り込む (갑작스런 일 등으로) 혼잡해지다, 어수선해지다 | 手が離せない 손을 뗄 수 없다 | 手が空く (일)손이 비다, 틈이 나다 | お手上げだ 더 이상 어찌할 수 없게 됨, 항복, 속수무책
>
> **해설** 이 문제는 「取り込む」와 「手」의 관용적인 표현의 의미를 정확하게 이해하는 것이 포인트다. 혼잡한 상황에서 도움이나 의뢰를 받고 손을 뗄 수 없는 상황이라는 말에 대한 답으로 1번이 정답이다. 참고로 「手が空く(손이 비다, 짬이 나다)」라는 표현도 함께 익혀두자.

12 ▶ 42:58

女 一度そちらの方にお伺いしてご相談させていただいて
　もよろしいでしょうか?
男 1 はい、すぐ参ります。
　2 ええ、どうぞ。いつでもおいでください。
　3 どうぞ、お構いなく。

여 한번 그쪽으로 방문해서 상의드리고 싶은데 괜찮으시겠습
　니까?
남 1 네, 바로 가겠습니다.
　2 네, 그러세요. 언제든 오세요.
　3 신경쓰지 않으셔도 됩니다.

정답 2　**문제유형** 즉시응답

어휘 伺(うかが)う 묻다, 듣다, 방문하다의 겸양어 | 相談(そうだん) 상담 | 参(まい)る 가다, 오다의 겸양어 | おいでになる 오시다, 가시다,
계시다(行(い)く, 来(く)る, いる의 존경표현) | お構(かま)いなく 개의치 마시고

해설 이 문제는 겸양 표현인 「~させていただいてもよろしいでしょうか」의 정확한 이해가 요구되는 문제다. 찾아 뵙
고 상담을 해도 되겠냐는 말에 대한 응답으로 1번은 부적절하며 3번은 방문한 곳에서 상대방이 음료나 음식을 내줄 기색이
느껴질 때 '제게 신경쓰지 않으셔도 됩니다'라는 의미로 '오래 머물지 않을 예정이니 제게 그런 서비스는 괜찮아요'라는 사양의
마음을 나타낼 때 사용하는 표현이다. 언제든 오라고 대답한 2번이 답이 된다.

문제 5　문제 5에서는 긴 이야기를 듣습니다. 이 문제에는 연습은 없습니다. 문제 용지에 메모를 해도 됩니다.

1番 2番
問題用紙に何もいんさつされていません。まず話を聞いて
ください。それから、質問とせんたくしを聞いて、1から4
の中から最もよいものを一つ選んでください。

1번 2번
문제지에는 아무것도 인쇄되어 있지 않습니다. 먼저 이야기를
들으세요. 그리고 질문과 선택지를 듣고, 1~4중에서 가장 적당
한 것을 하나 고르세요.

1 ▶ 44:16

女の人と男の人がサークルについて話しています。

女 ねえねえ、サークルどうしようか。
男 何か、色々ありすぎて決められないよ。どんなサークル
　があるかもはっきり分からないし……。
女 これ、サークルの資料もらってきたの。
男 いろんなサークルがあるんだな。演劇サークルに写真
　サークルもあるよ。
女 旅行サークルなんかいいんじゃない?高校の時、旅行
　サークルだったって言ってなかった?
男 うーん。でも、大学では他のサークルも入ってみたいん
　だよね。こっちは運動系のサークルか……。スキーなん
　か楽しそうだよ。
女 でも、スキーは冬だけで、「夏は活動しない」って書いて
　あるわ。それより、こっちの英会話サークルはどう? 英
　語の勉強にもなるし、就職にも役に立ちそうじゃない?
男 サークルでまで勉強なんかしたくないよ。それに、「英

여자와 남자가 동아리에 대해 이야기하고 있습니다.

여 있잖아, 동아리 어떻게 할까?
남 뭔가 여러 가지로 너무 많아서 못 정하겠어. 어떤 동아리가
　있는지도 확실히 모르겠고…….
여 여기, 동아리 자료 받아왔어.
남 여러 동아리가 있구나. 연극 동아리에 사진 동아리도 있어.
여 여행 동아리 같은 거 좋지 않아? 고등학교 때 여행 동아리
　였다고 말하지 않았어?
남 음, 그렇지만, 대학에서는 다른 동아리도 들어가보고 싶어.
　이쪽은 운동 계열의 동아리인가. 스키 같은 거 재미있을 것
　같아.
여 하지만, 스키는 겨울만으로 '여름은 활동하지 않는다'라고
　적혀 있어. 그보다 이쪽 영어 회화 동아리는 어때? 영어 공
　부도 되고 취업에도 도움이 될 거 같지 않아?
남 동아리에서까지 공부 같은 거 하고 싶지 않아. 게다가, '영어
　로 기본적인 대화가 가능할 것'이라고 쓰여 있는데.

語で基本的なコミュニケーションができること」って書いてあるよ?

女 そっか、それはちょっと自信ないなぁ。

男 これなんかどう?夏休みには合宿で泊りがけの撮影旅行もあるって。

女 いいわねえー。じゃあ、これに決まり。さっそく入部届け出しに行きましょう!

二人はどのサークルに決めましたか。
1 写真サークル
2 旅行サークル
3 スキーサークル
4 英会話サークル

여 그렇구나, 그건 좀 자신 없는데.

남 이런 건 어때? 여름 방학에 합숙에서 숙박 예정으로 떠나는 촬영 여행도 있대.

여 좋네~ 그럼, 이것으로 결정. 바로 동아리 가입신청서 내러 가자!

두 사람은 어떤 동아리로 결정했습니까?
1 사진 동아리
2 여행 동아리
3 스키 동아리
4 영어 회화 동아리

정답 1 **문제유형** 통합문제

어휘 サークル 서클, 동아리, 동호회 | 決める 정하다 | 資料 자료 | 演劇 연극 | 写真 사진 | 旅行 여행 | 運動系 운동계(통) | 活動 활동 | 就職 취직 | 役に立つ 도움이 되다 | 基本的な 기본적인 | コミュニケーション 커뮤니케이션 | 自信 자신 | 泊りがけの旅行 숙박할 예정으로 떠나는 여행 | さっそく 곧, 즉시 | 入部届け 입부 신청서

해설 긴 대화를 들으며 많은 정보와 내용 속에서 복수의 정보를 비교하며 이해할 수 있는지를 묻는 문제다. 이 문제는 남녀 학생이 동아리에 들어가기 전 선택하는 과정에서 각자의 생각을 말하고 듣는 과정을 요약하는 것이 아니라, 여러 정보에서 오답을 제거해 가는 것이 중요하다. 여학생이 추천했던 여행 동아리에서 남학생은 고등학교 시절 여행 동아리였기때문에 스키 동아리로, 그리고 스키 동아리는 여름은 활동하지 않으니까 취직에도 도움이 되는 영어 동아리로, 하지만 동아리에서까지 공부하고 싶지 않다는 각각의 이야기에서 2,3,4번은 제거되어야 하며 마지막에 이야기한 여름 방학에 합숙으로 숙박 촬영 여행도 있다고 하자 「じゃあ、これに決まり(이것으로 결정하자)」라고 했으므로 1번이 정답이 된다.

2 ▶ 46:23

デパートの売り場で客と店員が話しています。

女1 友人の結婚祝いのプレゼントを探しているんですが、どんなものがいいでしょうか。

女2 結婚祝いでしたら、キッチン用品やタオルセットなどが人気がありますね。お酒の好きな方でしたら、こちらのワインなんかも喜ばれますよ。

女1 ワインとかいいんじゃない?田中さんとこ、二人ともワイン通だし。

男 そうだね。でも、最近は健康のために二人ともお酒控えてるって言ってなかった?

女1 そうだったわね。じゃあ、こっちのコーヒーメーカーは?二人とも朝はパンでしょう?

男 いいね、それなら実用的だし……。でも、予算的にちょっと厳しいな。

女2 それでしたら、こちらの石鹸と洗剤のセットなんかがですか。生活に必要なものですから、特に女性

백화점 매장에서 손님과 점원이 이야기하고 있습니다.

여1 친구 결혼 축하 선물을 찾고 있는데, 어떤 게 좋을까요?

여2 결혼 축하라면 주방 용품이랑 타올 세트 등이 인기가 있어요. 술을 좋아하는 분이시라면, 여기 와인 같은 것도 좋아하세요.

여1 와인 같은 거 괜찮지 않아? 다나카 씨네 둘 다 와인에 대해 잘 알고 있고.

남 그렇네. 하지만 최근에는 건강을 위해 둘 다 와인은 삼가하고 있다고 하지 않았어?

여1 그랬었지. 그럼 이 커피 메이커는? 둘 다 아침은 빵이지?

남 좋아, 그거라면 실용적이고……. 그렇지만 예산적으로 조금 힘든데.

여2 그러시면, 이 비누와 세제 세트는 어떠세요? 생활에 필요한 거라서 특히 여성분에게 인기가 높습니다. 가격도 적당하고…….

の方に人気が高いんですよ。お値段もお手ごろです
し……。

女1 でも、結婚祝いに消耗品はちょっとそっけないような
　　気がするのよね。

女2 では、マグカップはいかがでしょうか。当店では輸入
　　ものや珍しいデザインのものなど豊富に取り揃えてお
　　ります。

男　うーん、マグカップかあ…やっぱりちょっと高くても毎
　　日使ってもらえるものにしようか。

女1 そうよ。じゃあ、こっちで決まりね。

結婚祝いは何にしましたか。
1 ワイン
2 コーヒーメーカー
3 石鹸と洗剤セット
4 マグカップ

여1 그렇지만 결혼 축하 선물로 소모품은 좀 정이 없어보여.

여2 그럼 머그컵은 어떠세요? 저희 매장에서는 수입품이나 진
　　귀한 디자인의 물건 등 풍부하게 갖추고 있습니다.

남　음～. 머그컵이라… 역시 조금 비싸더라도 매일 사용할 수
　　있는 것으로 할까.

여1 그러자, 그럼 이걸로 결정이네.

결혼 축하 선물은 무엇으로 했습니까?
1 와인
2 커피 메이커
3 비누와 세제 세트
4 머그컵

정답 2　**문제유형** 통합문제

어휘 結婚祝いのプレゼント 결혼 축하 선물 | 探す 찾다 | キッチン用品 주방 용품 | タオルセット 타올 세트 | 喜ぶ 기뻐하다 | ワイン通 와인에 정통한 사람 | 控える 대기하다, 삼가다, 줄이다 | コーヒーメーカー 커피 메이커 | 実用的 실용적 | 予算的 예산적 | 厳しい 엄격하다, 어렵다, 힘들다 | 石鹸 비누 | 洗剤 세제 | 値段 가격 | 手ごろ 적합함 | 消耗品 소모품 | そっけない 무뚝뚝하다, 쌀쌀하다 | 気がする 기분이 들다 | マグカップ 머그컵 | 輸入 수입 | 珍しい 드물다, 희귀하다 | 豊富 풍부 | 取り揃える 빠짐없이 갖추다, 고루 모으다

해설 결혼 축하 선물을 고르는 남녀의 대화와 매장 직원의 대화 내용을 들으며 주어진 정보를 비교하고 오답을 제거해
가며 듣는 것이 중요하다. 먼저 매장 직원이 주방 용품, 타올 세트, 와인을 추천했고 다시 여자는 남자에게 와인을 권하지만
건강때문에 술은 삼가 하고 있지 않느냐는 남자의 말을 통해 1번은 제거된다.
다음으로 비누와 세제 세트는 가격은 적당하지만, 결혼 축하 선물로 소모품은 조금 인정미없게 느껴지고, 머그컵도 주저함
을 나타내므로, 3번과 4번도 제거된다. 마지막 대화에서 가격이 좀 부담스럽지만 매일 아침 빵을 먹는 신혼부부에게 실용적
일 것 같은 커피메이커를 고를 것이라는 것을 알 수 있으므로 정답은 2번이다.

3番

まず話を聞いてください。それから、二つの質問を聞いて、
それぞれ問題用紙の1から4の中から、最もよいものを一()
つ選んでください。

3 ▶ 49:08

テレビでアナウンサーが「スマートフォン依存症」に
ついて話しています。

男1 スマートフォンはもはや現代人にとって、なくてはな
　　らない存在になっています。電車や道端でもスマー
　　トフォンを触っている人をよく見るようになりました。
　　今回はそんな「スマートフォン依存症」の症状につい

3번

우선 이야기를 들어 주십시오. 그리고 두 개의 질문을 듣고 각각
문제 용지의 1에서부터 4 중에서 제일 좋은 것을 하나 고르시오.

남1 스마트폰은 이제는 현대인에게 있어서 없어서는 안 될 존
　　재가 되었습니다. 전철이나 길거리에서도 스마트폰을 만
　　지고 있는 사람들 자주 보게 되었습니다. 이번에는 그런
　　'스마트폰 의존증'에 대해서 소개할 테니, 자신이 몇 개 해

텔레비전에서 아나운서가「스마트폰 의존증」에 대해 이야기 하
고 있습니다.

て紹介しますので、ご自分がいくつ当てはまっているのかチェックしてみてください。まず、1つ目は「一日中SNSが気になり、ついスマートフォンを見てしまう」です。SNSが気になって仕事が手につかないという人は要注意です。2つ目は「スマートフォンを忘れてしまった日はとても不安」です。財布は忘れてもスマートフォンだけは持っているという人も多いでしょう。3つ目は「無意識にタッチパネルを触っている」で、4つ目は「着信していないのに、スマートフォンが振動した錯覚に陥る」です。ここまでくれば、もう重症かもしれません。さあ、あなたはいくつ当てはまりましたか。

女 あなた、全部当てはまるんじゃない？

男2 そんなことないよ。確かに以前はそうだったかもしれないけど、自分でも自覚してからはかなり良くなったからね。まあ、未だにスマートフォンがないと落ち着かないっていうのはあるけど、あとは全部克服したよ。君こそどうなの？

女 私も、ほぼ大丈夫なんだけど……。ただ……。

男2 ただ、何？

女 友達がメッセージを読んだか気になってつい見ちゃうのよね。そればっかりは止められないのよ。

質問1　男の人はどれに当てはまりますか。
1　一日中SNSが気になる
2　スマートフォンを忘れてしまった日はとても不安
3　無意識にタッチパネルを触っている
4　着信していないのに、スマートフォンが振動した錯覚に陥る

質問2　女の人はどれに当てはまりますか。
1　一日中SNSが気になる
2　スマートフォンを忘れてしまった日はとても不安
3　無意識にタッチパネルを触っている
4　着信していないのに、スマートフォンが振動した錯覚に陥る

당되는지 체크해 보세요. 첫 번째는 '하루 종일 SNS가 신경 쓰여, 무심코 스마트폰을 보고만다'입니다. SNS가 신경 쓰여 일이 손에 잡히지 않는다는 사람은 주의가 필요합니다. 두 번째는 '스마트폰을 잊고 온 날은 매우 불안하다'입니다. 지갑은 잊어도 스마트폰만은 들고 있는 사람도 많을 것입니다. 세 번째는 '무의식적으로 터치패널을 만지고 있다'이며, 네 번째는 '착신되지 않았는데도 스마트폰이 진동했다는 착각에 빠진다'입니다. 여기까지 오면, 이미 중증일지도 모릅니다. 자, 당신은 몇 개 해당됩니까?

여 당신, 전부 해당되지 않아?

남2 그렇지 않아, 확실히 예전에는 그랬을지 모르지만, 스스로도 자각하고 나서부터는 꽤 좋아졌으니까, 뭐 아직도 스마트폰이 없으면 차분해지지 않는 건 있지만, 나머지는 전부 극복했어. 너야말로 어때?

여 나도 거의 괜찮지만……. 단지…….

남2 단지, 뭐?

여 친구가 메시지를 읽었는지 신경 쓰여서 그만 보고 말아. 그것만은 그만둘 수가 없어.

질문1 남자는 어느 것에 해당됩니까?
1 하루 종일 SNS가 신경 쓰인다.
2 스마트폰을 잊고 온 날은 매우 불안하다
3 무의식적으로 터치패널을 만지고 있다.
4 착신되지 않았는데도, 스마트폰이 진동했다는 착각에 빠진다.

질문2 여자는 어느 것에 해당됩니까?
1 하루 종일 SNS가 신경 쓰인다.
2 스마트폰을 잊고 온 날은 매우 불안
3 무의식적으로 터치패널을 만지고 있다.
4 착신되지 않았는데도, 스마트폰이 진동했다는 착각에 빠진다.

정답 (1) 2　(2) 1　**문제유형** 통합문제

어휘 スマートフォン 스마트폰 | 現代人げんだいじん 현대인 | 道端みちばた 길가, 도로변 | 触さわる 만지다, 대다 | 依存症いぞんしょう 의존증 | 症状しょうじょう 증상 | 紹介しょうかい 소개 | 当あてはまる 들어맞다, 적합하다 | 要注意ようちゅうい 요주의 | 一日中いちにちじゅう 하루 종일 | 気きになる 걱정되다, 마음에 걸리다 | つい 조금, 바로, 무심코, 그만 | 仕事しごとが手てにつかない 일이 손에 잡히지 않는다 | 財布さいふ 지갑 | 忘わすれる 잊다, 잊어버리다 | 無意識むいしきに 무의식적으로 | タッチパネル 터치 패널 | 着信ちゃくしんする 착신하다 | 振動しんどう 진동 | 錯覚さっかく 착각 | 陥おちいる 빠지다 | 重症じゅうしょう 중증 | 確たしかに 확실히 | 自覚じかく 자각 | 落おち着つく (일, 마음 등이)안정되다, 진정되다, 가라앉다 | 克服こくふく 극복 | 거의 | ただ 단, 다만

해설 스마트폰 의존증에 대한 소개로 남자의 경우 스마트폰이 없으면 차분해지지 않는 경우는 있지만 나머지는 전부 극복했다고 했기 때문에 남자는 2번에 해당된다. 여자의 경우, 남자가 스마트폰이 없으면 안정되지 않는다는 말에 자신은 거의 괜찮아졌지만, 친구가 메시지를 읽었는지 아닌지 신경 쓰여 보게 되는데, 그것만은 멈출 수가 없다고 했으므로 1번이 정답이 된다.

JLPT

N2

실전모의테스트
1회

청해

問題1 ◎118

問題1では、まず質問を聞いてください。それから話を聞いて、問題用紙の1から4の中から、最もよいものを一つ選んでください。

例

1 仕事の説明を聞く
2 簡単な掃除をする
3 部長にお茶を入れる
4 スケジュールの確認をする

1番

1　マイクロプロ

2　ヤジマ証券

3　ホワイトバンク

4　トンダ

2番

1　窓を開けて空気を入れ替える

2　ガスのもとせんを閉める

3　ガスヒーターの電源を切る

4　ガス漏れの点検を申し込む

3番

1　どの診療科へ行くのか案内する

2　患者の症状を教えてもらう

3　患者を職員のところへ連れていく

4　診療科まで手伝いが必要か聞く

4番

1 見積もりを見直す
2 新しい担当に会いに行く
3 ABC商事に電話する
4 メールを転送する

5番

1 レポートに関する質問に答えられるように準備する
2 レポートに載せるデータをもう一度取り直す
3 レポートを直してもう一度提出する
4 レポートをパワーポイントで作り直す

問題 2

問題 2 では、まず質問を聞いてください。そのあと、問題用紙のせんたくしを読んでください。読む時間があります。それから話を聞いて、問題用紙の 1 から 4 の中から、最もよいものを一つ選んでください。

例

1　髪を洗うのが大変だから
2　失恋したから
3　来週面接だから
4　朝セットするのが大変だから

1番

1 母親の体調が悪いから

2 父親の見舞いに行くから

3 結婚記念日だから

4 自分の体調が悪いから

2番

1 映画に出演した俳優が格好良い点

2 ストーリーが素晴らしい点

3 歴史的背景を考慮して作った点

4 どんな人でも楽しむことができる点

3番

1 野菜の味が悪くなり、栄養価も低くなる。

2 農家の仕事が増え、野菜の値段が上がる。

3 虫がつくが、栄養価の高い野菜ができる。

4 虫もつかず、味のおいしい野菜ができる。

4番

  1 販売する努力が足りなかったため

  2 パッケージのデザインが良くなかったため

  3 デザイナーに支払う金額が少なかったため

  4 広告が急に変更されることになったため

5番

  1 今月の営業成績で一番になったこと

  2 毎朝早く会社へ来て、掃除をしたこと

  3 あちこち歩き回って、営業をしたこと

  4 体を壊さないように気を付けたこと

6番

  1 低いトーンの声で、目を見て話ができるようになると良い

  2 相手の話が、しっかりと聞けるようになると良い

  3 自分の経験を人に話せるように、準備しておくと良い

  4 自分とは違う価値観に触れる経験をすると良い

問題3

問題3では、問題用紙に何も印刷されていません。この問題は、全体としてどんな内容かを聞く問題です。話の前に質問はありません。まず話を聞いてください。それから、質問とせんたくしを聞いて、1から4の中、最もよいものを一つ選んでください。

― メモ ―

問題4

問題4では、問題用紙に何も印刷されていません。まず文を聞いてください。それから、それに対する返事を聞いて、1から3の中から、最もよいものを一つ選んでください。

― メモ ―

問題5

問題5では、長めの話を聞きます。この問題には練習はありません。メモをとってもかまいません。

１番、２番

問題用紙に何も印刷されていません。まず話を聞いてください。それから、質問とせんたくしを聞いて、１から４の中から、最もよいものを一つ選んでください。

― メモ ―

3番

まず話を聞いてください。それから、二つの質問を聞いて、それぞれ問題用紙の1から4の中から、最もよいものを一つ選んでください。

質問1

1　ニュースABC

2　必殺忍者
　　<ruby>必<rt>ひっ</rt></ruby><ruby>殺<rt>さつ</rt></ruby><ruby>忍<rt>にん</rt></ruby><ruby>者<rt>じゃ</rt></ruby>

3　南極の命
　　<ruby>南<rt>なん</rt></ruby><ruby>極<rt>きょく</rt></ruby>の<ruby>命<rt>いのち</rt></ruby>

4　サウンドオブミュージック

質問2

1　ニュースABC

2　必殺忍者
　　<ruby>必<rt>ひっ</rt></ruby><ruby>殺<rt>さつ</rt></ruby><ruby>忍<rt>にん</rt></ruby><ruby>者<rt>じゃ</rt></ruby>

3　南極の命
　　<ruby>南<rt>なん</rt></ruby><ruby>極<rt>きょく</rt></ruby>の<ruby>命<rt>いのち</rt></ruby>

4　サウンドオブミュージック

N2

JLPT

실전모의테스트
2회

청해

問題1 ◎119

問題1では、まず質問を聞いてください。それから話を聞いて、問題用紙の1から4の中から、最もよいものを一つ選んでください。

例

1　仕事の説明を聞く
2　簡単な掃除をする
3　部長にお茶を入れる
4　スケジュールの確認をする

1番

1 スライドの文字を大きくする

2 スライドの文字の色を変える

3 発表の原稿を覚える

4 発表のリハーサルをする

2番

1 500円

2 600円

3 700円

4 800円

3番

1 休憩を取る

2 暗記を続ける

3 カードを作る

4 寝る

4番

1 メニューの数を増やす

2 絞り込み検索の項目を確認する

3 商品検索のフォームを小さくする

4 商品写真の数を減らす

5番

1 結婚式用のスーツを準備する

2 結婚式の会場を確認する

3 出席の連絡をする

4 お祝い金のルールを調べる

問題2

問題2では、まず質問を聞いてください。そのあと、問題用紙のせんたくしを読んでください。読む時間があります。それから話を聞いて、問題用紙の1から4の中から、最もよいものを一つ選んでください。

例

1 髪を洗うのが大変だから
2 失恋したから
3 来週面接だから
4 朝セットするのが大変だから

1番

1 林先生の授業も担当することになったので

2 他の先生も帰らないで仕事をしているので

3 学校のほうが落ち着いて仕事ができるので

4 家では仕事をしないと決めたので

2番

1 料理の味がまずくなったこと

2 客への配慮が足りないこと

3 コーヒーが有料になったこと

4 食事の値段に納得がいかないこと

3番

1 絵をたくさん見て、好きな絵の模写をする

2 自分が描きたい絵だけを毎日休まずに描く

3 絵の具や筆は、いいものを使う

4 コンテストの絵をたくさん見て真似をする

4番

1 保守サービスを呼んだので

2 詰まった紙を取り除いたので

3 リセットボタンを押したので

4 部屋の温度を上げたので

5番

1 エレベーターがあるから

2 日当たりがいいから

3 駅から近いから

4 部屋代が安いから

6番

1 子供と一緒に暮したいから

2 母親に負担がかかるから

3 夫の体調が心配だから

4 一年後の留学を約束してくれたから

問題3

問題3では、問題用紙に何も印刷されていません。この問題は、全体としてどんな内容かを聞く問題です。話の前に質問はありません。まず話を聞いてください。それから、質問とせんたくしを聞いて、1から4の中、最もよいものを一つ選んでください。

― メモ ―

問題4

問題4では、問題用紙に何も印刷されていません。まず文を聞いてください。それから、それに対する返事を聞いて、1から3の中から、最もよいものを一つ選んでください。

― メモ ―

問題5

問題5では、長めの話を聞きます。この問題には練習はありません。問題用紙にメモをとってもかまいません。

1番、2番

問題用紙に何も印刷されていません。まず話を聞いてください。それから、質問とせんたくしを聞いて、1から4の中から、最もよいものを一つ選んでください。

― メモ ―

3番

まず話を聞いてください。それから、二つの質問を聞いて、それぞれ問題用紙の1から4の中から、最もよいものを一つ選んでください。

質問1

1 お金がある友達
2 知恵がある友達
3 人脈がある友達
4 勇気がある友達

質問2

1 お金がある友達
2 知恵がある友達
3 人脈がある友達
4 勇気がある友達

|M|E|M|O|

실전모의테스트 1회

청해						
문제 1	1 ③	2 ③	3 ②	4 ③	5 ①	
문제 2	1 ②	2 ①	3 ④	4 ②	5 ④	6 ④
문제 3	1 ③	2 ③	3 ④	4 ③	5 ①	
문제 4	1 ②	2 ②	3 ①	4 ③	5 ②	6 ①
	7 ③	8 ①	9 ③	10 ②	11 ③	12 ①
문제 5	1 ①	2 ①	3-1 ④	3-2 ①		

청해 ◎118

문제1

문제1에서는 먼저 질문을 들으세요. 그리고 이야기를 듣고 문제지의 1~4 중에서 가장 적당한 것을 하나 고르세요.

1番 ▶ 02:02

男の人と女の人が話しています。女の人はこの後、どこに申請書を出しますか。

男 : 夏のインターン、どこにした？ この間言ってたマイクロプロ？

女 : ううん、そこは落ちちゃったから、ヤジマ証券にも申請しといた。

男 : え？証券会社？

女 : まだ1年生だし、いろんな経験してみたくて。あ、ホワイトバンクの申請書も今日出すところ。

男 : じゃあ、トンダにも申請してみたら。給料とか、雰囲気とかいいらしいよ。

女 : それは知ってるけど、クルマには興味ないなあ。

男 : いろんな経験したいんじゃなかったの。

女 : クルマ以外でね。

女の人はこの後、どこに申請書を出しますか。

1　マイクロプロ
2　ヤジマ証券
3　ホワイトバンク
4　トンダ

1번

남자와 여자가 이야기하고 있습니다. 여자는 이후 어디에 신청서를 제출합니까?

남 : 여름에 인턴, 어디로 정했어? 일전에 말했던 마이크로 프로?

여 : 아니, 그곳은 떨어져서 야지마 증권에도 신청해두었어.

남 : 뭐? 증권회사?

여 : 아직 1학년이고, 다양한 경험을 해보고 싶어서. 아, 화이트뱅크 신청서도 오늘 제출할 참이야.

남 : 그럼, 돈다에도 신청해보면 어때? 급료라든가 분위기라든가 좋다는 것 같던데.

여 : 그건 알고 있지만 자동차에는 흥미 없어.

남 : 다양한 경험해보고 싶었던 것 아니었어?

여 : 자동차는 빼고.

여자는 이후 어디에 신청서를 제출합니까?

1　마이크로프로
2　야지마 증권
3　화이트뱅크
4　돈다

정답　3　**문제유형**　과제이해

어휘　落ちる 떨어지다 | 証券 증권 | 申請 신청 | 経験 경험 | 給料 급료 | 雰囲気 분위기 | 興味 흥미 | 以外 이외

해설　여자는 「ホワイトバンクの申請書も今日出すところ(화이트뱅크 신청서도 오늘 제출할 참이야)」라고 했기 때문에 정답은 3번 화이트뱅크다.

2番 ▶ 03:19

男の人と女の人が電話で話しています。女の人はこの後まず、何をしますか。

男 : 関東ガス、お客様サービスセンターでございます。

女 : あの、家の中がガス臭いんですが。

男 : お客様のお体の具合は大丈夫ですか。

女 : はい。

男 : では、まず窓を開けて空気を入れ替えてみてください。それとガスコンロの火を消して、元栓も閉めてください。

女 : それは、全部やってみました。

男 : もしかして、ガスヒーターをご使用じゃありませんか。

女 : あ、そういえば……。

男 : ではそちらの電源を切ってください。それでも臭う時は、"改めてお電話で、ガス漏れ点検をお申し込みください。

2번

남자와 여자가 전화로 이야기하고 있습니다. 여자는 이후 먼저 무엇을 합니까?

남 : 간토 가스, 서비스 센터입니다.

여 : 저, 집 안에서 가스 냄새가 나는데요.

남 : 손님의 몸 상태는 괜찮습니까?

여 : 네.

남 : 그럼, 우선 창문을 열고 공기를 환기시켜 보세요. 그리고 가스 레인지 불을 끄고, 가스 밸브도 잠가 주세요.

여 : 그건 전부 해 보았습니다.

남 : 혹시 가스 히터를 사용하고 계시지 않습니까?

여 : 아, 그러고 보니…….

남 : 그럼 그쪽 전원도 꺼 주세요. 그래도 냄새가 날 때에는 다시 한 번 전화로 가스 누출 점검을 신청해 주세요.

女の人はこの後まず、何をしますか。
1 窓を開けて空気を入れ替える
2 ガスのもとせんを閉める
3 ガスヒーターの電源を切る
4 ガス漏れの点検を申し込む

여자는 이후 먼저 무엇을 합니까?
1 창문을 열고 공기를 환기시킨다
2 가스 밸브를 잠근다
3 가스 히터 전원을 끈다
4 가스 누출 점검을 신청한다

정답 3 **문제유형** 과제이해

어휘 臭(くさ)い 악취가 나다 | 具合(ぐあい) 상태 | 入(い)れ替(か)える 교체하다, 바꾸어 넣다 | 消(け)す 끄다, 제거하다 | 元栓(もとせん) 벨브, 가스관 | そういえば 그러고 보니 | 電源(でんげん) 전원 | 改(あらた)めて 다시 한 번 | ガス漏(も)れ 가스 누출 | 点検(てんけん) 점검 | 申(もう)し込(こ)む 신청하다

해설 남자가 가스 히터를 사용하면 전원을 꺼 달라고 했기 때문에 정답은 3번 제일 먼저 가스 히터 전원을 끈다가 된다.

3番 ▶ 04:34
病院で、ボランティアの担当者が学生たちに話しています。学生たちは、患者が来たらまず何をしなければなりませんか。

女: はい、じゃ、注目してください。患者さんがいらっしゃったら、どの診療科に行かれるのかご案内する必要があります。簡単な症状を聞いて、このリストを参考に、どの診療科に行ったらよいのかご案内してください。分からないときは職員のところへ連れてきてください。車いすの方には、診療科までお連れする必要があるのか伺うのを忘れないでください。患者さんがそうしてほしいとおっしゃったら、近くの職員に、持ち場を離れることを報告してから、移動をしてください。

学生たちは、患者が来たらまず何をしなければなりませんか。
1 どの診療科へ行くのか案内する
2 患者の症状を教えてもらう
3 患者を職員のところへ連れていく
4 診療科まで手伝いが必要か聞く

3번
병원에서 봉사활동 담당자가 학생들에게 이야기하고 있습니다. 학생들은 환자가 오면 먼저 무엇을 해야 합니까?

여: 네, 그럼 주목해 주세요. 환자분이 오시면, 어느 진료과에 가실지 안내할 필요가 있습니다. 간단한 증상을 듣고 이 리스트를 참고로 어느 진료과에 가면 좋을지 안내해 주세요. 모를 때에는 직원이 있는 곳으로 데리고 와 주세요. 휠체어를 사용하시는 분들에게는 진료실까지 동행할 필요가 있는지 여쭈어 보는 것도 잊지 말아 주세요. 환자가 그렇게 해 주길 원한다고 말씀하시면, 근처에 있는 직원에게 담당 구역을 벗어나는 것을 보고하고 나서 이동해 주세요.

학생들은 환자가 오면 먼저 무엇을 해야 합니까?
1 어느 진료과에 갈 것인지 안내한다
2 환자에게 증상을 듣는다
3 환자를 직원이 있는 곳으로 데려다 준다
4 진료과까지 도움이 필요한지 묻는다

정답 2 **문제유형** 과제이해

어휘 患者(かんじゃ)さん 환자 | 診療科(しんりょうか) 진료과 | 案内(あんない) 안내 | 症状(しょうじょう) 증상 | 参考(さんこう) 참고 | 職員(しょくいん) 직원 | 連(つ)れる 데리고 가다 | 車(くるま)いす 휠체어 | 伺(うかが)う 묻다, 방문하다 | おっしゃる 말씀하시다 | 持(も)ち場(ば) 담당 부서, 담당 구역 | 離(はな)れる 떨어지다 | 報告(ほうこく) 보고 | 移動(いどう) 이동

해설 학생들이 제일 먼저 해야 할 일은 「簡単な症状を聞いて(간단한 증상을 묻고)」이기 때문에 정답은 2번이다.

4番 ▶ 05:55
会社で、男の人と女の人が話しています。男の人はこの後まず、何をしなければなりませんか。

男: ちょっと、よろしいですか。ABC商事の件ですが。
女: どうしたの。
男: 実は今週から担当者が変わったんですが、新しい担当者が契約を考え直したいそうで。
女: そんな、契約寸前だったのに。
男: どうしましょう。見積もりを直して、もう一度交渉しましょうか。

4번
회사에서 남자와 여자가 이야기하고 있습니다. 남자는 이후 우선 무엇을 해야 합니까?

남: 잠깐 괜찮습니까? ABC상사 건입니다만.
여: 무슨 일이야?
남: 실은 이번 주부터 담당자가 바뀌었는데, 새로운 담당자가 계약을 재고하고 싶다고 해서요.
여: 저런, 계약 직전이었는데.
남: 어떻게 할까요? 견적서를 고쳐서 다시 한 번 교섭할까요?

女：まずは、担当者に会いに行かないと。見積もりを出す前に、急いで電話でアポイントを取ってちょうだい。

男：わかりました。それから僕宛に来たメールも、課長に転送しておきます。

女：うん、そうしてくれる。

男の人はこの後まず、何をしなければなりませんか。
1　見積もりを見直す
2　新しい担当に会いに行く
3　ABC商事に電話する
4　メールを転送する

여：우선은 담당자를 만나러 가야 돼. 견적서를 내기 전에 빨리 전화해서 약속을 잡아줘.

남：알겠습니다. 그리고 제 앞으로 온 메일도 과장님에게 전송해 두겠습니다.

여：응, 그렇게 해 줘.

남자는 이후 우선 무엇을 해야 합니까?
1　견적서를 다시 고친다
2　새로운 담당자를 만나러 간다
3　ABC상사에 전화 한다
4　메일을 전송한다

정답 3　**문제유형** 과제이해

어휘 商事 상사 | 件 건, 사항, 사건 | 担当者 담당자 | 契約 계약 | 考え直す 다시 생각하다 | 寸前 직전, 바로 전 | 見積もり 견적 | 交渉 교섭, 협상 | アポイント 약속 | ~(て)ちょうだい ~(해) 주세요 | 宛 ~앞(수신인 · 수신처 등) | 転送 전송

해설 여자가 남자에게 「見積もりを出す前に、急いで電話でアポイントを取ってちょうだい(견적서를 내기 전에 빨리 전화해서 약속을 잡아 줘)」라고 했기 때문에 정답은 3번 ABC상사에 전화를 한다가 된다.

5番 ▶ 07:12

大学で、男の先生と学生が話しています。学生はこの後、何をしなければなりませんか。

男：今度のゼミでは、川村さんのレポートを紹介するからね。質問されたら、答えられるようにしといて。

女：えっ、本当ですか。でもあのレポート、自信がなかったんですが…

男：データの取り方は、ちょっとね。あの数じゃ、信頼できるデータとは言えないから。

女：データを取り直したほうがいいでしょうか。

男：いや、着目点が良かったから、そこをみんなに感じてほしいんだ。これ見たら、出し直す人もいるかもな。

女：あの、見やすいように、パワーポイントで作り直してきましょうか。

男：そこは私が適当にやるから。さっき言ったことだけ、ちゃんとしてくれればいいよ。

学生はこの後、何をしなければなりませんか。
1　レポートに関する質問に答えられるように準備する
2　レポートに載せるデータをもう一度取り直す
3　レポートを直してもう一度提出する
4　レポートをパワーポイントで作り直す

5번

대학에서 남자 선생님과 학생이 이야기하고 있습니다. 학생은 이후 무엇을 하지 않으면 안 됩니까?

남：이번 세미나에서는 가와무라 씨의 리포트를 소개할 테니까, 질문 받으면 대답할 수 있도록 해 둬.

여：에~, 정말입니까? 하지만 저 리포트, 자신이 없습니다만….

남：데이터 수집 방법은 좀 그렇네. 저 수치로는 신뢰할 수 있는 데이터라고 말할 수 없으니까.

여：데이터를 고치는 편이 좋을까요?

남：아니, 착안점이 좋기 때문에 그 점을 다들 느꼈으면 좋겠어. 이걸 본다면, 다시 제출하는 사람도 있을지도 모르지.

여：저, 보기 쉽도록 파워 포인트로 다시 만들어서 올까요?

남：그것은 내가 적당히 할 테니까. 방금 말했던 것만, 제대로 해 줬으면 좋겠어.

학생은 이후 무엇을 하지 않으면 안 됩니까?
1　리포트에 관한 질문에 대답할 수 있도록 준비한다
2　리포트에 실을 데이터를 다시 한 번 고친다
3　리포트를 고쳐서 다시 한 번 제출한다
4　리포트를 파워포인트로 다시 만든다

정답 1　**문제유형** 과제이해

어휘 ゼミ 세미나 | 取り方 취급하는 방법 | 数 수 | 信頼 신뢰 | 着目点 착안점, 주목할 점 | 適当に 적당함

해설 선생님이 맨 마지막에 「さっき言ったことだけ、ちゃんとしてくれればいいよ(방금 말했던 것만 제대로 해 줬으면 좋겠어)」라는 것은 선생님이 제일 처음에 말했던 「質問されたら、答えられるようにしといて(질문 받으면 대답할 수 있도록 해 둬)」이기 때문에 정답은 1번이다.

문제2

문제2에서는 먼저 질문을 들으세요. 그 후 문제지의 선택지를 읽으세요. 읽을 시간이 있습니다. 그리고 이야기를 듣고 문제지의 1~4 중에서 가장 적당한 것을 하나 고르세요.

1番 ▶ 11:11

会社で、男の人二人が話しています。佐藤さんは、どうして早く帰りますか。

男1：佐藤さん、今日は新人歓迎会でしょ。どこに行くの。
男2：ごめん、実は、母親が風邪ひいちゃって。
男1：そんなにひどいの。
男2：いや、今、父親が入院してて。食事の手伝いが必要なんだけど、今日は母親が行けないから、僕が行かないと。
男1：まいったな。僕も今日は結婚記念日で、挨拶だけして帰ろうと思ってたのに。
男2：部長も風邪ひいてすぐ帰るって言ってたし…。せっかくの歓迎会なのに、寂しい会になっちゃうな。
男1：本当だね。よし、じゃあ、別の日にしてもらえないか、交渉してみるよ。

佐藤さんは、どうして早く帰りますか。
1 母親の体調が悪いから
2 父親の見舞いに行くから
3 結婚記念日だから
4 自分の体調が悪いから

1번

회사에서 두 명의 남자가 이야기하고 있습니다. 사토 씨는 어째서 빨리 돌아갑니까?

남자1 : 사토 씨, 오늘 신입 환영회잖아. 어디 가는 거야?
남자2 : 미안, 실은 엄마가 감기에 걸렸어.
남자1 : 그렇게 심해?
남자2 : 아니, 지금 아빠가 입원해서. 식사할 때 도움이 필요한데, 오늘은 엄마가 못 가니까 내가 가야 돼.
남자1 : 큰일이네. 나도 오늘은 결혼기념일이라 인사만 하고 집에 돌아가려고 했는데.
남자2 : 부장님도 감기에 걸려서 바로 집에 가신다고 하고…. 모처럼 환영회인데, 쓸쓸한 모임이 되어버리겠네.
남자1 : 그러네 정말. 좋아, 그럼 다른 날로 바꿀 수 없는지 이야기해 보자.

사토 씨는 어째서 빨리 돌아갑니까?
1 엄마 몸 상태가 안 좋기 때문에
2 아빠에게 병문안 하러 가야 하기 때문에
3 결혼기념일 때문에
4 자신의 몸 상태가 안 좋기 때문에

정답 2 **문제유형** 포인트이해

어휘 新人歓迎会 신입 환영회 | ひどい 심하다 | まいった 어쩔 수가 없다, 곤란하다 | 挨拶 인사 | せっかく 모처럼 | 交渉 교섭, 협상 | 体調 몸 상태 | 見舞い 병문안

해설 사토 씨가 「父親が入院してて。食事の手伝いが必要なんだけど、今日は母親が行けないから、僕が行かないと(아빠가 입원해서. 식사할 때 도움이 필요한데, 오늘은 엄마가 못 가니까 내가 가야 돼)」라고 했기 때문에 정답은 2번이다.

2番 ▶ 12:50

男の人と女の人が話しています。女の人は、映画のどんな点が一番良かったと言っていますか。

男：映画、面白かった？
女：うん。俳優さんたちがみんな素敵だった。
男：ストーリーも面白かったでしょ。
女：うん。最後までラストが想像できなくて、本当にドキドキした。でも、ハッピーエンドで良かった～。
男：僕は、時代背景をちゃんと再現できているところに感動したな。
女：さすが歴史好きは、言うことが違うね。私はそんなことより、主人公がハンサムなのが一番大事だから。
男：そんな人でも楽しめるのが、この映画のいいところだな。

2번

남자와 여자가 이야기하고 있습니다. 여자는 영화의 어떤 점이 가장 좋았다고 말하고 있습니까?

남 : 영화 재미있었어?
여 : 응. 배우들이 다들 멋있었어.
남 : 스토리도 재미있었지?
여 : 응. 마지막까지 결말이 상상이 안 돼서 정말로 두근두근했어. 하지만 해피엔딩이라 좋았어~.
남 : 나는 시대 배경을 제대로 재현한 점에 감동했어.
여 : 역시 역사 좋아하는 사람은 말하는 것이 다르네. 나는 그런 것보다 주인공이 잘생긴 것이 가장 중요하니까.
남 : 그런 사람들도 즐길 수 있다는 게, 이 영화의 장점이야.

女の人は、映画のどんな点が一番良かったと言っていますか。

1 映画に出演した俳優が格好良い点
2 ストーリーが素晴らしい点
3 歴史的背景を考慮して作った点
4 どんな人でも楽しむことができる点

여자는 영화의 어떤 점이 가장 좋았다고 말하고 있습니까?

1 영화에 출연했던 배우들이 멋있었던 점
2 스토리가 좋았던 점
3 역사적 배경을 고려해서 만들었던 점
4 어떠한 사람이라도 즐길 수 있는 점

정답 1 **문제유형** 포인트이해

어휘 俳優 배우 | 素敵だ 훌륭하다, 근사하다 | 想像 상상 | ドキドキ 두근두근 | 時代背景 시대 배경 | 再現 재현 | さすが 과연, 역시 | 歴史好き 역사를 좋아함 | 大事だ 소중하다, 중요하다 | 格好 모양, 모습 | 素晴らしい 멋있다, 훌륭하다 | 考慮 고려

해설 여자는 주인공이 잘생긴 것이 가장 중요하다고 생각해서 「俳優さんたちがみんな素敵だった(배우들이 다들 멋있었어)」라고 했기 때문에 정답은 1번이다.

3番 ▶ 14:23

テレビで、アナウンサーが野菜について話しています。女の人は、ある菌を土に混ぜて野菜を育てることで、どうなると言っていますか。

女：近頃、無農薬野菜がブームですね。皆さんもご存知の通り、農薬ばかりを使っていると、野菜の味が薄くなり、含まれる栄養も少なくなってしまいます。無農薬野菜は味が濃くて栄養価が高いのがメリットですが、虫がついてしまうとそれを取るのに手間がかかるので、どうしても値段が上がってしまいます。そこで、そんな中、ある菌を土に混ぜることで、虫がつくのを防ぎ、野菜本来のおいしさを維持できる、というユニークな方法を生み出した人がいます。

女の人は、ある菌を土に混ぜて野菜を育てることで、どうなると言っていますか。

1 野菜の味が悪くなり、栄養価も低くなる。
2 農家の仕事が増え、野菜の値段が上がる。
3 虫がつくが、栄養価の高い野菜ができる。
4 虫もつかず、味のおいしい野菜ができる。

3번

텔레비전에서 아나운서가 채소에 관해서 이야기하고 있습니다. 여자는 어떤 균을 흙에 섞어서 채소를 키우면 어떻게 된다고 말하고 있습니까?

여 : 최근 무농약 채소가 붐이네요. 여러분도 아시다시피 농약만을 사용하면 채소 맛이 싱거워지고 함유된 영양소도 적어지게 됩니다. 무농약 채소는 맛이 진하고 영양가가 높은 것이 장점이지만 벌레가 생겨 버리면 그것을 잡는데 수고가 들기 때문에 아무래도 가격이 오릅니다. 그래서 그러던 중에 어떤 균을 흙에 섞음으로써 벌레가 생기는 것을 방지하고 채소 본래의 맛을 유지할 수 있는 독특한 방법을 고안해낸 사람이 있습니다.

여자는 어떤 균을 흙에 섞어서 채소를 키우면 어떻게 된다고 말하고 있습니까?

1 채소의 맛이 나빠지고 영양가도 낮아진다.
2 농가의 일이 늘어 채소 가격이 올라간다.
3 벌레가 생기지만 영양가가 높은 채소를 키울 수 있다.
4 벌레도 생기지 않고 맛 좋은 채소를 키울 수 있다.

정답 4 **문제유형** 포인트이해

어휘 菌 균 | 土 땅, 흙 | 混ぜる 섞다 | 育てる 기르다, 키우다 | 近頃 요즈음, 최근, 근래 | 無農薬 무농약 | ご存じの通り 아시는 대로 | 薄い 얇다, 연하다, 싱겁다 | 含まれる 포함되다 | 栄養 영양 | 濃い 짙다, 진하다 | 手間がかかる (수고·시간 등이) 든다, 손이 많이 간다 | 値段 가격 | 防ぐ 막다, 방지하다 | 維持 유지 | 生み出す 새것을 만들어내다 | 農家 농가

해설 여자는 어떤 균을 흙에 섞어서 키우게 되면 「虫がつくのを防ぎ、野菜本来のおいしさを維持できる(벌레가 생기는 것을 방지하고 채소 본래의 맛을 유지할 수 있다)」라고 했기 때문에 정답은 4번이다.

4番 ▶ 16:03

会社で、男の人と女の人が話しています。女の人は、商品の売り上げが悪いのはなぜだと考えていますか。

4번

회사에서 남자와 여자가 이야기하고 있습니다. 여자는 상품의 매출이 안 좋은 이유는 무엇이라고 생각하고 있습니까?

男：先月の売り上げ報告、見ましたよ。どうして、予想売り上げをこんなに下回ってるんですか。

女：申し訳ありません。努力はしたのですが…。

男：努力なんて、どこでもやってるでしょう。原因は何なんですか。

女：おそらく、パッケージデザインの影響が大きいかと…。

男：あの有名なデザイナーにいくら払ったと思ってるんですか。そんなの言い訳でしょう。

女：では申し上げますが、値段は高くても、あのデザインは一般向けではありません。会議でほかのデザイナーに決まっていたのを、急にあのデザイナーに変えたのは社長です。

男：そうでしたか…。社長の決定には逆らえませんからね…。それで、対策は？

女：今は、広告を見直すのが一番の対策かと思います。

남：지난달 매출 보고를 봤어요. 어째서 예상 매출보다 이렇게 저조합니까?

여：죄송합니다. 노력은 했습니다만….

남：노력이라는 게, 어느 곳이나 하는 거죠. 원인은 무엇입니까?

여：아마도 패키지 디자인 영향이 크지 않을까….

남：저렇게 유명한 디자이너에게 얼마나 지불했다고 생각합니까? 그건 변명이죠.

여：그러면 말씀 드리겠습니다만, 가격은 비싸도 저 디자인은 일반대상이 아닙니다. 회의에서 다른 디자이너로 정해졌던 것을 갑자기 저 디자이너로 바꾸었던 것은 사장님입니다.

남：그랬습니까…. 사장님 결정에는 거역할 수 없었기 때문이죠. 그래서 대책은?

여：지금은 광고를 다시 검토하는 것이 첫 번째 대책이라고 생각합니다.

女の人は、商品の売り上げが悪いのはなぜだと考えていますか。

1 販売する努力が足りなかったため
2 パッケージのデザインが良くなかったため
3 デザイナーに支払う金額が少なかったため
4 広告が急に変更されることになったため

여자는 상품의 매출이 안 좋은 이유는 무엇이라고 생각하고 있습니까?

1 판매하는 노력이 부족했기 때문에
2 패키지 디자인이 좋지 않았기 때문에
3 디자이너에게 지불하는 금액이 적었기 때문에
4 광고가 갑자기 변경되어졌기 때문에

정답 2 **문제유형** 포인트이해

어휘 売り上げ 매상, 매출 | 報告 보고 | 下回る 하회하다, 밑돌다 | おそらく 아마, 필시 | 影響 영향 | 言い訳 변명 | 申し上げる 말씀드리다, 여쭙다 | 逆らう 역행하다, 거스르다 | 対策 대책 | 広告 광고 | 販売 판매 | 努力 노력 | 足りない 부족하다 | 支払う 지불하다 | 金額 금액 | 変更 변경

해설 여자는 패키지 디자인의 영향이 큰데 그 이유는 일반 대상이 아니기 때문이라고 했기 때문에 정답은 2번이다.

5番 ▶▶ 17:57

会議で、男の人が話しています。男の人は、加藤さんの何を一番褒めていますか。

5번

회의에서 남자가 이야기하고 있습니다. 남자는 가토 씨의 무엇을 가장 칭찬하고 있습니까?

男：え～、皆さん。今月の営業成績トップは、加藤さんで。おめでとうございます。加藤さんは、毎朝、誰よりも早く会社に来てみんなの机を拭いてくれ、また毎日靴をすり減らしながら外回りをしてきました。何より素晴らしいのは、体調を崩さないよう自己管理をしていたということです。もちろん結果も残していますが、彼女の姿を、ぜひ皆さんにも見習っていただきたいですね。

남：에~, 여러분. 이번 달 영업 성적 톱은 가토 씨입니다. 축하 드립니다. 가토 씨는 매일 아침, 누구보다도 일찍 회사에 와서 여러분의 책상을 닦아 주었고 또한 매일 구두가 닳도록 외근을 해왔습니다. 무엇보다 대단한 것은 컨디션을 해치지 않도록 자기 관리를 한 것입니다. 물론 결과도 아직 남아 있습니다만, 그녀의 모습을 부디 여러분도 보고 배웠으면 좋겠군요.

男の人は、加藤さんの何を一番褒めていますか。

1 今月の営業成績で一番になったこと
2 毎朝早く会社へ来て、掃除をしたこと
3 あちこち歩き回って、営業をしたこと
4 体を壊さないように気を付けたこと

남자는 가토 씨의 무엇을 가장 칭찬하고 있습니까?

1 이번 달 영업실적에서 톱이 된 것
2 매일 아침 회사에 와서 청소를 한 것
3 여기저기 돌아다니면서 영업을 한 것
4 건강을 해치지 않도록 신경을 쓴 것

정답 4 **문제유형** 포인트이해

<table>
<tr><td>어휘</td><td>褒める 칭찬하다 | 営業 영업 | 拭く 닦다 | すり減らす (문질러) 닳게 하다 | 外回り 외근 | 体調を崩す 컨디션을 해치다 | 見習う 본받다, 보고 배우다, 견습하다</td></tr>
</table>

해설 남자가 가토 씨를 가장 칭찬한 것은 「何より素晴らしいのは、一度も体調を崩さないよう自己管理をしていたということです(무엇보다 대단한 것은 한번도 컨디션을 해치지 않도록 자기 관리를 하고 있었다는 점입니다)」라고 했으므로 정답은 4번이다.

6番 ▶ 19:27

男の先生と女の学生が話しています。先生は、学生にどんなアドバイスをしましたか。

男 : 先日の模擬面接の結果をお知らせしますね。田中さんは、カウンセラーになることを希望してますよね。

女 : はい。

男 : 落ち着いたトーンの声で、相手の目を見られていました。大切なことです。

女 : 授業で教わったので、気を付けるようにしました。

男 : いいですね。また、相手の話に耳を傾けられてましたし、カウンセラーとして大事な素質を持っていると思います。

女 : ただ、自分の話をするとなると、何を話していいかわからなくなってしまうんです。

男 : 確かにそういう傾向がありました。それには、様々な事柄に関心を持つことですね。たとえ話さなくても、知っていて言わないのと、知らないで言えないのとでは違いますからね。いわゆる、経験値を上げておくことです。

女 : 経験ですか…

男 : 様々な価値観を知るのが一番でしょうね。同じくらいの年の人たちとばかり一緒にいるのではなく、インターンや語学留学をするのも一つの手ですよ。

先生は、学生にどんなアドバイスをしましたか。

1 低いトーンの声で、目を見て話ができるようになると良い

2 相手の話が、しっかりと聞けるようになると良い

3 自分の経験を人に話せるように、準備しておくと良い

4 自分とは違う価値観に触れる経験をすると良い

6번

남자 선생님과 여학생이 이야기하고 있습니다. 선생님은 학생에게 어떤 조언을 했습니까?

남 : 전에 봤던 모의면접 결과를 알려 드릴께요. 다나카 씨는 카운슬러를 희망하고 있는 거죠?

여 : 네.

남 : 차분한 목소리 톤으로, 상대의 눈을 보고 있었죠. 중요한 것입니다.

여 : 수업에서 배웠기 때문에 주의하려고 했습니다.

남 : 좋아요. 또 상대의 이야기에 귀를 기울였고, 카운슬러로서 중요한 소질을 가지고 있다고 생각합니다.

여 : 다만 제 이야기를 하게 되면, 무엇을 말해야 좋을지 모르게 되어버립니다.

남 : 확실히 그런 경향이 있었습니다. 그렇기 위해서는 다양한 일에 관심을 가져야 합니다. 설령 말하지 않아도 알고 있으면서 말하지 않는 것과 모르고서 말할 수 없는 것과는 다르니까요. 즉, 경험치를 올려 두는 거죠.

여 : 경험이요…?

남 : 다양한 가치관을 알아가는 것이 가장 중요하겠죠. 비슷한 또래와 함께 있는 것이 아니라 인턴이나 어학연수를 하는 것도 하나의 방법이에요.

선생님은 학생에게 어떤 조언을 했습니까?

1 낮은 톤의 목소리로 눈을 보고 이야기할 수 있게 되면 좋다

2 상대의 이야기를 제대로 들을 수 있게 되면 좋다

3 자신의 경험을 사람들에게 말할 수 있도록 준비해 두면 좋다

4 자신과는 다른 가치관을 접할 수 있는 경험을 하면 좋다

정답 4 **문제유형** 포인트이해

어휘 模擬面接 모의면접 | 希望 희망 | 落ち着く 안정되다, 진정되다 | 気を付ける 조심하다, 주의하다 | 耳を傾ける 귀를 기울이다 | 素質 소질 | 傾向 경향 | 事柄 일, 사항, 사정 | たとえ~ても 설령 ~해도 | いわゆる 소위, 이른바, 흔히 말하는 | 語学 어학 | しっかり 제대로, 확실히 | 価値観 가치관 | 触れる 닿다, 접촉하다

해설 선생님이 맨 마지막에 「様々な価値観を知るのが一番でしょうね。同じくらいの年の人たちとばかり一緒にいるのではなくインターンや語学留学をするのも一つの手です(다양한 가치관을 알아가는 것이 가장 중요하겠죠. 비슷한 또래와 함께 있는 것이 아니라 인턴이나 어학 연수를 하는 것도 하나의 방법이에요)」라고 조언을 했기 때문에 정답은 4번이다.

문제3

문제3에서는 문제지에 아무것도 인쇄되어 있지 않습니다. 이 문제는 전체적으로 어떤 내용인가를 묻는 문제입니다. 이야기 전에 질문은 없습니다. 먼저 이야기를 들으세요. 그리고 질문과 선택지를 듣고 1~4중에서 가장 적당한 것을 하나 고르세요.

1 番 ▶ 24:28
大学の先生が講義をしています。

男：近頃、昔に比べて、子どもたちの運動能力が落ちてきていますね。社会が変化しているのに対して、家庭や学校での対策が間に合っていなかったのが大きな理由です。それを反省して、家庭でも積極的に運動をさせたり、学校の体育の時間を工夫するようになりました。もちろん、運動する内容や時間を見直すのは大事ですが、子どもたちが運動に苦手意識を持たないよう、一緒に遊びながら運動すること、できないことを叱ったりしないことなども、実は大事な要素なのです。

講義のテーマは何ですか。
1　子どもの持つ能力を育てる運動
2　現代社会における運動量の増加
3　子どもの運動能力を上げる方法
4　学校や家庭での教育の見直し

1번
대학 선생님이 강의를 하고 있습니다.

남 : 최근 옛날과 비교해서 아이들의 운동능력이 떨어지고 있죠. 사회가 변화하고 있는 반면, 가정이나 학교에서의 대책이 충분하지 않았던 것이 커다란 이유입니다. 그것을 반성하고, 가정에서도 적극적으로 운동을 시키거나 학교의 체육시간을 궁리하게 되었습니다. 물론 운동 내용이나 시간을 재검토하는 것은 중요합니다만, 아이들이 운동에 거북함을 느끼지 않도록 함께 놀면서 운동하는 것, 못하는 것을 야단치지 않는 것도 실은 중요한 요소인 것입니다.

강의 테마는 무엇입니까?
1　아이들이 가진 능력을 키우는 운동
2　현대 사회에 있어서의 운동량 증가
3　아이들의 운동능력을 높이는 방법
4　학교와 가정에서의 교육 재검토

정답　3　**문제유형**　개요이해

어휘　講義 강의｜比べる 비교하다｜運動能力 운동능력｜変化 변화｜対策 대책｜間に合う 시간에 늦지 않게 대다｜反省 반성｜家庭 가정｜積極的 적극적｜体育 체육｜工夫 궁리, 공모, 고안｜見直す 다시 보다, 재검토하다｜苦手だ 서투르다｜意識 의식｜叱る 꾸짖다, 야단치다｜要素 요소｜増加 증가

해설　최근 아이들의 운동 능력이 떨어지고 있기 때문에 운동 능력을 올리는 방법으로 '운동 내용이나 시간을 재검토하는 것은 중요합니다만 아이들이 운동에 거북함을 느끼지 않도록 함께 놀면서 운동하는 것, 할 수 없는 것을 야단치지 않는 것'을 제시했기 때문에 정답은 3번이다.

2 番 ▶ 26:01
テレビでアナウンサーが話しています。

女：こちらのカルチャーストリートは、「日本にいながら外国を体験できる」というコンセプトのもとに作られた通りで、実に100店舗以上にも及ぶ店が並んでいます。カフェが多く立ち並ぶここでは、語学のマンツーマン授業を受けている日本人の姿が非常に多く見られます。また、各国1か所ずつ設置された交流スペースでは、現地人との交流会や、勉強会などが頻繁に開かれているとのことです。この通りによって、これからの日本の多文化交流のあり方が変わるかもしれませんね。

アナウンサーは、主に何について話していますか。
1　語学留学中の日本人について
2　語学が勉強できる店について
3　外国文化に触れられる通りについて
4　日本に住む外国人の考え方について

2번
텔레비전에서 아나운서가 이야기하고 있습니다.

여 : 이쪽의 컬처 스트리트는 '일본에 있으면서 외국을 체험할 수 있다'는 컨셉 하에 조성된 거리로, 실제로 100점포 이상에 이르는 가게가 늘어서 있습니다. 카페가 많이 줄지어 있는 이곳에서는 어학 맨투맨 수업을 받고 있는 일본인의 모습이 상당히 많이 보입니다. 또, 각 나라 한군데씩 설치된 교류 공간에서는 현지인과의 교류회나 공부 모임 등이 빈번하게 열리고 있다고 합니다. 이 거리로 인해, 앞으로 일본 다문화 교류의 모습이 변할지도 모르겠네요.

아나운서는 주로 무엇에 관해서 이야기하고 있습니까?
1　어학 유학 중인 일본인에 관해서
2　어학을 공부할 수 있는 가게에 관해서
3　외국 문화를 접할 수 있는 거리에 관해서
4　일본에 사는 외국인의 사고방식에 관해서

3 　 개요이해

体験 체험 | 通り 길, 도로 | 店舗 점포 | 及ぶ 이르다, 달하다, 미치다 | 姿 모습 | 非常に 매우, 대단히 | 各国 각국
一か所 한군데 | 設置 설치 | 交流 교류 | 現地人 현지인 | 頻繁 빈번 | 多文化 다문화

여자는 '일본에 있으면서 외국을 체험할 수 있다'는 콘셉트 주제로 만들어진 거리에 대해서 이야기하고 있기 때문에
정답은 3번이다.

3番 ▶ 27:31

テレビで、専門家が話しています。

男：外のベンチで弁当を広げると、よくハトが何羽もやって
来るでしょう。ハトは非常に目が良いので、エサを見
つけるのが早いんですね。でもこのハト、よく見ると、
食べ物と一緒に小石も食べているんです。ハトにはちゃ
んと見えているので、決してエサと間違えているわけじ
ゃないんですよ。ハトはエサを噛まずに飲んでしまうた
め、消化するのにお腹に負担がかかってしまう。小石
は、お腹の中でエサを細かくしてくれ、消化を助けてく
れるんです。

専門家は、主にハトの何について話していますか。
1　エサを見分ける方法について
2　目が良く見える理由について
3　エサが与える悪影響について
4　消化を良くする方法について

3번

텔레비전에서 전문가가 이야기하고 있습니다.

남 : 바깥 벤치에서 도시락을 펴면 비둘기 몇 마리 정도가
자주 다가오죠. 비둘기는 매우 눈이 좋기 때문에 먹이
를 발견하는 것이 빠릅니다. 하지만 이 비둘기는 자세
히 보면, 음식과 함께 작은 돌도 먹고 있습니다. 비둘기
에게는 잘 보이기 때문에, 결코 먹이와 착각하고 있는
것은 아닙니다. 비둘기는 먹이를 씹지 않고 삼켜버리기
때문에 소화하는 데에 배에 부담이 가는 거죠. 작은 돌
은 배 안에서 먹이를 잘게 부서주어, 소화를 잘 되게 해
주는 겁니다.

전문가는 주로 비둘기의 무엇에 관해서 이야기하고 있습니
까?
1　먹이를 구별하는 방법에 대해서
2　눈이 잘 보이는 이유에 대해서
3　먹이가 주는 악영향에 대해서
4　소화를 좋게 하는 방법에 대해서

4 　 개요이해

ハト 비둘기 | 何羽 몇 마리 | エサ 먹이, 사료 | 小石 작은 돌 | 噛む 씹다 | 消化 소화 | 負担 부담 | 主に 주로 | 見分
ける 분별하다, 분간하다 | 与える 주다, 입히다, 끼치다 | 悪影響 악영향

전문가는 비둘기가 먹이와 함께 작은 돌을 먹는데 안 보여서 그런 것이 아니라 비둘기는 먹이를 씹지 않고 삼켜버리기
때문에 소화하는 데에 배에 부담을 주어 작은 돌은 배 안에서 잘게 부서주어 소화에 도움을 준다고 이야기하고 있기
때문에 정답은 4번이다.

4番 ▶ 28:58

留守番電話のメッセージを聞いています。

女：鈴木です。留守番電話でごめんなさい。例の件ですが、
せっかくご紹介いただいたんですが、実は、今やってい
るバイト先で人手が足りなくなってしまって、急にもう
一日出るように言われてしまったんです。前向きに考え
たいと言っていたのに、本当にごめんなさい。また機会
がありましたら、ぜひそちらの仕事もお手伝いさせてく
ださい。では、夜にでも、もう一度お電話します。

4번

부재중 전화 메시지를 듣고 있습니다.

여 : 스즈키입니다. 부재중 전화로 죄송합니다. 저번에 말씀
하신 건인데요, 모처럼 소개해주셨습니다만 실은 지금
아르바이트 하는 곳에서 일손이 부족해져 갑자기 하루
더 나오라고 합니다. 긍정적으로 생각한다고 말했는데
정말로 죄송합니다. 또한 기회가 있으면 꼭 그쪽의 일
도 돕겠습니다. 그럼, 저녁에라도 다시 한번 전화 하겠
습니다.

女の人の伝えたいことは何ですか。
1　夜になったら電話をかけてほしい
2　アルバイトを手伝ってほしい
3　頼まれた仕事を断らせてほしい
4　新しい仕事を紹介してほしい

여자가 전하고 싶은 것은 무엇입니까?
1　저녁이 되면 전화를 주길 바란다
2　아르바이트를 도와주길 바란다
3　부탁 받았던 일을 거절하게 해주길 바란다
4　새로운 일을 소개해주길 바란다

정답 3　**문제유형** 개요이해

어휘　留守番電話 부재중 전화 ｜ バイト先 아르바이트하는 곳, 아르바이트 자리 ｜ 人手 일손 ｜ 前向き 긍정적임, 적극적임 ｜ 機会 기회 ｜ 頼む 부탁하다 ｜ 断る 거절하다

해설　여자는 모처럼 소개해준 일을 지금 일하고 있는 곳에서 일손이 모자라서 하루 더 나오라고 하기 때문에 거절할 수밖에 없다는 내용의 메시지를 전달했기 때문에 정답은 3번이다.

5番 ▶ 30:21
大学の寮で、後輩と先輩が話しています。

女1：あ、先輩、どうしたんですか。
女2：チェックに来たよ。今、何してた？
女1：本読んでました。
女2：あ、私の貸した本？
女1：はい。面白くて、もうほとんど読んじゃいました。
女2：そういえばルームメイトがいないね。どこに行ったの？
女1：あ、今おふろに…。
女2：え、おふろは10時までだよね？今日は見逃したげけど、次はだめだからね。
女1：はい…。
女2：部屋はきれいだね。これはよし、と。じゃ、それ読み終わったら返してね～。

5번
대학 기숙사에서 후배와 선배가 이야기하고 있습니다.

여자1 : 아, 선배님, 어쩐 일이세요?
여자2 : 체크하러 왔어. 지금 뭐하고 있었어?
여자1 : 책 읽고 있었습니다.
여자2 : 아, 내가 빌려준 책?
여자1 : 네. 재미있어서, 거의 다 읽어버렸습니다.
여자2 : 그러고 보니 룸메이트가 없네. 어디 갔어?
여자1 : 아, 지금 목욕하러….
여자2 : 어, 욕실 사용은 10시까지잖아? 오늘은 눈 감아 주겠지만, 다음에는 안 돼.
여자1 : 네….
여자2 : 방은 깨끗하네. 그럼 됐네. 자, 그거 다 읽으면 돌려줘~.

先輩は、何のために後輩の部屋へ来ましたか。
1　規則を守っているか確認するため
2　後輩のルームメイトに会うため
3　お風呂に入れる時間を教えるため
4　本を早く返すようお願いするため

선배는 무엇을 위해서 후배 방에 왔습니까?
1　규칙을 지키고 있는가 확인하기 위해서
2　후배의 룸메이트를 만나기 위해서
3　목욕하는 시간을 가르쳐주기 위해서
4　책을 빨리 돌려달라고 부탁하기 위해서

정답 1　**문제유형** 개요이해

어휘　寮 기숙사 ｜ 貸す 빌려주다 ｜ 見逃す 눈 감아 주다, 못 본체하다 ｜ 返す 돌려주다 ｜ 規則 규칙 ｜ 確認 확인

해설　대학 기숙사에서 선배는 후배 방에 체크하러 왔다고 했기 때문에 정답은 1번이다.

문제4

문제4에서는 문제지에 아무것도 인쇄되어 있지 않습니다. 먼저 문장을 들으세요. 그리고 그것에 대한 대답을 듣고 1~3 중에서 가장 적당한 것을 하나 고르세요.

1番 ▶ 33:20

男：プレゼンがこんなにうまくいくなんて、夢みたいだよ。
女：1　どうりで話がうますぎると思ったよ。
　　 2　残業して準備した甲斐があったね。
　　 3　いよいよだね、頑張ってね。

1번

남 : 프레젠테이션 이렇게 잘 되었다니, 꿈 같아.
여 : 1　어쩐지 이야기가 잘 풀린다고 생각했어.
　　 2　야근해서 준비한 보람이 있었네.
　　 3　드디어 다가오네, 열심히 해.

[정답]　2　[문제유형]　즉시응답

[어휘]　プレゼン 프레젠테이션 | うまい 훌륭하다, 솜씨가 좋다 | どうり 과연, 어쩐지 | 残業(ざんぎょう) 야근, 잔업 | 甲斐(かい) 보람 | いよいよ 마침내, 드디어

[해설]　발표가 잘 되어서 꿈 같다는 말에 대해 가장 적절한 대답은 2번(야근해서 준비한 보람이 있었네)이다.

2番 ▶ 33:49

女：ねえ、どっちにするのか、そろそろはっきりしてもらえる。
男：1　ごめんね、もっと頑張るよ。
　　 2　もう少し時間もらえる。
　　 3　えっ、もらってくれるの。

2번

여 : 저기, 어느 쪽으로 할지 슬슬 확실하게 해 주겠니?
남 : 1　미안, 좀 더 열심히 할 게.
　　 2　좀 더 시간 줄 수 있어?
　　 3　엇, 받아 주는 거야?

[정답]　2　[문제유형]　즉시응답

[어휘]　そろそろ 슬슬, 천천히 | はっきり 분명히, 명백히 | もう少(すこ)し 좀 더

[해설]　확실하게 해 달라는 말에 대한 답변은 2번(좀 더 시간 줄 수 있어?)이다.

3番 ▶ 34:18

男：いつも君にばかり仕事を任せてしまって、申し訳ない。
女：1　そんな、むしろ嬉しいくらいです。
　　 2　次から気を付ければ、大丈夫ですよ。
　　 3　お願いばかりじゃ、悪いですよね。

3번

남 : 항상 너에게만 일을 맡겨버려서, 미안해.
여 : 1　아니요, 오히려 기쁜걸요.
　　 2　다음부터 주의하면 괜찮아요.
　　 3　부탁만 해서, 미안하네요.

[정답]　1　[문제유형]　즉시응답

[어휘]　任(まか)せる 맡기다 | 申(もう)し訳(わけ)ない 면목없다, 미안하다 | むしろ 오히려, 차라리 | 嬉(うれ)しい 기쁘다

[해설]　너에게만 일을 맡겨버려서 미안하다는 말에 가장 적절한 대답은 1번(아니요, 오히려 기쁜걸요)이 된다.

4番 ▶ 34:48

男：あ～暑いなぁ。喉がカラカラになっちゃった。
女：1　風邪、まだ治らないんだ。
　　 2　いい音だね。
　　 3　お水あげようか。

4번

남 : 아~ 더워. 목이 바짝바짝 타.
여 : 1　감기, 아직 낫지 않았구나.
　　 2　좋은 소리네.
　　 3　물 줄까?

[정답]　3　[문제유형]　즉시응답

[어휘]　喉(のど) 목 구멍 | カラカラ 바짝바짝 | 治(なお)る 낫다, 치유되다 | いい音(おと) 좋은 소리

[해설]　목이 바짝바짝 탄다는 말에 가장 적절한 대답은 3번(물 줄까?)이다.

5番 ▶ 35:15

女: 例の話ですが、来週はご都合がよろしいでしょうか。

男: 1 良くなっているようですよ。

　　 2 火曜日の午後でよければ。

　　 3 いや、何か事情があるんでしょう。

5번

여: 지난번 이야기인데요, 다음 주는 시간 어떠세요?

남: 1 좋아지고 있는 것 같아요.

　　 2 화요일 오후가 괜찮다면.

　　 3 아니, 무언가 사정이 있겠죠.

정답 2 **문제유형** 즉시응답

어휘 例 예 | 都合 경우, 사정, 형편 | よろしい 괜찮다, 적당하다 | 事情 사정

해설 다음 주는 시간이 어떠냐는 질문에 가장 적절한 답은 2번(화요일 오후가 괜찮다면)이다.

6番 ▶ 35:42

女: ちょっと、使ったら出しっぱなしにしないの。

男: 1 あとで、片付けるよ。

　　 2 使ってみたら、よかったよ。

　　 3 そこに出しておいたから。

6번

여: 좀 사용했으면 계속 꺼내 놓지마.

남: 1 나중에 치울 거야.

　　 2 써 보았더니 좋았어.

　　 3 거기에 꺼내 놨으니까.

정답 1 **문제유형** 즉시응답

어휘 あとで 나중에 | 片付ける 정리하다

해설 「동사 ます형 + っぱなし(계속 ~인 상태)」라는 표현으로, 사용했으면 계속 꺼내 놓지 말라는 답변에 가장 적절한 것은 1번(나중에 치울 거야)이다.

7番 ▶ 36:08

男: 例の原稿ですが、月曜日までにいただけると大変助かるんですが。

女: 1 じゃあ、月曜日に取りに行きます。

　　 2 そんなに早くくださるんですか。

　　 3 もう少し遅くしてもらえませんか。

7번

남: 지난 날 원고입니다만, 월요일까지 해주시면 대단히 감사하겠습니다만.

여: 1 그럼, 월요일에 받으러 가겠습니다.

　　 2 그렇게 빨리 주시는 건가요?

　　 3 좀 더 늦춰 주실 수 없겠습니까?

정답 3 **문제유형** 즉시응답

어휘 原稿 원고 | 大変 대단함, 굉장함, 큰일 | 助かる 도움이 되다, 살아나다 | くださる 주시다

해설 「月曜日までにいただけると大変助かるんですが」는 상대방에게 정중히 해 달라고 요구하는 표현으로, 가장 적절한 대답은 3번(좀 더 늦춰 주실 수 없겠습니까?)이다.

8番 ▶ 36:38

男: 本屋に行くついでに、郵便局に寄ってくれる。

女: 1 いいよ、何すればいいの。

　　 2 え、本屋、行かなくてもいいの。

　　 3 コンビニにも行ってほしいんだけど。

8번

남: 책방에 가는 김에 우체국에 들려 줄래?

여: 1 좋아, 뭐하면 돼?

　　 2 어, 서점 가지 않아도 돼?

　　 3 편의점에도 가줬으면 좋겠는데.

정답 1 **문제유형** 즉시응답

어휘 郵便局 우체국 | 寄る 들르다, 접근하다

해설 「~ついでに(~하는 김에)」라는 표현으로 서점에 가는 김에 우체국에 들러 달라는 질문에 가장 적절한 답변은 1번(좋아, 뭐하면 돼?)이다.

9番 ▶ 37:07

女 : こんな時に、しっかりしなくてどうするんですか。

男 : 1 困ったね、どうしよう。
　　2 何とか直してみるよ。
　　3 僕だって努力してるんだよ。

9번

여 : 이럴 때에 확실히 안 하면 어떡할 거예요?

남 : 1 곤란하네, 어쩌지.
　　2 어떻게든 고쳐 볼게.
　　3 나야말로 노력하고 있어.

[정답] 3　[문제유형] 즉시응답

[어휘] しっかり 제대로, 확실히 | 困る 곤란하다 | 何とか 어떻게든 | 努力 노력

[해설] 확실히 안 하면 어떡할 거냐에 대한 대답으로는 3번(나야말로 노력하고 있어)이 된다.

10番 ▶ 37:33

男 : こんなこと言ったら悪いけど、彼女って見栄っ張りだよね。

女 : 1 そうかな、十分きれいだと思うけど。
　　2 さっきも、彼氏がお金持ちだって話してたよ。
　　3 頑張ったのに、そんなこと言ったら悪いよ。

10번

남 : 이런 말 하면 좀 그런데, 그녀는 허세가 있지?

여 : 1 그런가, 충분히 예쁜 것 같은데.
　　2 방금 전에도 남자 친구가 부자라고 이야기했어.
　　3 열심히 했는데, 그렇게 말하면 나빠요.

[정답] 2　[문제유형] 즉시응답

[어휘] 見栄っ張り 겉치레, 허세 | 十分だ 충분하다

[해설] '그녀는 좀 허세가 있지?'라는 맞장구에 가장 적절한 대답은 2번(방금 전에도 남자 친구가 부자라고 이야기했어)이다.

11番 ▶ 38:04

女 : これ、この間も注意しましたよね。何度、同じことを言えばいいんですか。

男 : 1 お気遣いありがとうございます。
　　2 ５回ほどだったかと思います。
　　3 返す言葉もありません。

11번

여 : 이거 일전에도 주의 줬죠? 몇 번이나 똑같은 말을 해야 되는 거죠?

남 : 1 배려해 주셔서 감사합니다.
　　2 다섯 번 정도였던 것 같아요.
　　3 변명할 여지도 없습니다.

[정답] 3　[문제유형] 즉시응답

[어휘] この間 요전 날 | 注意 주의 | 何度 몇 번이나 | お気遣い 배려, 염려, 걱정

[해설] '몇 번이나 똑같은 말을 해야 되는 거죠?'라는 말에 대한 사죄의 답변으로는 3번(변명할 여지도 없습니다)이다.

12番 ▶ 38:33

女 : いろんな店に行ってみたけど、やっぱり、この店の料理がベストだね。

男 : 1 じゃあ、来月の誕生日はここに来ようか。
　　2 そうだね、味さえもっと良ければね。
　　3 店員に言って、取り替えてもらおうか。

12번

여 : 여러 가게를 가 봤지만, 역시 이 가게 요리가 최고네.

남 : 1 그럼, 다음 달 생일날은 여기로 올까?
　　2 그렇네, 맛만 좀 더 좋았으면.
　　3 점원에게 말해서 바꿔 달라고 할까?

[정답] 1　[문제유형] 즉시응답

[어휘] やっぱり 역시 | 味 맛 | 店員 점원 | 取り替える 바꾸다, 갈다, 교환하다

[해설] 역시 이 가게 요리가 최고라는 말에 대한 답변으로는 1번(그럼, 다음 달 생일날은 여기로 올까?)이다.

문제5

문제5에서는 긴 이야기를 듣습니다. 이 문제에는 연습은 없습니다. 메모를 해도 됩니다.

문제1, 문제2

문제지에는 아무것도 인쇄되어 있지 않습니다. 먼저 이야기를 들으세요. 그리고 질문과 선택지를 듣고, 1~4 중에서 가장 적당한 것을 하나 고르세요.

1番 ▶ 39:56

会社で、男の人と女の人が、新商品の名前について話しています。

男 : さて、この4つの中で、どれがいいと思う。

女 : どれもよくできてるよね。「スベラーヌ」なんて、ちょっとおかしいけど。

男 : そうだよね、「ミラクルストッパー」なんかも、商品にぴったり。こっちは、英語で表記できるから、パッケージがおしゃれになっていいかもしれないね。

女 : 私は、日本語がもとになっているほうがいいと思う。「まもってあげます」も、やわらかいイメージのパッケージができそうだけど。

男 : うーん、でも商品自体はやわらかいものでもないしこれじゃ商品の性質が伝わってこないでしょ。逆に、「キュッキューAX」は、硬い感じがするけど、とても効果がありそうじゃない。

女 : そうねぇ。でも、やっぱり英語より日本語がいいな。

男 : じゃ、これでしょ。なんだかふざけた名前だけど、性質が伝わってくるし。

女 : そうだね。

二人は、どの名前を選びましたか。

1 「スベラーヌ」
2 「ミラクルストッパー」
3 「まもってあげます」
4 「キュッキューAX」

1번

회사에서 남자와 여자가 신상품 이름에 관해서 이야기하고 있습니다.

남 : 자, 이 4개 중에서 어느 것이 좋겠어?

여 : 모두 잘 만들어졌네. '스베라-누' 같은 건 좀 이상하지만.

남 : 그렇지, '미러클 스토퍼'도 상품에 딱이야. 이쪽은 영어로 표기할 수 있으니까, 패키지가 세련되어 보여서 좋을지도 모르겠어.

여 : 나는 일본어가 토대로 되어 있는 쪽이 좋을 것 같아. '지켜주겠습니다'도 부드러운 느낌이 드는 패키지를 만들 수 있을 것 같은데.

남 : 음~, 하지만 상품 자체는 부드러운 것도 아니고, 이거라면 상품의 성질이 전해지지 않잖아. 반대로 '쿳큐-AX'는 딱딱한 느낌이 나지만, 매우 효과가 있을 것 같지 않아?

여 : 그렇네. 근데 역시 영어보다는 일본어가 좋아.

남 : 그럼, 이거네. 이름이 조금 장난스럽긴 하지만, 성질이 전해지고(와 닿고).

여 : 그렇네.

두 사람은 어떤 이름을 선택했습니까?

1 '스베라-누'
2 '미러클 스토퍼'
3 '지켜주겠습니다'
4 '쿳큐- AX'

정답 1　**문제유형** 통합이해

어휘 新商品 신상품 | ぴったり 딱 맞음 | 表記 표기 | おしゃれ 멋짐, 세련됨 | 自体 자체 | 性質 성질 | 逆に 역으로 | 硬い 딱딱하다 | 効果 효과 | なんだか 어쩐지, 웬일인지 | ふざける 농담하다, 장난치다, 놀리다

해설 이름 4개 중에서 여자가 일본어가 중심이 되어 있는 쪽이 좋다고 해서 '지켜주겠습니다'와 '스베라-누' 중 남자가 '지켜주겠습니다'는 상품 자체가 부드러운 것이 아니어서 상품에 대한 성질이 전해져 오지 않는다고 했고, 조금 장난스럽기는 하지만 성질이 잘 전해져 온다는 1번 '스베라-누'이다.

2番 ▶ 41:45

女の人が、男の店員に相談しています。

女：海外旅行のスーツケースってどんなのがいいですか。今度、家族で海外旅行に行くことになって…

男：どのぐらい行かれるんですか。

女：3泊4日です。

男：二人家族でしたら、この中くらいのサイズがいいですよ。

女：あ、いえ。子どももいるんです。二人。一人はまだ小さい赤ちゃんで。

男：ベビーカーも持っていくんでしたら、特大サイズがいいですよ。ベビーカーとスーツケースは一人で押せませんから、荷物は一つにまとめて、ご主人に押してもらったほうがいいですよ。

女：これに全部入れたら、重くなりすぎませんか。

男：確かに、中に入れるものによっては、重くなりますね。心配なら、大人は大きいサイズ、上のお子さんは小さいサイズを一つずつ持つのはどうですか。

女：まだ幼稚園生なんで、どうかなあ…。

男：それか、赤ちゃんは抱っこにして、中くらいのを大人が一人ずつ持つのもいいかもしれません。現地でベビーカーのレンタルなんかもあるでしょうから。

女：でも、ベビーカーは使い慣れたのがいいんで。あ、でも、空港に荷物をのせるカートってありますよね。それさえあれば、二つあっても大丈夫かな。

男：ええ、空港にカートはありますよ。じゃあ、こちらを二つにしますか。

女：いえ、一つでいいです。家に一つあるんで。

女の人は、どのスーツケースをいくつ買うことにしましたか。

1　中くらいのサイズのスーツケースをひとつ
2　特大サイズのスーツケースをひとつ
3　大きいサイズと、小さいサイズのスーツケースをひとつずつ
4　中くらいのサイズのスーツケースをふたつ

2번

여자가 남자 점원에게 상의하고 있습니다.

여 : 해외여행 슈트케이스는 어떤 것이 좋습니까? 이번에 가족과 해외여행을 가기로 해서….

남 : 어느 정도 가십니까?

여 : 3박 4일입니다.

남 : 두 명 가족이시면 이 중 사이즈 정도가 좋겠습니다.

여 : 아, 아니요. 아이도 있습니다. 두 명. 한 명은 아직 아기예요.

남 : 유모차도 가져 가신다면 특대 사이즈가 좋겠습니다. 유모차와 슈트케이스는 혼자서 밀 수 없기 때문에 짐은 하나로 정리해서 남편 분이 미시는 편이 좋습니다.

여 : 여기에 전부 넣는다면, 너무 무거워지지 않을까요?

남 : 확실히 안에 넣는 것에 따라서 무거워지겠네요. 걱정되시면, 어른은 큰 사이즈, 큰 자녀분은 작은 사이즈를 한 개씩 가져가는 것은 어떻겠습니까?

여 : 아직 유치원생이라서 어떨지….

남 : 아니면 둘째 자녀분은 안으시고, 중간 사이즈 정도를 어른이 한 명씩 가져가는 것도 좋을지 모르겠습니다. 현지에서 유모차 대여 같은 것도 있으실 테니까요.

여 : 하지만, 유모차는 익숙해져 있는 것이 좋아서요. 아, 그런데 공항에 짐을 실을 수 있는 카트는 있겠죠? 그것만 있으면, 두 개 있어도 괜찮을 것 같아요.

남 : 네, 공항에 카트는 있습니다. 그럼, 이쪽 것으로 두 개 하시겠습니까?

여 : 아니요, 하나만 하겠습니다. 집에 하나가 있어서요.

여자는 어떤 슈트케이스를 몇 개 사기로 했습니까?

1　중간 정도 사이즈의 슈트케이스를 하나
2　특대 사이즈 슈트케이스를 하나
3　큰 사이즈와 작은 사이즈의 슈트케이스를 하나씩
4　중 정도 사이즈의 슈트케이스를 두 개

정답　**1**　문제유형　통합이해

어휘　スーツケース 슈트케이스｜赤ちゃん 아기｜押す 밀다, 누르다｜まとめる 정리하다｜幼稚園 유치원｜抱っこ 안음, 안김｜現地 현지｜使い慣れる 오래 다루어 익숙해지다｜空港 공항｜カート 카트, 손수레

해설　점원은 둘째 자녀는 안고 어른이 각각 중간 사이즈 슈트케이스를 들고 가서 현지에서 유모차를 대여하는 게 좋겠다고 한다. 이에 여자 손님이 유모차는 사용하던 걸 가져가고 공항에 짐을 실을 수 있는 카트가 있으면 중간 사이즈 슈트케이스로 결정하고, 집에 하나가 있으므로 1개만 사기로 한다. 따라서 정답은 1번이다.

3번

먼저 이야기를 들으세요. 그리고 2개의 질문을 듣고, 각각 문제지의 1~4 중에서 가장 적당한 것을 하나 고르세요.

3番 ▶ 44:37

女の人と男の人が、テレビの番組案内を見ています。

女 : さて、この後7時からは、ニュースABCが始まります。今日の特集は、消費税についてです。評論家の田中氏をお迎えして、消費税のゆくえを考えます。その後8時からは、ドラマスペシャル、必殺忍者。普段は商人の息子でいながら、裏の姿は忍者という主人公の一八が、江戸の町の悪を切ります。続いて9時からは、週末ドキュメンタリー、南極の命です。南極に住む動物たちが、地球温暖化によってどのように変わってきているのか。その姿に迫ります。10時からは、土曜ムービーです。今日の映画は、あの名作サウンドオブミュージック。懐かしい歌声を、ご家族でお楽しみください。

女 : サウンドオブミュージック、なつかしいなあ。私、10時までにはお風呂入らなくちゃ。

男 : 9時までには入っちゃいなよ。ドキュメンタリーも一緒に見ようよ。

女 : 私、必殺忍者も見るから。ドキュメンタリーはいいや。

男 : え、あの忍者のドラマ見るの。好きだねえ。

女 : そうと決まったら、早くご飯食べちゃおう。テレビ消すね。

男 : 待って、ニュースは見なくちゃ。食べながら見よう。

女 : だーめ。ご飯中はテレビ消してくださいね。

男 : えーっ。

質問1 女の人と男の人が一緒に見る番組はどれですか。

1 ニュースABC
2 必殺忍者
3 南極の命
4 サウンドオブミュージック

質問2 男の人が見たくても見られない番組はどれですか。

1 ニュースABC
2 必殺忍者
3 南極の命
4 サウンドオブミュージック

3번

여자와 남자가 텔레비전 방송 안내를 보고 있습니다.

여 : 이제 이후 7시부터는 뉴스 ABC가 시작합니다. 오늘의 특집은 소비세에 관해서입니다. 평론가 다나카 씨를 모셔서, 소비세 전망에 대해 생각해 보겠습니다. 그 후 8시부터는 드라마 스페셜, 필살 닌자. 평범한 상인의 아들이지만 숨겨진 모습은 닌자인 주인공 잇파치가 에도 시대의 악을 처단합니다. 계속해서 9시부터는 주말 다큐멘터리, 남극의 생명입니다. 남극에 사는 동물들이 지구 온난화에 의해 어떻게 변화되고 있는가? 그 모습에 다가갑니다. 10시부터는 토요 영화입니다. 오늘의 영화는 명작 사운드 오브 뮤직. 그리운 노랫소리를 가족들과 함께 즐겨 보세요.

여 : 사운드 오브 뮤직, 그립네. 나 10시까지 목욕하지 않으면 안 되겠네.

남 : 9시까지 (목욕)해 버려. 다큐멘터리도 같이 보자.

여 : 나 필살 닌자도 볼 거니까. 다큐멘터리는 괜찮아.

남 : 어? 닌자 드라마 본다고? 좋아하는구나.

여 : 그렇게 정했으면, 빨리 밥 먹자. 텔레비전 끈다.

남 : 기다려, 뉴스는 꼭 봐야 해. 먹으면서 보자.

여 : 안~돼. 식사 중에는 텔레비전 꺼줘.

남 : 뭐라고!

질문1 여자와 남자가 함께 보는 방송은 어느 것입니까?

1 뉴스 ABC
2 필살 닌자
3 남극의 생명
4 사운드 오브 뮤직

질문2 남자가 보고 싶어도 볼 수 없는 방송은 어느 것입니까?

1 뉴스 ABC
2 필살 닌자
3 남극의 생명
4 사운드 오브 뮤직

정답 **[1]** 4 **[2]** 1 **문제유형** 통합이해

해설 여자는 필살 닌자와 사운드 오브 뮤직이고, 남자는 남극의 생명과 사운드 오브 뮤직이므로 함께 보는 방송은 4번 사운드 오브 뮤직이다. 그리고 남자가 보고 싶어도 볼 수 없는 방송은 남자가 식사하면서 뉴스를 보자고 하니까 맨 마지막 부분에 여자가 '안~돼. 식사 중에는 텔레비전 꺼줘'라고 했기 때문에 정답은 1번(뉴스 ABC)이다.

어휘 特集 특집 | 消費税 소비세 | 評論家 평론가 | お迎える 초청하다, 모시다 | ゆくえ 행방, 장래 | 必殺 필살 | 忍者 닌자 | 普段 일상, 평소 | 商人 상인 | 裏の姿 뒷모습 | 主人公 주인공 | 悪を切る 악을 처단하다 | ドキュメンタリー 다큐멘터리 | 南極 남극 | 命 목숨, 생명 | 地球温暖化 지구 온난화 | 迫る 다가오다, 다가서다 | ムービー 무비, 영화 | 名作 명작 | 歌声 노랫소리

실전모의테스트 1회 **191**

실전모의테스트 2회

청해 ◎ 119

문제1

문제1에서는 먼저 질문을 들으세요. 그리고 이야기를 듣고 문제지의 1~4 중에서 가장 적당한 것을 하나 고르세요.

1番 ▶ 02:02

大学で女の先生と男の学生が話しています。学生はこのあと何をしなければなりませんか。

女 : はい、おつかれさま。この前よりずいぶんまとまったプレゼンになってきたじゃない。

男 : はい、ありがとうございます。

女 : ただね、3ページ目のスライド、ちょっともう一度見せてくれない?うーん、やっぱり字が小さくて読みづらいかな。

男 : あ、はい。

女 : 文字に色を付けたりして、工夫してるなあとは感じたんだけどね。

男 : あ、はい。

女 : 原稿は、もう見ないでもすらすら話せるようになったわね。

男 : はい、家では毎日、本番の発表と同じようにやってますので。

女 : そう。じゃ、あとはさっきのとこだけね。

男 : はい、わかりました。

学生はこのあと何をしなければなりませんか。

1 スライドの文字を大きくする
2 スライドの文字の色を変える
3 発表の原稿を覚える
4 発表のリハーサルをする

1번

대학교에서 여선생님과 남학생이 이야기하고 있습니다. 학생은 이후 무엇을 해야 합니까?

여 : 자, 수고했어. 요전보다 훨씬 정리된 프레젠테이션이 됐네.

남 : 네, 감사합니다.

여 : 다만 3페이지의 슬라이드, 잠깐 다시 한번 보여 주지 않을래? 음, 역시 글자가 작아서 보기 불편한 것 같아.

남 : 아, 네.

여 : 글자에 색을 넣어 신경을 많이 썼다고는 느꼈지만 말이야.

남 : 아, 네.

여 : 원고는 이제 보지 않아도 술술 말할 수 있게 됐지?

남 : 네, 집에서 매일 실전 발표처럼 하고 있어서요.

여 : 그래. 그럼, 남은 건 아까 말한 것만 하면 되겠네.

남 : 네, 알겠습니다.

학생은 이후 무엇을 해야 합니까?

1 슬라이드 글자를 크게 한다
2 슬라이드 글자 색을 바꾼다
3 발표 원고를 외운다
4 발표 리허설을 한다

정답 1 **문제유형** 과제이해

어휘 まとまる 정리되다, 완성되다 | プレゼン (プレゼンテーション의의 준말) 프레젠테이션 | 本番ほんばん 실전, 본방, 본 경기 등 | 読よみづらい 읽기 어렵다

해설 선생님이 전에 비해 훨씬 정리된 프레젠테이션이라고 칭찬하면서 '단지 3페이지 슬라이드, 역시 글자가 작아서 보기 불편한 것 같아'고 문제점에 대해 이야기했고, 마지막에 다시 한 번 '남은 건 아까 말한 것만 하면 되겠네'라고 한다. 따라서 학생은 그 부분을 수정해야 하므로 정답은 1번이다.

2番 ▶▶ 03:30

郵便局で女の人と男の郵便局員が話しています。女の人はいくら払わなければなりませんか。

女 : すみません。これを京都まで送りたいんですが。
男 : 小包の場合、サイズによって料金が変わってきますので、まずサイズを測らせていただきますね。
えーと、縦横合わせて53センチですね。そうすると、スターパックという、送料が全国どこへ送っても500円というサービスがありますが。
女 : 一般の小包より安いんですか。
男 : はい、小包ですと、京都まで700円ですので。
女 : 紛失の場合の保証があるほうがいいんですけど、それって一般の小包にしかつきませんよね。
男 : 100円追加していただくと、スターパックにもつけられますよ。
女 : そうなんですか。じゃ、保証を付けて、それでお願いします。

女の人はいくら払わなければなりませんか。

1　500円
2　600円
3　700円
4　800円

2번

우체국에서 여자와 남자 우체국 직원이 이야기하고 있습니다. 여자는 얼마를 지불해야 합니까?

여 : 실례합니다. 이것을 교토로 보내고 싶은데요.
남 : 소포의 경우, 사이즈에 따라 요금이 바뀌기 때문에 먼저 사이즈를 재도록 하겠습니다.
음… 가로 세로 합해서 53센티미터네요. 그러면 스타팩이라는 배송료가 전국 어디에 보내도 500엔인 서비스가 있습니다만.
여 : 일반 소포보다 싼 건가요?
남 : 네, 일반 소포는 교토까지 700엔이거든요.
여 : 분실의 경우 보증이 있는 편이 좋겠는데요, 그건 일반 소포밖에 안 되는 거죠?
남 : 100엔 추가하시면, 스타팩에도 적용 가능해요.
여 : 그래요? 그럼, 보증을 붙여서 그걸로 부탁할게요.

여자는 얼마를 지불해야 합니까?

1　500엔
2　600엔
3　700엔
4　800엔

정답 2　**문제유형** 과제이해

어휘 小包 소포 | 測る (무게, 길이, 깊이, 넓이 등을) 재다 | 縦横 가로 세로 | 合わせて 합해서 | スターパック 스타팩 (택배 서비스) | 送料 배송료 | 紛失 분실 | 保証 보증

해설 직원에게 일반 소포보다 스타팩이 싸다는 설명을 듣고 마지막에 여자는 스타팩을 선택하면서 분실의 경우에 대비하고 싶다고 이야기하므로 스타팩 요금 500엔에 보증료 100엔을 더한 600엔이 정답이다.

3番 ▶▶ 05:02

男の学生と女の学生が話しています。女の学生はこの後まず何をしますか。

女 : あー、もうこれ以上頭に入んないよ。世界史の年号って一体いくつあるんだよ。もう無理!
男 : ちょっと息抜きした方がいいって。
女 : でも、こんなにたくさんあるんだよ。休んでたら全部覚えられないじゃない。
男 : こういうのはね、ただ覚えるだけじゃだめ。あのね、カードを作って、表に年号、裏に事件を書いてさ。
女 : うん。
男 : カードを一回ざっと読んでから、寝る!
女 : えっ、寝るの?
男 : そうやって時間を置いてからまた見ると、驚くほど頭に入るよ。

3번

남학생과 여학생이 이야기하고 있습니다. 여학생은 이후 먼저 무엇을 합니까?

여 : 아, 이제 더 이상 머리에 안 들어와. 세계사 연호는 대체 몇 개나 있는 거야. 더는 무리야!
남 : 잠깐 한숨 돌리는 게 좋다니까.
여 : 하지만, 이렇게 많이 있잖아. 쉬면 전부 외울 수 없잖아.
남 : 이런 거는 말이야, 그저 외우기만 하면 안 돼. 있잖아, 카드를 만들어서 앞면에 연호, 뒷면에 사건을 써서 말이야.
여 : 응.
남 : 카드를 한번 쭉 읽은 후에, 자는 거야!
여 : 뭐, 잔다고?
남 : 그렇게 해서 시간을 두고 다시 보면 놀랄 정도로 머리에 들어와.

女 : ほんとかなあ。

男 : だまされたと思って、いっぺんやってみなよ。

女 : うん、わかった。

女の学生はこの後まず何をしますか。

1 休憩を取る
2 暗記を続ける
3 カードを作る
4 寝る

여 : 진짜 그럴까.

남 : 속는 셈치고 한번 해 보라니까.

여 : 응, 알았어.

여학생은 이후 먼저 무엇을 합니까?

1 휴식을 취한다
2 암기를 계속한다
3 카드를 만든다
4 잔다

정답 3 **문제유형** 과제이해

어휘 一体(いったい) 도대체 | 息抜(いきぬ)きする 잠시 쉼, 한숨 돌림 | 表(おもて) 앞면 | 年号(ねんごう) 연호 | 裏(うら) 뒷면 | ざっと 대충, 대략 | だます 속이다 | いっぺん 한번

해설 남학생이 외우는 방법에 대해 설명한 부분이 해결의 포인트. 남학생이 '카드를 만들어서 앞면에 연호, 뒷면에 사건을 쓰고 대충 쭉 읽은 후, 한숨 자고 나서 다시 보면 외워진다'고 했으므로 여자는 일단 속는 셈치고 카드를 만드는 것이 가장 먼저 해야 할 일이므로 정답은 3번이다.

4番 ▶ 06:32

会社で男の社員と女の上司が話しています。男の社員はこの後まず何をしなければなりませんか。

男 : 部長、うちのオンラインショップのリニューアル案がまとまりました。

女 : ああ、トップページのリニューアル案ね。ふーん、メニューの数がずいぶん増えてるけど。これくらいはあった方がいいか。お客様が知りたい情報に早くたどり着けるしね。

男 : はい、顧客の利便性をもっと重視しようということで、商品検索のフォームももっと大きくすることにしました。

女 : 絞り込み検索のフォームも見やすくなっていいわね。

男 : はい、絞り込み検索の項目については、これで大丈夫か商品管理部に確認をお願いしているところです。

女 : うん。そうしてください。ただ、そうねえ。商品検索のフォームはやっぱり元の大きさに戻して。商品写真のスペースが狭くなっちゃうのは困るから。

男 : はい、では、そのように。

女 : あと、商品写真の数を減らすみたいだけど、写真はトップページの顔みたいなものだから、もう一度これはみんなで話し合うことにしましょう。

男の人はこの後まず何をしなければなりませんか。

1 メニューの数を増やす
2 絞り込み検索の項目を確認する
3 商品検索のフォームを小さくする
4 商品写真の数を減らす

4번

회사에서 남자 사원과 여자 상사가 이야기하고 있습니다. 남자 사원은 이후 무엇을 먼저 해야 합니까?

남 : 부장님, 저희 온라인 숍 리뉴얼 안이 완성됐습니다.

여 : 아~, 톱(메인) 페이지 리뉴얼 안이네. 흠, 메뉴 수가 상당히 늘었네. 이 정도는 있는 게 좋겠지. 고객이 원하는 정보를 빨리 찾아볼 수 있고.

남 : 네, 고객의 편의성을 더욱 중시하자고 해서, 상품 검색 폼도 좀 더 크게 하기로 했습니다.

여 : 조건(상세) 검색 폼도 보기 편해져서 좋네.

남 : 네, 조건(상세) 검색 항목에 대해서는 이걸로 괜찮을지 상품관리부에 확인을 부탁한 상태입니다.

여 : 응. 그렇게 해요. 다만, 글쎄. 상품 검색 폼은 역시 원래 크기로 돌려요. 상품 사진 공간이 좁아지는 건 곤란하니까.

남 : 네, 그럼, 그렇게 하겠습니다.

여 : 그리고, 상품 사진 수를 줄이는 것 같은데, 사진은 톱(메인) 페이지의 얼굴 같은 거니까, 다시 한번 다 같이 얘기하는 걸로 합시다.

남자는 이후 무엇을 먼저 해야 합니까?

1 메뉴 수를 늘린다
2 조건(상세) 검색 항목을 확인한다
3 상품 검색 폼을 작게 한다
4 상품 사진 수를 줄인다

정답 3 **문제유형** 과제이해

어휘 オンラインショップ 온라인 상점, 온라인 숍 | リニューアル 리뉴얼 | 案 안 | トップページ 톱(메인) 페이지 | たどり着く 길을 묻고 물어 겨우 다다르다, 여러 곡절 끝에 겨우 그곳에 이르다 | 顧客 고객 | 利便性 편리성, 편의성 | 重視する 중시하다 | 商品検索 상품 검색 | フォーム 폼, 형식, 서식 | 元の大きさ 원래 크기 | 戻す 되돌리다 | 絞り込み検索 조건(상세) 검색 | 項目 항목 | スペース 스페이스, 공간

해설 남자 직원이 설명을 하면서 '상품 검색 폼도 좀 더 크게 하기로 했습니다'라고 했으나, 여자 상사가 중간에 '다만, 글쎄. 상품 검색 폼은 역시 원래 크기로 하지. 상품 사진 공간이 좁아지는 건 곤란하니까'라고 말한 부분이 문제 해결의 포인트가 된다. 대화 내용 중에 '다만', '단'이라고 조건을 다는 부분이 대부분 문제 해결의 실마리라고 보면 된다. 따라서 정답은 3번이다.

5番 ▶ 08:21

男の留学生と女の人が話しています。男の留学生はこの後すぐ何をしなければなりませんか。

男：今度、初めて日本人の友達の結婚式に出席するんですが、何か気を付けることありますか。

女：そうねえ、えーと、スーツはもう準備した？
男：グレーの普通のなんですけど、大丈夫ですか。
女：うん、友人ならいいんじゃない。場所はどこ？招待状、持ってる？
男：はい、これです。
女：どれどれ…。あっ、これまだ返信してないじゃない。出席の返信を出すか、電話でもいいから連絡をしなくちゃ。
男：そうなんですか。知りませんでした。
女：あと、お祝い金にも決まり事が多いんだけど…。
男：あ、それは聞いたことがあります。

男の留学生はこの後すぐ何をしなければなりませんか。
1　結婚式用のスーツを準備する
2　結婚式の会場を確認する
3　出席の連絡をする
4　お祝い金のルールを調べる

5번

남자 유학생과 여자가 이야기하고 있습니다. 남자 유학생은 이후 바로 무엇을 해야 합니까?

남 : 이번에 처음으로 일본인 친구 결혼식에 참석하는데요, 뭔가 주의 해야 할 일이 있나요?
여 : 글쎄, 음~ 정장은 이미 준비했어?
남 : 회색의 평범한 정장인데, 괜찮을까요?
여 : 응, 친구라면 괜찮지 않을까? 장소는 어디야? 청첩장, 가지고 있어?
남 : 네, 이거예요.
여 : 어디어디…. 앗, 이거 아직 답장 안 했잖아. 참석한다는 답변을 보내든가 전화라도 좋으니 연락을 해야 해.
남 : 그래요? 몰랐어요.
여 : 그리고, 축의금에도 룰이 많은데….
남 : 아, 그건 들은 적이 있어요.

남자 유학생은 이후 바로 무엇을 해야 합니까?
1　결혼식용 양복을 준비한다
2　결혼식장을 확인한다
3　참석 연락을 한다
4　축의금 규칙을 알아본다

정답 3 **문제유형** 과제이해

어휘 出席 출석, 참석 | 気を付ける 정신 차리다, 조심(주의)하다 | スーツ 슈트 | 準備 준비 | グレー 그레이, 회색 | 招待状 초대장 | 返信 답신, 회신 | 出す 내다, 보내다 | 連絡 연락 | お祝い金 축의금 | 決まり事 정해진 규칙, 룰, 규정

해설 여자가 초대장을 확인 후에, '참석한다는 답변을 보내든가 전화라도 좋으니 연락을 해야 해'라고 한 부분만 정확히 들으면 문제는 해결된다. 따라서 정답은 3번이다.

문제2

문제2에서는 먼저 질문을 들으세요. 그 후 문제지의 선택지를 읽으세요. 읽을 시간이 있습니다. 그리고 이야기를 듣고 문제지의 1~4 중에서 가장 적당한 것을 하나 고르세요.

1番 ▶️ 12:28

学校で男の先生と女の先生が話しています。女の先生はどうしてまだ学校で仕事をしているのですか。

男：あ、高橋先生。まだ帰らないんですか。

女：はい、ちょっとまだ授業の準備が残っていて。

男：林先生が風邪で今週いっぱい出て来られないらしいですね。その分の授業、高橋先生が引き受けたそうですね。

女：ええ…、でも、電話で引き継ぎもしてますし、資料ももらってるんで、あまりそれは。

男：じゃあ、早く帰って、残りは家でしたらどうですか。

女：私、今まで授業準備は、早く帰って家でしてたんです。家のほうが落ち着けるので。でも、家に帰ると疲れた日には、そのまま寝ちゃって準備ができなかったことが何度かあって、それで、学校では仕事、家では休み、オンオフはっきりすることにしたんです。

男：なるほど。それで最近帰るのが遅いんですね。

女の先生はどうしてまだ学校で仕事をしているのですか。

1　林先生の授業も担当することになったので

2　他の先生も帰らないで仕事をしているので

3　学校のほうが落ち着いて仕事ができるので

4　家では仕事をしないと決めたので

1번

학교에서 남자 선생님과 여자 선생님이 이야기하고 있습니다. 여자 선생님은 왜 아직 학교에서 일을 하고 있는 것입니까?

남 : 아, 다카하시 선생님. 아직 안 가셨어요?

여 : 네, 아직 좀 수업 준비가 남아서요.

남 : 하야시 선생님이 감기로 이번 주 내내 쉬신다던데요. 그만큼의 수업을 다카하시 선생님이 맡았다면서요.

여 : 네…, 하지만 전화로 인계도 받았고, 자료도 받아 놓은 상태라서 별로 그건 문제가 안 돼요.

남 : 그럼, 빨리 퇴근해서 남은 것은 집에서 하는 건 어때요?

여 : 저, 지금까지 수업 준비는 빨리 퇴근해 집에서 했었어요. 집이 차분히 준비할 수 있으니까요. 하지만 집에 가면 피곤한 날에는 그대로 잠들어서 준비를 못한 일이 몇 번이나 있어서, 그래서 학교에서는 일, 집에서는 휴식, 맺고 끊기를 명확히 하기로 했어요.

남 : 그렇군요. 그래서 최근 퇴근이 늦는 거로군요.

여자 선생님은 왜 아직 학교에서 일을 하고 있는 것입니까?

1　하야시 선생님 수업도 담당하기로 되었기 때문에

2　다른 선생님도 퇴근하지 않고 일을 하고 있기 때문에

3　학교가 차분하게 일을 할 수 있기 때문에

4　집에서는 일을 하지 않겠다고 결정했기 때문에

정답 4 **문제유형** 포인트이해

어휘 引き受ける (책임 지고) 맡다, 인수하다 | 引き継ぐ 이어받다, 물려받다 | 資料 자료 | 落ち着く 안정되다 | オンオフ 온오프 | はっきり 확실히, 명확히, 분명히

해설 여자 선생님의 마지막 대화 내용에서 '지금까지는 집에서 수업 준비를 했으나, 피곤한 날에는 준비를 못하는 경우가 있어 학교에서는 일, 집에서는 휴식, 맺고 끊기를 명확히 하기로 했다'고 했으므로 답은 4번이다.

2番 ▶️ 14:28

女の人と男の人が話しています。女の人は、このレストランの何に不満がありますか。

女：ここ、気に入ってたんだけどな。残念。

男：なんで？今日の前菜もパスタもおいしかったじゃない。

女：まあね。

男：コーヒーもサービスでつくしさ。

女：それはそうだけど。私、注文するとき、コーヒーは食後にお願いしますって言ったのに、パスタと一緒に来たじゃない？

男：まあまあ、無料サービスなんだからさ。

2번

여자와 남자가 이야기하고 있습니다. 여자는 이 레스토랑의 무엇에 불만이 있습니까?

여 : 여기, 마음에 들었었는데. 유감이야.

남 : 왜? 오늘 전채(식사 전에 나오는 약간의 요리)도 파스타도 맛있었잖아.

여 : 뭐 그저.

남 : 커피도 서비스로 나오고 말이야.

여 : 그건 그렇지만. 내가 주문할 때 커피는 식후에 부탁한다고 했는데, 파스타와 함께 나왔잖아?

남 : 뭐, 무료 서비스니까.

女：えー、前に来たときはちゃんと食後に出してくれたのに。ちょっと客に対する気づかいが足りなくなったんじゃないかって思う。これだったら私、きちんとコーヒー代払うから、納得のいく食事がしたい。

男：そんなもんかなあ。

女：うん、私、帰りに店の人に言っておく。

女の人は、このレストランの何に不満がありますか。

1　料理の味がまずくなったこと
2　客への配慮が足りないこと
3　コーヒーが有料になったこと
4　食事の値段に納得がいかないこと

여：흠, 전에 왔을 때는 제대로 식후에 내줬는데. 좀 고객에 대한 배려가 부족해진 게 아닌가 싶어. 이럴 거면 나 제대로 커피값 낼 테니까 납득할 만한 식사를 하고 싶어.

남：그런가.

여：응, 나갈 때 점원한테 말할 거야.

여자는 이 레스토랑의 무엇에 불만이 있습니까?

1　음식 맛이 없어진 점
2　고객에 대한 배려가 부족한 점
3　커피가 유료가 된 점
4　식사 가격에 납득이 가지 않는 점

정답 2　**문제유형** 포인트이해

어휘 不満 불만 | 気に入る 마음에 들다 | 残念 유감, 아쉬움 | 前菜 전채(식사 전에 나오는 약간의 요리) | パスタ 파스타 | コーヒー 커피 | サービス 서비스 | 食後 식후 | 無料 무료 | 配慮 배려 | 納得がいく 납득이 가다

해설 여자가 '커피는 식후에 부탁한다고 했는데, 파스타와 함께 나왔잖아'라고 한 부분과 '전에 왔을 때는 제대로 식후에 내줬는데. 좀 고객에 대한 배려가 부족해진 게 아닌가 싶어'라는 부분을 종합하면 결국 손님에 대한 배려에 불만을 느끼고 있다는 것을 알 수 있으므로, 정답은 2번이다.

3番 ▶ 16:18

絵画教室で先生が話しています。先生は、絵が上達するには、どうすればいいと言っていますか。

男：絵の上達の早道は模写です。そのためにも、まず絵をたくさん見ることを勧めます。色々な絵を見ることで、自分の本当に好きな絵が分かりますから。好きな絵はつまり、自分も描きたい絵ですから、それをお手本に、毎日真似をして描いていると確実に腕が上がります。絵の具や筆は高いものを使う必要はありません。そうしてある程度上達したら、今度はいい絵の具や筆を使って自分のオリジナルを描いて、絵画コンテストにも応募してみてください。絵を続ける上で励みになりますから。

先生は絵が上達するにはどうすればいいと言っていますか。

1　絵をたくさん見て、好きな絵の模写をする
2　自分が描きたい絵だけを毎日休まずに描く
3　絵の具や筆は、いいものを使う
4　コンテストの絵をたくさん見て真似をする

3번

회화 교실에서 선생님이 이야기하고 있습니다. 선생님은 그림을 잘 그리려면 어떻게 하면 된다고 말합니까?

남：그림 향상의 지름길은 모사입니다. 그러기 위해서라도, 먼저 그림을 많이 볼 것을 권합니다. 다양한 그림을 봄으로써, 자신이 정말로 좋아하는 그림이 뭔지 알게 될 테니까요. 좋아하는 그림은 즉, 자신도 그리고 싶은 그림일 테니 그것을 본보기로 해서 매일 흉내 내서 그리면 확실히 실력이 늡니다. 그림 물감이나 붓은 비싼 것을 사용할 필요는 없습니다. 그러다 어느 정도 능숙해지면 이번에는 좋은 물감과 붓을 사용하여 자신만의 독창적인 그림을 그려, 회화 콘테스트에도 응모해 보세요. 그림을 계속하는 데 있어 자극이 될 테니까요.

선생님은 그림을 잘 그리려면 어떻게 하면 된다고 말합니까?

1　그림을 많이 보고, 좋아하는 그림의 모사를 한다
2　자신이 그리고 싶은 그림 만을 매일 쉬지 않고 그린다
3　그림물감이나 붓은 좋은 것을 사용한다
4　콘테스트 그림을 많이 보고 흉내를 낸다

정답 1　**문제유형** 포인트이해

어휘 上達する 기능이 향상되다 | 早道 지름길 | 模写 모사 | 勧める 권(장)하다, 권유하다 | 手本 글씨(그림)본, 본보기 | 真似をする 흉내를 내다 | 描く 그림을 그리다, 묘사하다 | 確実 확실 | 腕が上がる 솜씨가 늘다 | 絵の具 그림물감 | 筆 붓 | ある程度 어느 정도 | 今度 이번, 금번, 이 다음 | オリジナル 오리지널, 독창적인 | 絵画 회화, 그림 | コンテスト 콘테스트 | 応募 응모 | 励み 자극, 격려

제일 처음에 그림을 잘 그리는 지름길은 모사라고 했으며, 모사를 위해서는 그림을 많이 보는 것을 추천한다고 했다. 그림을 많이 봄으로써 자기가 좋아하는 그림을 알게 되며, 그것을 모사하는 과정에서 그림 실력이 향상된다고 했으므로 정답은 1번이다.

4番 ▶ 18:00

会社で女の人と男の人が話しています。 コピー機は、どうやって直りましたか。

女：あ、まただ。このコピー機、最近すぐに紙が詰まっちゃうのよ。寿命よね、もう。早く新しいのに代えてくれればいいのに。

男：弱ったなあ。僕も朝の会議の資料、コピーしなくちゃいけないんですよ。保守サービス呼びましょうか。

女：保守サービス呼ぶと30分くらいかかっちゃうでしょ。私、これ、このあとすぐの会議で要るのよ、どうしよう。

男：ああ、紙がここから見えますね。引っ張ってみましょうか。

女：うん、ちょっとやってみて。ゆーっくりね。

男：ええ。うーんと。あ、取れましたね。リセットボタン押してみてください。

女：ああ、動いた。大丈夫みたい。ありがとう。

男：いえ、動いてよかったですよ。あ、コピーを取るのはちょっと待ってからにしませんか。コピー機って温度変化に弱そうで、朝一番は部屋の温度が急に上がるから、トラブルんじゃないかな。

女：そうなんだ。じゃ、ちょっと待ってから。

コピー機はどうやって直りましたか。
1　保守サービスを呼んだので
2　詰まった紙を取り除いたので
3　リセットボタンを押したので
4　部屋の温度を上げたので

4번

회사에서 여자와 남자가 이야기하고 있습니다. 복사기는 어떻게 고쳐졌습니까?

여 : 아, 또야. 이 복사기, 최근에 바로 종이가 걸려 버려. 이제 수명이 다 됐나 봐. 빨리 새 것으로 바꿔주면 좋을 텐데.

남 : 난처하네. 나도 아침 회의 자료, 복사해야 되는데. 보수(수리) 서비스 부를까?

여 : 보수 서비스 부르면 30분 정도 걸리잖아. 나 이거, 좀 있다 바로 회의에서 필요한 거야. 어떻게 하지.

남 : 아아, 용지가 여기서 보이네요. 잡아 당겨 볼까요?

여 : 응, 좀 해봐. 천천히.

남 : 네. 음. 아, 빠졌어요. 리셋 버튼 눌러보세요.

여 : 아아, 움직인다. 되는 것 같아. 고마워.

남 : 아뇨, 움직여서 다행이에요. 아, 복사하는 건 잠깐 기다렸다 하실래요? 복사기는 온도 변화에 약하다는데, 아침 일찍은 사무실 온도가 갑자기 오르니까, 트러블이 생기지 싶어요.

여 : 그렇구나. 그럼, 잠깐 기다렸다 할게.

복사기는 어떻게 고쳐졌습니까?
1　보수 서비스를 불렀기 때문에
2　걸린 용지를 제거했기 때문에
3　리셋 버튼을 눌렀기 때문에
4　사무실 온도를 올렸기 때문에

2　 포인트이해

コピー機 복사기｜直る 고쳐지다, 낫다｜紙 종이, 용지｜詰まる 가득 차다, 막히다｜寿命 수명｜弱る 약해지다, 곤란(난처)해지다｜保守サービス 보수(수리) 서비스｜要る 필요하다｜引っ張る 잡아 끌다, 잡아 당기다｜取れる (붙어 있던 것이) 떨어지다, 빠지다｜リセットボタン 리셋 버튼｜押す 밀다, 누르다｜コピーを取る 복사하다｜温度 온도｜変化 변화｜朝一番 아침 일찍, 일어나자마자｜トラブル 트러블｜取り除く 없애다, 제거하다

보수 서비스를 부르려다 남자가 복사기에 걸린 종이가 보여서 잡아당겨보니 종이가 제거되어 일단 문제는 해결되었기 때문에 정답은 2번이다.

5番 ▶ 20:10

男の学生と女の学生が話しています。 女の学生は、どうしてこの部屋が気に入っていますか。女の学生です。

男：へえー、いい部屋だね。それに、ここ、エレベーターもあるし。

5번

남학생과 여학생이 이야기하고 있습니다. 여학생은 어째서 이 방이 마음에 든다고 합니까? 여학생입니다.

남 : 우와~, 좋은 방이네. 게다가 여기 엘리베이터도 있고.

女：エレベーターは、今どき、どのマンションにもついてるでしょ。

男：そっか、そうだよね。それにしても、明るい部屋だね。

女：私、部屋探す時に、一番最初に見るのが日当たりなんだけど、他に見た部屋は全部西向きとか北向きで、この南向きの部屋を見に来たときは、一目で「やっと見つけた」って思っちゃった。

男：僕は、部屋がどっち向きかなんてあんまり気にしたことないな。今いるとこは、駅が近いわりには、部屋代が安かったんで決めたんだ。

女：ここは駅からもちょっとあるし、まえ住んだとこより部屋代も高いんだけど、この部屋にしてよかったって思ってる。

男：高い場所にあるから、見晴らしはいいんだけど、坂がちょっときついね。

女：うん、それはちょっとね。

女の学生は、どうしてこの部屋が気に入っていますか。

1　エレベーターがあるから
2　日当たりがいいから
3　駅から近いから
4　部屋代が安いから

여：엘리베이터는 요즘 어느 맨션이나 다 있잖아.

남：그런가? 그러네. 그렇다 해도 밝은 방이네.

여：내가 방을 찾을 때 가장 처음 보는 것이 햇볕이 잘 드는지인데, 다른 데서 본 방은 전부 서향이나 북향으로 이 남향의 방을 보러 왔을 때는 한눈에 '드디어 찾았다'고 생각했어.

남：나는 방이 어느 방향인가 따위 별로 신경 쓴 적 없는데. 지금 사는 곳은 역이 가까운데 비하면, 방값이 쌌기 때문에 결정했어.

여：여기는 역에서도 좀 떨어져 있고 전에 살던 곳보다 방값도 비싸지만, 이 방으로 해서 다행이라고 생각해.

남：높은 곳에 있으니까 전망은 좋지만, 언덕이 좀 심하네.

여：응, 그건 좀 그래.

여학생은 어째서 이 방이 마음에 든다고 합니까?

1　엘리베이터가 있기 때문에
2　햇볕이 잘 들기 때문에
3　역에서 가깝기 때문에
4　방값이 싸기 때문에

정답 2　**문제유형** 포인트이해

어휘 エレベーター 엘리베이터｜マンション 맨션｜つく 붙다, 딸리다｜日当たり 햇볕｜向き 방향, 향하는 쪽｜西向き 서향｜北向き 북향｜南向き 남향｜一目で 한눈에｜わりには ~와/과는 어울리지 않게, ~에 비해서는｜場所 장소, 곳, 자리｜見晴らし 전망｜坂 언덕｜きつい 심하다

해설 여학생이 방을 찾는 조건 중 가장 중요한 것은 '햇볕이 잘 드는지'라고 했고, 이 방은 보자마자 '드디어 내가 찾던 방'이라고 생각했다고 말한 부분이 포인트이다. 따라서 정답은 2번이다.

6番 ▶ 22:14
ある研究所で所長と研究員の女の人が話しています。研究員の女の人は、所長の話をどうして断りましたか。

男：どうかなあ。この間のアメリカ留学の話、考えてくれた？

女：はい。私にはもったいないお話なのですが、やはり今回は辞退させていただきたいと思います。

男：うーん。お子さん、6歳と4歳だっけ？確かに、離れて暮らすにはかなりの決断が必要だっていうのも、わかるけど。長い目でキャリアのことを考えたら、決して悪い話じゃないと思うよ。

女：あ、いえ、子供のことは、実家の母がサポートしてくれるというのでなんとかなりそうです。私としても、アメリカの研究所で勉強させていただけるのは、とてもありがたいことなのですが…。

男：じゃあ、どうして？

6번
어느 연구소에서 소장과 연구원인 여자가 이야기하고 있습니다. 연구원인 여자는 소장의 말을 왜 거절했습니까?

남：어때? 일전에 얘기한 미국 유학, 생각해 봤어?

여：네. 저에게는 과분한 말씀이지만, 역시 이번에는 고사하려고 합니다.

남：음~. 자녀가 6살하고 4살이던가? 확실히 떨어져 살기에는 상당한 결단이 필요하다는 것도 알지만. 장기적으로 경력을 생각하면, 결코 나쁜 얘기는 아니라고 생각해.

여：아, 아뇨, 아이 일은, 친정 엄마가 서포트해 준다고 해서 어떻게든 될 것 같아요. 저로서도 미국 연구소에서 공부할 수 있다는 것은 매우 감사한 일이지만….

남：그럼, 왜?

女：実は、夫が、先月心臓の手術をしまして、この間の検査で、完全に治るまでは1年かかるだろうって言われたんです。幸い、もう退院して家にいるんですが、やはり、近くにいた方が安心ですので。身勝手を承知で申し上げれば、一年待っていただければとは思うのですが…。

男：一年先に、また条件が揃うかどうか…。ま、今度のことはお家族でよく話し合われたことだろうから。うん、わかった。

研究員の女の人は、所長の話をどうして断りましたか。

1　子供と一緒に暮したいから
2　母親に負担がかかるから
3　夫の体調が心配だから
4　一年後の留学を約束してくれたから

여：실은 남편이 지난달 심장 수술을 해서, 지난번 검사에서 완전히 낫기까지는 1년 걸릴 것 같다는 얘기를 들었어요. 다행히 이미 퇴원해서 집에 있기는 하지만, 역시 옆에 있는 편이 안심되니까요. 염치 없음을 이해해 주시리라 생각하고 말씀 드리면, 1년 기다려 주시면 어떨까 생각합니다만….

남：일년 후에 또 조건이 맞을지 어떨지…. 뭐, 이번 일은 가족끼리 잘 얘기했을 테니까. 응, 알겠어.

연구원인 여자는 소장의 말을 왜 거절했습니까?

1　아이와 함께 살고 싶으므로
2　친정 엄마에게 부담이 되므로
3　남편의 몸 상태가 걱정되므로
4　일년 후의 유학을 약속해 주었으므로

［정답］ 3　**［문제유형］** 포인트이해

［어휘］ 研究所 연구소 | 所長 소장 | 研究員 연구원 | 断る 거절하다 | もったいない 황송하다, 과분하다, 아깝다 | 辞退 사퇴, 고사 | 決断 결단 | 長い目 긴 안목 | キャリア 커리어, 경력 | 実家 생가, 친정 | サポート 서포트 | ありがたい 감사하다, 고맙다 | 実は 실은 | 夫 남편 | 心臓 심장 | 手術 수술 | 検査 검사 | 完全 완전 | 治る 낫다, 치료되다 | 幸い 다행, 다행히 | 退院 퇴원 | 身勝手 제멋대로 함, 염치없음 | 承知 알아들음, (소망이나 요구를) 들어줌, 동의, 승낙, 용서 | 申し上げる 말씀 드리다 | 先 앞, 장래, 앞날 | 条件 조건 | 揃う 갖추어지다, (모두 한 곳에) 모이다, (인원 등이) 차다 | 話し合う 서로 이야기하다 | 母親 엄마 | 負担 부담 | 体調 컨디션, 몸의 상태 | 約束 약속

［해설］ 여자의 마지막 대화 내용의 「実は~」부터가 여자가 하고 싶은 말이다. 즉, 앞에서 말한 아이들 문제는 친정 엄마가 지원해 준다고 했고 미국에서 공부할 수 있다는 것도 감사한 일이지만, 실은 남편이 심장 수술을 해서 옆에 있는 편이 안심이 된다고 한 내용이 제안을 거절한 이유이므로 정답은 3번이다.

문제3

문제3에서는 문제지에 아무것도 인쇄되어 있지 않습니다. 이 문제는 전체적으로 어떤 내용인가를 묻는 문제입니다. 이야기 전에 질문은 없습니다. 먼저 이야기를 들으세요. 그리고 질문과 선택지를 듣고 1~4중에서 가장 적당한 것을 하나 고르세요.

1番 ▶ 27:41

ラジオで男の人が話しています。

男：営業というのは、相手に断られるところから始まると僕は思っています。商品を見せて買って下さいって言っても最初からイエスと言うお客さんなんていませんよ。だから僕は、相手にノーと言われた瞬間に「よし、ここからが本当の営業だ」と、やる気のアクセルを踏むんです。ノーをイエスにするために頭と体を使います。うまく行かなくても、「断られたけど、いい経験になった」と思うのでストレスは感じません。仕事は何でもそうなんじゃないでしょうか。何か困ったことが起こった時が仕事のスタートだと思わないと、やる気はどんどんなくなってしまうと僕は思いますね。

1번

라디오에서 남자가 이야기하고 있습니다.

남：영업이라는 것은 상대방에게 거절당하는 것부터 시작된다고 저는 생각하고 있습니다. 상품을 보여주고 사달라고 말해도 처음부터 예스라고 말하는 고객은 없어요. 그래서 저는 상대방이 노라고 말한 순간, '좋아, 지금부터가 진짜 영업이다'라고 하고자 하는 마음의 엑셀을 밟습니다. 노를 예스로 하기 위해 머리와 몸을 사용합니다. 잘 안 되더라도, '거절당했지만, 좋은 경험이 됐어'라고 생각하기 때문에 스트레스는 느끼지 않습니다. 일이란 게 뭐든지 그런 거 아니겠습니까? 뭔가 곤란한 일이 일어난 때가 일의 시작이라고 생각하지 않으면, 의욕은 자꾸 사라져 버린다고 저는 생각해요.

男の人が伝えたいことは何ですか。

1　困った時こそやる気を起こすべきだ
2　頭と体を使えばやる気は出てくる
3　ストレスが多いとやる気はなくなる
4　やる気がないのに仕事を始めてはいけない

남자가 전하고 싶은 것은 무엇입니까?

1　곤란한 때야 말로 의욕을 일으켜야 한다
2　머리와 몸을 사용하면 의욕이 나기 시작한다
3　스트레스가 많으면 의욕은 사라진다
4　의욕이 없는데 일을 시작해서는 안 된다

정답　1　**문제유형**　개요이해

어휘　ラジオ 라디오 | 営業(えいぎょう) 영업 | イエス 예스 | ノ 노 | 瞬間(しゅんかん) 순간 | やる気(き) 하고자 하는 마음, 의욕 | アクセル 액셀, (자동차/비행기 등의) 가속 장치 | 踏(ふ)む 밟다 | うまく行(い)く 잘 되다, 잘 풀리다 | 経験(けいけん) 경험 | ストレス 스트레스 | スタート 스타트 | どんどん (잇따르는 모양) 자꾸, 계속, (일이 순조롭게 진척되는 모양) 부쩍부쩍, 척척

해설　남자가 처음에 '영업이라는 것은 상대방에게 거절당하는 것부터 시작된다고 저는 생각하고 있습니다'라고 했고, 맨 마지막에 '뭔가 곤란한 일이 일어난 때가 일의 시작이라고 생각하지 않으면, 하고자 하는 마음은 자꾸 없어져 버린다고 저는 생각해요'라고 말한 부분이 남자가 전하고자 하는 내용이므로, 요약하면 정답은 1번이다.

2番 ▶ 29:21

テレビのスポーツ番組で、女の解説者が話しています。

女：女子のフィギュアスケートの王者を決める日本選手権は、西山選手にとっても、今シーズンで一番重要な試合だったわけですが、西山選手、演技の前半は素晴らしい滑りをしましたね。体を大きく使って、ジャンプもきれいに決まりました。ジャンプを決めて気がゆるんだせいか、後半にミスが目立ったのは残念だったんですが、でもプログラムの構成も西山選手の良さを引き出せるものでしたし、全体的には決して悪くなかったと思いますね。本人は４位という結果に満足していないでしょうけど。これからが楽しみな選手ですね。

2번

텔레비전 스포츠 프로그램에서 여자 해설자가 이야기하고 있습니다.

여 : 여자 피겨스케이트 챔피언을 결정하는 일본 선수권은 니시야마 선수에게도 이번 시즌에서 가장 중요한 시합이 있었을 텐데요, 니시야마 선수 연기 전반은 멋지게 해냈습니다. 몸을 크게 사용해서, 점프도 깨끗하게 성공했습니다. 점프를 성공시키고 긴장이 풀린 탓인지 후반에 실수가 눈에 띈 것은 아쉬웠습니다만, 하지만 프로그램의 구성도 니시야마 선수의 장점을 끌어낼 수 있는 것이었고, 전체적으로는 결코 나쁘지는 않았다고 생각합니다. 본인은 4위라는 결과에 만족하는 것 같지 않지만요. 앞으로가 기대되는 선수입니다.

女の人は、西山選手についてどう思っていますか。

1　日本で一番重要な選手だ
2　今シーズンで一番素晴らしい演技をした
3　全体的にはプログラムに問題が残った
4　まだまだ上手になる可能性がある

여자는 니시야마 선수에 대해 어떻게 생각하고 있습니까?

1　일본에서 가장 중요한 선수다
2　이번 시즌에서 가장 멋진 연기를 했다
3　전체적으로는 프로그램에 문제가 남았다
4　아직 더 잘 될 가능성이 있다

정답　4　**문제유형**　개요이해

어휘　スポーツ 스포츠 | 番組(ばんぐみ) 프로그램 | 解説者(かいせつしゃ) 해설자 | フィギュアスケート 피겨스케이트 | 王者(おうじゃ) 왕자, 제 일인자, 챔피언 | 決(き)める 정하다, 약속하다, 스포츠 등에서 어떤 기술을 성공시키다 | 選手権(せんしゅけん) 선수권 | シーズン 시즌 | 試合(しあい) 시합 | 演技(えんぎ) 연기 | 前半(ぜんはん) 전반 | 滑(すべ)り 미끄러짐 | ジャンプ 점프 | 決(き)まる 정해지다, 결정되다, (경기에서) 쓴 기술이 먹혀 들어가다(성공하다) | 気(き)がゆるむ 마음(긴장)이 해이해지다 | 後半(こうはん) 후반 | ミス 미스, 실수 | 目立(めだ)つ 눈에 띄다 | 構成(こうせい) 구성 | 引(ひ)き出(だ)す 꺼내다, 끄집어내다 | 満足(まんぞく) 만족 | 楽(たの)しみ 기대 | まだまだ 아직, 더, 더욱

해설　여자는 니시야마 선수가 후반부에 실수한 부분은 아쉬웠지만 프로그램 구성도 전체적으로 나쁘지 않았다고 했고, 마지막에 앞으로가 기대되는 선수라고 한 부분을 종합하면, 정답은 4번이다.

3番 ▶ 30:57

会社の会議で、女の人が話しています。

女：私たち総務課では、社内の紙の使用量を減らすため、裏
紙をメモに使う、片面コピーを禁止して両面コピーす
る、という2点を各部署にお願いしてきました。現在、
1ヶ月経ったわけですが、現場からは不満の声が少なく
ありません。業務が忙しく、紙の節約のことまで気が回
らないという意見が一番多く聞かれました。そこで、こ
れからは、やはり、思い切って紙の書類自体を減らす方
向で、問題を解決していくことにしました。色々な方法
を現在考えておりますが、最終的には、社員一人一人に
タブレットPCを支給して、書類のやりとりはすべてそれ
を通して行うというのが理想的ではないかと思っており
ます。

女の人が伝えたいことは何ですか。

1　現場の声に対する不満
2　仕事を減らすための色々な方法
3　理想的な書類の作り方
4　紙を減らすための今後の方針

3번

회사의 회의에서 여자가 이야기하고 있습니다.

여 : 우리 총무과에서는 사내의 종이 사용량을 줄이기 위해
이면지를 메모로 사용하고, 한쪽 면 복사를 금지하고 양
면 복사한다는 2가지 점을 각 부서에 부탁해 왔습니다.
현재 1개월이 경과되었습니다만, 현장에서는 불만의 목
소리가 적지 않습니다. 업무가 바빠서, 종이 절약까지
신경을 쓸 수 없다는 의견이 가장 많이 들렸습니다. 그
래서 앞으로는 역시 과감히 종이 서류 자체를 줄이는 방
향으로 문제를 해결해 가기로 했습니다. 다양한 방법을
현재 생각하고 있습니다만, 최종적으로는 직원 개개인
에게 태블릿 PC를 지급하고, 서류 교환은 모두 그것을
통해 실시하는 것이 이상적이지 않을까 생각합니다.

여자가 전하고 싶은 것은 무엇입니까?

1　현장의 소리에 대한 불만
2　일을 줄이기 위한 다양한 방법
3　이상적인 서류 작성법
4　종이를 줄이기 위한 앞으로의 방침

| 정답 | **4** | 문제유형 | 개요이해 |

어휘　総務課 총무과 | 社内 사내 | 減らす 줄이다 | 裏紙 이면지 | メモ 메모 | 片面 한쪽 면 | 禁止 금지 | 両面 양면 | 部署
부서 | 経つ (시간, 때 등이) 지나다, 경과하다 | 現場 현장 | 不満 불만 | 業務 업무 | 節約 절약 | 気が回る 세세한
데까지 주의가 미치다 | 意見 의견 | 思い切って 결심하고, 과감히, 마음껏 | 書類 서류 | 自体 자체 | 最終的 최종적 |
タブレット 태블릿 | 支給 지급 | やりとり 주고받음, 교환함 | 理想的 이상적

해설　여자는 사내의 종이 사용량을 줄이기 위한 방안을 각 부서에 전달해 부탁했으나 여러 문제점에 대한 의견이 있어, '앞
으로는 과감히 종이 서류 자체를 줄이는 방향으로 문제를 해결해 가기로 했습니다'라고 했고, 최종적으로는 '서류 교
환은 태블릿 PC를 통해서 실시하는 것이 이상적이다'라고 했으므로 정답은 4번이다.

4番 ▶ 32:41

大学で、女の学生と男の学生が話しています。

女：どうしてこんなに連絡つかなかったの。共同研究の発表
まであと一週間しかないっていうのに。
男：本当にごめん！携帯失くしちゃって僕も困ってたんだ。
女：そんならそうと、連絡くれる方法くらいあったでしょ。
まあ、とにかく佐藤君、あなたが5日も現れない間に、
山本さんが「マレーシア」は自分にやらせてくれって言
って、山本さんに代わってもらうことにしたからね。
男：えー、そんなの聞いてないよ。もうマレーシアの資料も
集めて、書き始めてるのに。
女：「東南アジアのイスラム教」という、でっかいテーマ決
めて、共同研究まとめてるリーダーは私ですからね。あ
なたは山本さんがやることになってた「ブルネイのイス
ラム教」を調べて発表して。じゃ、頼んだからね。
男：えー、ちょっと待ってよ。

4번

대학교에서 여학생과 남학생이 이야기하고 있습니다.

여 : 왜 이렇게 연락이 안 된 거야? 공동 연구 발표까지 앞으
로 일주일 밖에 안 남았는데.
남 : 진짜 미안해! 휴대전화를 잃어버려서 나도 애먹었어.
여 : 그러면 그렇다고 연락할 방법 정도는 있었잖아. 뭐, 어
쨌든 사토 군, 네가 5일이나 나타나지 않은 동안에 야마
모토 씨가 '말레이시아'는 자기가 하게 해 달라고 해서,
야마모토 씨가 대신 하기로 했으니까.
남 : 어, 그런 말 들은 적 없어. 이미 말레이시아 자료도 모아
서 쓰기 시작했는데.
여 : '동남아시아의 이슬람교'라는 큰 테마를 정해서, 공동연
구 총괄하고 있는 리더는 나니까. 너는 야마모토 씨가
하기로 되어 있던 '브루나이의 이슬람교'를 조사해서 발
표해. 그럼, 부탁했다.
남 : 어, 잠깐만.

二人は何について話していますか。

1 共同研究の延期
2 共同研究の中止
3 共同研究のテーマの変更
4 共同研究の分担の変更

두 사람은 무엇에 대해 이야기하고 있습니까?

1 공동 연구 연기
2 공동 연구 중지
3 공동 연구 테마 변경
4 공동 연구 분담 변경

정답 4 **문제유형** 개요이해

어휘 連絡 연락 | 共同研究 공동 연구 | 発表 발표 | 携帯 휴대전화 | 失くす 잃어버리다 | 現れる 나타나다 | マレーシア 말레이시아 | 資料 자료 | 集める 모으다 | 書き始める 쓰기 시작하다 | 東南アジア 동남아시아 | イスラム教 이슬람교 | でっかい (속어) 크다, 방대하다 | テーマ 테마 | まとめる 모으다, 합치다, 정리하다 | リーダー 리더 | ブルネイ 브루나이 | 調べる 조사하다, 찾다 | 頼む 부탁하다, 맡기다

해설 여자가 사토 군이 연락이 두절된 동안에 '야마모토 씨가 '말레이시아'는 자기가 하게 해 달라고 해서 야마모토 씨가 대신 하기로 했다'고 말하며, 사토 군에게는 야마모토 씨가 하기로 되어 있던 '브루나이의 이슬람교'를 조사해서 발표하라고 담당 변경을 부탁했으므로, 정답은 4번이다.

5番 ▶▶ 34:32

衣料メーカーの社長が社員に話しています。

男: えー、今期の決算ですが、前期につづいて、マイナスとなっています。ライバル会社の「かわしま」は、2期連続で売り上げが伸びています。我が社は、去年の12月に人気商品のエアリーテックインナーを15%値上げしました。皆さんご存知の通り、うちは海外工場での生産が多いため、円安の影響で値上げをしたわけですが、「かわしま」は国内生産なので円安の影響は受けず、インナー類を始め価格の値上げはほとんど見られませんでした。その結果、「この品質でこの低価格」という、これまでうちがお客様からいただいていた圧倒的な支持が、「かわしま」に移ってしまいました。

社長の話のテーマは何ですか。

1 売り上げが減った原因
2 ライバル会社の人気商品
3 円安による生産の変化
4 ライバル会社との品質の比較

5번

의료 업체 사장이 사원들에게 이야기하고 있습니다.

남: 음, 이번 분기 결산 말인데요, 전기에 이어서 마이너스가 되었습니다. 경쟁사의 '가와시마'는 2분기 연속으로 매출이 증가했습니다. 우리 회사는 작년 12월에 인기 상품인 에어리 테크 이너를 15% 가격 인상했습니다. 여러분 아시다시피 우리는 해외 공장에서의 생산이 많기 때문에, 엔화 약세의 영향으로 가격 인상을 한 것입니다만, '가와시마'는 국내 생산이므로 엔화 약세의 영향은 받지 않고, 내의(속옷)류를 비롯한 가격 인상은 거의 볼 수 없었습니다. 그 결과, '이 품질에 이 가격'이라는 지금까지 우리가 고객으로부터 받은 압도적인 지지가 '가와시마'로 옮겨져 버렸습니다.

사장 이야기의 테마는 무엇입니까?

1 매상이 줄어든 원인
2 경쟁사의 인기 상품
3 엔화 약세에 의한 생산의 변화
4 경쟁사와의 품질 비교

정답 1 **문제유형** 개요이해

어휘 衣料 의료, 의복의 재료 | メーカー 메이커, 제조(업)자 | 今期 금기, 이번 분기 | 決算 결산 | 前期 전기 | マイナス 마이너스 | ライバル会社 라이벌 회사, 경쟁사 | 連続 연속 | 売り上げ 매상 | 伸びる 신장하다, 자라다, 증가하다 | 我が社 우리 회사 | エアリーテックインナー (Airy Tech inner) 에어리 테크 이너, 바람이 잘 통하는 기능성 내의 | 値上げ 가격 인상 | ご存知 알고 계심 | 海外 해외 | 工場 공장 | 生産 생산 | 円安 엔화 약세 | 影響 영향 | 国内 국내 | 受ける 받다 | 価格 가격 | 品質 품질 | 低価格 저가, 저비용 | 圧倒的 압도적 | 支持 지지 | 移る 옮기다, (마음 따위가) 변하다, 옮다

문제4

문제4에서는 문제지에 아무것도 인쇄되어 있지 않습니다. 먼저 문장을 들으세요. 그리고 그것에 대한 대답을 듣고 1~3 중에서 가장 적당한 것을 하나 고르세요.

1番 ▶ 37:35

女：君、新入社員にしては、なかなかやるじゃない。
男：1　すみません。まだ慣れてないものですから。
　　2　では、すぐやってみます。
　　3　ありがとうございます。これからも頑張ります。

1번

여 : 자네, 신입사원치고는 제법 잘 하는데.
남 : 1　죄송합니다. 아직 익숙해지지 않아서요.
　　2　그럼, 바로 해보겠습니다.
　　3　감사합니다. 앞으로도 열심히 하겠습니다.

> **정답**　3　**문제유형**　즉시응답
>
> **어휘**　新入社員 신입 사원 | ~にしては ~치고는, ~에 어울리지 않게(어떠한 사실로 보면 당연하다고는 할 수 없는 상태라고 말하고 싶을 때) | なかなか 상당히, 꽤 | やる 보내다, 주다, 하다 | 慣れる 익숙해지다
>
> **해설**　상대방이 신입사원치고는 일을 잘한다는 칭찬의 표현으로, 이에 대해 칭찬에 감사하며 앞으로도 열심히 하겠다는 표현이 오는 것이 적당하므로 정답은 3번이다.

2番 ▶ 38:06

女：鈴木君、研究室に来るときはね、あらかじめ連絡してもらわないと。
男：1　すみません。至急ご相談したいことがあって。
　　2　はい。じゃ、あとでご連絡します。
　　3　それは大変ですね。

2번

여 : 스즈키군, 연구실에 올 때는 말이야, 미리 연락을 줘야지.
남 : 1　죄송합니다. 급히 상담하고 싶은 일이 있어서.
　　2　네. 그럼, 나중에 연락 드리겠습니다.
　　3　그거 큰일이군요.

> **정답**　1　**문제유형**　즉시응답
>
> **어휘**　あらかじめ 미리, 사전에 | 至急 지급, 매우 급함 | ~てもらう ~해 주다
>
> **해설**　갑작스런 방문에 곤란해 하는 상대방의 말에, 그 이유를 설명하는 내용이 오는 것이 적당하므로 정답은 1번이다.

3番 ▶ 38:38

男：この店のステーキ、高いだけのことはあるね。
女：1　私達にはちょっと高いよね。
　　2　じゃ、別の店に行きましょ。
　　3　本当においしいね。

3번

남 : 이 가게 스테이크, 비싼 만큼의 가치가 있네.
여 : 1　우리한테는 좀 비싸네.
　　2　그럼, 다른 가게로 가자.
　　3　정말 맛있네.

> **정답**　3　**문제유형**　즉시응답
>
> **어휘**　ステーキ 스테이크 | ~だけのことはある ~인 만큼의 가치가 있다, ~할 만하다
>
> **해설**　스테이크가 비싸지만 그 만큼의 가치가 있다는 의미이므로, 상대편도 수긍하는 표현이 오는 3번이 정답이다.

4番 ▶ 39:06

男：どう、胃の具合。まだ痛い？きのうあげた薬、効いたでしょ？
女：1　そんな薬、聞いたことないけど。
　　2　うん、痛かったのがウソみたい。
　　3　がまんすれば治るかな。

4번

남 : 위 상태는 어때? 어제 준 약, 잘 듣지?
여 : 1　그런 약, 들어본 적 없는데.
　　2　응, 아팠던 게 거짓말 같아.
　　3　참으면 나을까?

정답 2 **문제유형** 즉시응답

어휘 具合 형편, 상태 | 效く 듣다, 효과가 있다 | がまんする 참다

해설 「薬が効く(약이 효과가 있다, 잘 듣다)」를 하나의 표현으로 외워두자! 약의 효과에 대해 물었으므로 효과가 있었다는 대답인 2번이 적당하다.

5番 ▶ 39:36

男：課長、なんであんなにイライラしてんのかな。いつもの課長らしくないよね。

女：1 さっきね、部長と何かあったみたいよ。
　　2 本当にうれしそうでしょ。
　　3 それで会社やめたんだって。

5번

남 : 과장님, 왜 저렇게 안달복달하는 걸까. 평상시 과장님답지 않네.

여 : 1 조금 전에 부장님하고 무슨 일 있었던 것 같아.
　　2 정말 기쁜 것 같지.
　　3 그래서 회사 그만둔 거래.

정답 1 **문제유형** 즉시응답

어휘 イライラする 안달복달하다 | ~らしい ~답다 | 何か 뭔가, 무언가

해설 평소와 다른 과장님의 행동에 대해 의아함을 느끼고, 그 원인으로 생각되는 내용이 언급되는 것이 적당하므로 정답은 1번이다.

6番 ▶ 40:06

男：電車が混んでて、ずっと立ちっぱなしだったから、くたびれちゃったよ。

女：1 全然座れなかったの？
　　2 立ったり座ったりするからよ。
　　3 そっか。疲れなくてよかったね。

6번

남 : 전철이 혼잡해서 계속 서 있었더니, 지쳤어.

여 : 1 전혀 못 앉았어?
　　2 앉았다 섰다 해서 그래.
　　3 그렇군. 피곤하지 않다니 다행이네.

정답 1 **문제유형** 즉시응답

어휘 混む 혼잡하다, 붐비다 | ます형 + ~っぱなし ~인 채(상태)로 | くたびれる 지치다

해설 「立ちっぱなし」는 '계속 서있는 상태로 있음'이라는 의미로, 계속 서서 와서 피곤하다는 남자의 말에 약간의 동정을 담아서 '전혀 앉을 수 없었어?'라고 묻는 1번이 정답이다.

7番 ▶ 40:35

女：お腹すかない？今お湯わかすから、カップラーメンでも食べようよ。

男：1 すっかりご馳走になったね。
　　2 うん、悪いね。じゃ。
　　3 うん、あっという間に作れるよ。

7번

여 : 배 안 고파? 지금 물 끓일 테니 컵라면이라도 먹자.

남 : 1 완전 잘 먹었어.
　　2 응, 미안해, 그럼 (부탁해).
　　3 응, 순식간에 만들 수 있어.

정답 2 **문제유형** 즉시응답

어휘 お湯 뜨거운 물, 목욕물, 온천 | わかす 끓이다 | カップラーメン 컵라면 | すっかり 모두, 완전히, 온통 | ご馳走になる (음식 등을) 대접받다, 한턱 얻어 먹다 | 悪い 나쁘다, 미안하다 | あっという間 눈 깜짝할 사이, 순식간

해설 배고프니까 컵라면이라도 먹자는 상대방의 제안에 그럼 부탁한다는 말이 오는 2번이 적당하다.

8番 ▶ 41:04

女：今日はいいお話をたくさん伺って、大変参考になりました。

男：1　じゃ、さっそく調べてみますので。
　　 2　お役に立てば何よりですが。
　　 3　なんで言うこと聞かないのかな。

8번

여 : 오늘은 좋은 이야기를 많이 들어서, 매우 참고가 되었습니다.

남 : 1　그럼, 즉시 알아보겠습니다.
　　 2　도움이 된다니 무엇보다도 다행입니다.
　　 3　왜 말을 듣지 않는 걸까.

[정답] 2　[문제유형] 즉시응답

[어휘] 伺う 윗사람 등의 의견, 지시를 받으려고 물어보다, 듣다(듣다, 묻다의 겸양어) | 参考 참고 | 役に立つ 도움이 되다, 쓸모가 있다 | 何より 무엇보다도 가장, 최상의 | 言うこと聞く 말을 듣다, 명령에 따르다

[해설] 상대방의 감사에 대한 표현을 겸손하게 대답하는 문제로 정답은 2번이다.

9番 ▶ 41:34

女：あー、恐かった。前の車が急ブレーキ踏んで、もうちょっとで、ぶつかるとこだったんですよ。

男：1　今度はうまく行きますよ。
　　 2　ぶつかるところを見たんですか。
　　 3　事故にならずに済んでよかったですね。

9번

여 : 아~, 아찔했어. 앞 차가 급 브레이크를 밟아서, 하마터면 부딪힐 뻔했어요.

남 : 1　다음에는 잘 될 거예요.
　　 2　부딪히는 것을 봤습니까?
　　 3　사고를 면해서 다행이네요.

[정답] 3　[문제유형] 즉시응답

[어휘] 恐い 무섭다, 두렵다, 위험하다 | 急ブレーキ 급 브레이크 | もうちょっとで(＝もう少しで) ~どこ(ろ)だった 하마터면, 자칫하면 ~할 뻔했다 | 事故 사고 | ~ずに済む ~않고 (일이) 완료되다, 끝나다, 해결되다

[해설] 「동사 사전형 + ところだった(~할 뻔했다)」는 어떤 일이나 동작이 실제 일어나지는 않았지만 그럴 가능성이 매우 높았다는 의미이다. 따라서 실제로는 사고가 나지 않았으므로, 사고를 면해서 다행이라는 내용의 3번이 정답이다.

10番 ▶ 42:05

女：今日の試合は、みごとに期待を裏切られましたね。

男：1　予想どおりの結果でしたね。
　　 2　すばらしいゲームでしたね。
　　 3　がっかりしましたね。

10번

여 : 오늘 시합은 보기 좋게 기대에 어긋나 버렸네요.

남 : 1　예상대로의 결과였어요.
　　 2　훌륭한 게임이었어요.
　　 3　실망했어요.

[정답] 3　[문제유형] 즉시응답

[어휘] みごとに 보기 좋게, 멋지게 | 期待を裏切る 기대에 어긋나다 | 予想 예상 | ガッカリする 실망하다, 낙담하다

[해설] 보기 좋게 기대와는 반대되는 결과였다는 상대방의 말에 동조하는 표현으로는 3번이 적당하다.

11番 ▶ 42:33

男：チームの売り上げが、ぐんぐん伸びてるね。君のリーダーシップのおかげだよ。

女：1　それは、おめでとうございます。
　　 2　みんなのチームワークのおかげですよ。
　　 3　それはやってみないとわかりませんね。

11번

남 : 팀 매출이 부쩍부쩍 늘어나네. 자네의 리더십 덕분이야.

여 : 1　그거 축하합니다.
　　 2　모두의 팀워크 덕분이에요.
　　 3　그것은 해보지 않으면 알 수 없어요.

[정답] 2　[문제유형] 즉시응답

어휘 ぐんぐん 부쩍부쩍, 쭉쭉 | リーダーシップ 리더십 | チームワーク 팀워크

해설 매출이 늘어나는 이유가 자네 덕분이라는 칭찬에 대해, 팀원 덕분에 가능했다고 겸손하게 표현한 것으로 2번이 정답이다.

12番 ▶ 43:03

男 : さきほど見せていただいた書類ですが、コピーを取らせて
　　もらってもよろしいですか。

女 : 1　まだこれは、お見せすることしかできませんので。
　　 2　遠慮しないでおっしゃってください。
　　 3　ええ、全部書き直すつもりです。

정답 1　**문제유형** 즉시응답

어휘 遠慮(えんりょ)しないで 사양하지 말고 | おっしゃる 말씀하시다 | ます형 + 直(なお)す 다시 ~하다

해설 복사를 해도 되겠냐는 허가를 구하는 질문에 좀 곤란하다는 표현인 1번이 정답이다. 아니면 복사를 해도 괜찮다는 표현이 올 수도 있으니 주의하자!

12번

남 : 조금 전에 보여주신 서류 말인데요, 복사해도 괜찮겠습니까?

여 : 1　아직 이것은 보여드리는 것 밖에 할 수 없습니다만.
　　 2　사양 말고 말씀해 주세요.
　　 3　네, 전부 다시 작성할 예정입니다.

문제5

문제5에서는 긴 이야기를 듣습니다. 이 문제에는 연습은 없습니다. 문제 용지에 메모를 해도 됩니다.

문제1, 문제2
문제지에는 아무것도 인쇄되어 있지 않습니다. 먼저 이야기를 들으세요. 그리고 질문과 선택지를 듣고, 1~4 중에서 가장 적당한 것을 하나 고르세요.

1番 ▶ 44:25

会社で、男の人と女の人が話しています。

男 : 今度の社員旅行のホテルだけど、どうしようか。田中部長からは、全員で食べたり飲んだりできるような、大きめの宴会場があるところっていうリクエストもらってるんだけど。

女 : 社員からはやっぱり温泉に入りたいって声が多く出ています。予算は例年通りでいくと、一人あたり1万円以下にはしたいですよね。

男 : そうだね。どう、いいところあるかな？

女 : 私いくつかパンフレット集めてみたんですけど、見てみますか？これは「ホテルさくら」。温泉も広い宴会場もあるし、予算もギリギリなんですけど1万円は超えませんでした。結構人気があるみたいで、問い合わせたら、予約は今週中にってことでした。こっちの「ホテルひまわり」はまだ空室多いみたいです。やっぱり、お風呂が温泉のお湯じゃないからでしょうね。ただ、近くの露天風呂と契約していて、そこは自由に使えるみたいです。ここも宴会場もOKです。

男 : なるほどね。じゃ、こっちの二つは？

女 : 「ホテルかもめ」と「ホテル白鳥」は、予算オーバーなんですけど。どちらも温泉の評判はいいし、宴会もできます。あっ、「ホテル白鳥」は、50名以上の団体だと一人9千円になるって言ってました。

1번

회사에서 남자와 여자가 이야기하고 있습니다.

남 : 이번 사원 여행 호텔 말인데, 어떻게 할까? 다나카 부장님한테는 다 같이 먹고 마시고 할 수 있는 큰 연회장이 있는 곳이 좋겠다는 리퀘스트를 받았는데.

여 : 사원들한테서는 역시 온천하고 싶다는 말이 많이 나오고 있어요. 예산은 예년대로 하면, 한 명당 만 엔 이하로 들면 좋겠어요.

남 : 그러게. 어떻게, 좋은 곳이 있을까?

여 : 제가 몇 개 팸플릿을 모아 봤는데요, 한번 보시겠어요? 이것은 '호텔 사쿠라'. 온천도 넓은 연회장도 있는데다 예산도 빠듯하지만, 만 엔은 넘지 않았어요. 꽤 인기가 있는 것 같아 문의했더니, 예약은 이번 주 안에 하라고 하더라고요. 이쪽의 '호텔 히마와리'는 아직 공실이 많은 것 같아요. 역시 목욕탕이 온천 물이 아니기 때문이겠죠. 다만 근처 노천탕과 계약을 맺어서, 거기는 자유롭게 사용할 수 있는 것 같아요. 여기도 연회장은 OK예요.

남 : 그렇군. 그럼, 여기 두 군데는?

여 : '호텔 카모메'와 '호텔 하쿠초'는 예산이 오버되는데요. 양쪽 모두 온천 평판은 좋고, 연회도 가능해요. 앗, '호텔 하쿠초'는 50명 이상의 단체는 한 명에 9천 엔이라고 했어요.

男：今回は参加者が、多くても４０人くらいだろうから、うーん。それと、部長にＯＫもらってからってことになると、予約は来週になるよね。となると、来週以降でも確実にとれそうな、ここにしようか。温泉だってないわけじゃないんだし。

女：そうですね。

どのホテルを予約することになりそうですか。
1　ホテルさくら
2　ホテルひまわり
3　ホテルかもめ
4　ホテル白鳥

남：이번에는 참가자가 많아도 40명 정도니까, 음. 그리고, 부장님에게 OK결제를 받은 후가 되면, 예약은 다음 주에나 할 수 있겠네. 그렇다면, 다음 주 이후라도 확실히 예약할 수 있는 여기로 할까? 온천이 없는 것도 아니니까.

여：그렇네요.

어느 호텔을 예약하게 될 것 같습니까?
1　호텔 사쿠라
2　호텔 히마와리
3　호텔 카모메
4　호텔 하쿠초

정답 2 **문제유형** 통합문제

어휘 ホテル 호텔ㅣさくら 벚꽃ㅣひまわり 해바라기ㅣかもめ 갈매기ㅣ白鳥 백조ㅣ宴会場 연회장ㅣリクエスト 리퀘스트ㅣ温泉 온천ㅣ予算 예산ㅣ例年通り 예년과 같이ㅣパンフレット 팸플릿ㅣギリギリ 한도, 빠듯(빠듯)함ㅣ超える 초월하다, 넘다ㅣ人気 인기ㅣ問い合わせる 문의하다ㅣ予約 예약ㅣ空室 공실, 빈방ㅣ露天風呂 노천탕ㅣ契約 계약ㅣ自由 자유ㅣオーバー 오버ㅣ評判 평판ㅣ確実に 확실하게

해설 사원 여행에 적합한 호텔은 연회장과 온천이 있고 예산은 만 엔 이하인 호텔이다. '호텔 사쿠라'가 가장 적합한 장소지만 이번 주까지 예약을 해야 하며 '호텔 히마와리'는 모든 조건을 만족하지만 온천수가 아닌 것이 문제이다. '호텔 카모메'와 '호텔 하쿠초'는 예산이 오버되는 곳으로, '호텔 하쿠초'의 경우 50명 이상의 단체는 9천 엔이라고 했다. 남자가 마지막에 여행 참가자가 많아도 40명 정도이고, 부장님에게 결제를 받아야 하기 때문에 다음 주에나 예약이 가능하다고 했고, 다음 주 이후라도 확실하게 예약할 수 있는 온천이 없는 것도 아니므로 '호텔 히마와리'에 예약하자고 한다.

2番 ▶ 47:04

学校で、 オーケストラ部の部員二人と先生が話しています。

女：先生、部活の時間なんですが、午後は塾やほかの用事で抜ける部員たちも多いので、授業が始まる前の、朝の練習時間を増やしたらどうかと思うんですが。

男1：でもさ、朝に強い人、弱い人っているから。朝弱い人も無理に参加させるっていうのはどうかな。

女：そんなの、やる気があれば平気よ。

男1：僕は、朝の練習はこれまで通り自由参加にして、午後の練習の時間を伸ばした方がいいと思います。

男2：ま、ま、ま。確かに、コンクールも近いので、練習する時間を増やした方がいい時期だと思うね。ただ、練習時間の長さよりも、今問題なのは、全体で音を合わせる時間が少ないってことだから。これからは、その時間を増やしましょう。

男1：全体練習っていうことなら、朝はこのままでは厳しいですよね。

男2：そうだね。これからは、だから、午後に全体で音を合わせる時間を必ず作るようにしよう。それで午後だけでは全体練習の時間が足りないってことになれば、その時は朝の練習も増やして、音を合わせることにしよう。

女・男1：はい、わかりました。

2번

학교에서 오케스트라부의 부원 두 명과 선생님이 이야기하고 있습니다.

여 ： 선생님, 동아리 시간 말인데요, 오후에는 학원이나 다른 볼일로 빠지는 부원들도 많으니까, 수업이 시작되기 전인 아침 연습시간을 늘리면 어떨까 싶은데요.

남1： 하지만 아침에 강한 사람, 약한 사람이 있으니까. 아침이 약한 사람도 무리하게 참가시킨다는 게 어떨지.

여 ： 그런 건 할 마음이 있으면 문제가 되지 않아.

남1： 저는 아침 연습은 지금처럼 자유 참가로 하고, 오후 연습 시간을 늘리는 게 좋을 것 같다는 생각이에요.

남2： 자, 자, 자(진정하고). 분명히 콩쿠르도 가깝고 연습할 시간을 늘리는 편이 좋은 시기라고 생각해. 다만 연습 시간의 길이보다도 지금 문제가 되는 건 전체가 소리를 맞추는 시간이 적다는 거야. 지금부터는 그 시간을 늘립시다.

남1： 전체(합주) 연습이라면, 아침은 이대로라면 좀 버겁겠네요.

남2： 그렇지. 지금부터는 그러니까 오후에 전체가 소리를 맞추는 시간을 반드시 만들도록 하자. 그래서 오후만으로는 전체(합주) 연습 시간이 부족하다고 생각되면, 그때는 아침 연습도 늘려서 소리를 맞추기로 합시다.

여・남1： 네, 알겠습니다.

これからは、どのように練習をすることになりましたか。
1　朝の練習時間を増やす
2　午後の練習時間を増やす
3　練習時間はそのままで全体練習を増やす
4　朝の練習時間にも全体練習をする

앞으로는 어떻게 연습하기로 되었습니까?
1　아침 연습 시간을 늘린다
2　오후 연습 시간을 늘린다
3　연습 시간은 그대로 전체 연습을 늘린다
4　아침 연습 시간에도 전체 연습을 한다

정답　3　**문제유형**　통합문제

어휘　オーケストラ 오케스트라 | 部活 학생의 동아리 활동(부활동의 준말) | 塾 사설 학원 | 用事 용무, 볼일 | 抜ける 빠지다, 없어지다 | 増やす 늘리다 | 平気 아무렇지도 않음 | コンクール 콩쿠르 | 時期 시기 | 音 소리, 음 | 合わせる 맞추다, 맞게 하다 | 厳しい 엄하다, 냉엄하다, 긴박하다 | 足りない 부족하다

해설　남학생이 아침 연습은 그대로 하고 오후의 연습 시간을 늘리자고 했으나, 선생님이 지금 문제가 되는 것은 연습 시간의 길이보다 전체가 소리를 맞추는 시간이 적으니 그 시간을 늘리자고 했다. 그래서 오후에 전체가 소리를 맞추는 시간을 만들자고 한 부분을 종합하면, 정답은 3번이다.

문제3
먼저 이야기를 들으세요. 그리고 2개의 질문을 듣고, 각각 문제지의 1~4 중에서 가장 적당한 것을 하나 고르세요.

3番 ▶ 49:19
男の人と女の人がテレビのクイズ番組を見ながら話しています。

男1：では、ここで、出場者の方にはちょっとお休みいただいて、次はテレビをご覧の皆さんにお答えいただく視聴者参加クイズです。リモコンを操作して、６０秒以内に、答えのカラーボタンを押してください。今週の問題はこれです。小林武夫監督の映画「男はすごいよ」の主人公、熊次郎の口癖は「ムニャムニャがある友達が一番だよ」ですが、この「ムニャムニャがある友達」とは、次のうちどれでしょう？お金がある友達。知恵がある友達。人脈がある友達。勇気がある友達。えー、小林監督の映画と言えば他の作品でも、このタイプの友人が、ちょっとダメな主人公を助けてくれるという話が多いですよね…。おっと、ヒントはここまでにしましょう。さあ、今、画面の下にも問題が出ました。「お金」だと思う人は赤のボタン。「知恵」だと思う人は青のボタン。「人脈」だと思う人は緑のボタン。「勇気」だと思う人は黄色のボタンを押してください。では、60秒スタートです。
女：答えは黄色かな。小林監督の映画で、主人公の力になってくれる友達は私の記憶では、勇気があるタイプだったから。
男2：僕は全然わからないからパスするけど、今の会社は友達の紹介で入ったから、人脈のある友達が僕は一番ありがたいですね。
女：ええー。給料日前にいつも食事おごってあげてる、この私はありがたくないの？
男2：あ、そうでした。給料前のスポンサーほどありがたいものはありません。答え変えます、赤に。

3번
남자와 여자가 텔레비전 퀴즈 프로그램을 보면서 이야기하고 있습니다.

남1：그럼, 여기서 출연자 분은 잠시 쉬게 하고, 다음은 텔레비전을 보시는 여러분에게 질문하는 시청자 참가 퀴즈입니다. 리모컨을 조작해서 60초 이내에 정답의 컬러 버튼을 눌러 주세요. 이번 주 문제는 이것입니다. 고바야시 다케오 감독 영화 '남자는 대단해'의 주인공, 구마지로의 말버릇은 '무엇무엇이 있는 친구가 제일이야'입니다만, 이 '무엇무엇이 있는 친구'란 다음 중 어느 것일까요? 돈이 있는 친구. 지혜가 있는 친구. 인맥이 있는 친구. 용기가 있는 친구. 에, 고바야시 감독의 영화로 말하자면 다른 작품에서도 이 타입의 친구가 형편없는 주인공을 도와준다는 이야기가 많지요…. 앗, 힌트는 여기까지입니다. 자~ 지금 화면 밑에도 문제가 나왔습니다. '돈'이라고 생각하는 사람은 빨간색 버튼. '지혜'라고 생각하는 사람은 파란색 버튼. '인맥'이라고 생각하는 사람은 녹색 버튼. '용기'라고 생각하는 사람은 노란색 버튼을 눌러 주세요. 그럼, 60초 스타트입니다.
여：정답은 노란색인가. 고바야시 감독 영화에서 주인공의 힘이 되어 주는 친구는 내 기억으로는 용기가 있는 타입이었거든.
남2：저는 전혀 모르기 때문에 패스하지만, 지금 회사는 친구의 소개로 입사했기 때문에 인맥이 있는 친구가 제게는 가장 고마워요.
여：에~. 월급날 전에 항상 맛있는 거 사주는 이런 나는 고맙지 않아?
남2：아, 그러네요. 월급 전 스폰서만큼 고마운 것은 없지요. 정답 바꿀게요, 빨강으로.

女：　私は、困った時にいいアドバイスをしてくれた友達は、今でも忘れられないし、友達にするなら知恵のある人よね。

男2：　もう時間ないよ。早く押さないと。

女：　あー、でもこれはクイズなんだから、やっぱり私、自分の記憶を信じて。これにする！

質問1 男の人が最後に選んだ友達は、どれですか。

1　お金がある友達
2　知恵がある友達
3　人脈がある友達
4　勇気がある友達

質問2 女の人が最後に選んだ友達は、どれですか。

1　お金がある友達
2　知恵がある友達
3　人脈がある友達
4　勇気がある友達

여：　나는 곤란할 때 적당한 어드바이스를 해주는 친구는 지금도 잊을 수 없고, 친구로 삼을 거면 지혜가 있는 사람이 좋아.

남2：　이제 시간 없어요. 빨리 눌러야 해요.

여：　아, 하지만, 이건 퀴즈니까 역시 나는 내 기억을 믿고. 이걸로 할래!

질문1　남자가 마지막으로 선택한 친구는 어느 것입니까?

1　돈이 있는 친구
2　지혜가 있는 친구
3　인맥이 있는 친구
4　용기가 있는 친구

질문2　여자가 마지막으로 선택한 친구는 어느 것입니까?

1　돈이 있는 친구
2　지혜가 있는 친구
3　인맥이 있는 친구
4　용기가 있는 친구

정답　[1] 1　[2] 4　**문제유형** 통합문제

어휘　クイズ 퀴즈 | 出場者 출장(출연)자 | 視聴者 시청자 | リモコン 리모컨 | 操作 조작 | カラー 컬러 | ボタン 버튼 | 主人公 주인공 | 口癖 입버릇 | 知恵 지혜 | 人脈 인맥 | 勇気 용기 | タイプ 타입 | 助ける 돕다, 구조하다, 살리다 | おっと 놀랐을 때, 갑자기 생각났을 때나 급히 정지시킬 때 등에 발하는 소리, 아이고, 아이쿠 | ヒント 힌트 | 画面 화면 | スタート 스타트 | 記憶 기억 | 給料日 월급날 | スポンサー 스폰서, 후원자 | アドバイス 어드바이스, 조언

해설　질문1에서 남자는 처음에 인맥이 있는 친구라고 했다가 다시 말을 바꾸어 '월급 전 스폰서만큼 고마운 것은 없지요. 정답 바꿀게요. 빨강으로'라고 했으므로, 정답은 1번 돈이 있는 친구이다.

질문2는 처음에 여자의 기억으로는 용기가 있는 친구였다고 생각했으나 친구로 삼을 거면 지혜가 있는 친구가 좋다고 했다. 그러나 마지막에 다시 말을 바꿔 내 기억을 믿는다고 했으므로, 4번 용기 있는 친구가 정답이다.